Schriften des
Deutschen Instituts für Urbanistik
Band 75

Christian Engeli

Landesplanung in Berlin-Brandenburg

Eine Untersuchung zur Geschichte des
Landesplanungsverbandes Brandenburg-Mitte
1929–1936

Verlag W. Kohlhammer / Deutscher Gemeindeverlag
Stuttgart Berlin Köln Mainz

CIP-Kurztitelaufnahme der Deutschen Bibliothek

Engeli, Christian:
Landesplanung in Berlin-Brandenburg : e. Unters.
zur Geschichte d. Landesplanungsverb.
Brandenburg-Mitte 1929–1936 / Christian Engeli. – Stuttgart ;
Berlin ; Köln ; Mainz : Kohlhammer ; Stuttgart ; Berlin ; Köln ; Mainz :
Deutscher Gemeindeverlag, 1986.

   (Schriften des Deutschen Instituts für Urbanistik ; Bd. 75)
   ISBN 3-17-009278-2

NE: Deutsches Institut für Urbanistik ⟨Berlin, West⟩:
Schriften des Deutschen ...

Deskriptoren:
Landesplanung; Regionalplanung; Stadtplanung; Stadt-Umland-Probleme; Kommunal-geschichte; Berlin-Geschichte; Planungsgeschichte; Verwaltungsgeschichte.

Alle Rechte vorbehalten
© 1986 Verlag W. Kohlhammer GmbH/Deutscher Gemeindeverlag
Stuttgart Berlin Köln Mainz
Verlagsort: Stuttgart
Umschlaggestaltung: Christian Ahlers, Berlin
Gesamtherstellung: Kupijai & Prochnow, Berlin
Printed in Germany

INHALT

Verzeichnis der Abbildungen:

Verzeichnis der Tabellen:

Verzeichnis der Karten:

Verzeichnis der Übersichten:

ZUSAMMENFASSUNG

Der 1929 entstandene Landesplanungsverband Brandenburg-Mitte, der sich der Entwicklungsprobleme des Umlandes von Groß-Berlin annehmen sollte, gehört in den Zusammenhang von damals reichsweit sich bildenden Landesplanungsorganisationen. Das darin zum Ausdruck gelangende Bemühen nach optimaler Raumnutzung war vor allem in industriellen Ballungsräumen zu registrieren. Der Überblick über die Entwicklung der Landesplanung in Deutschland, etwa anhand einzelner Beispiele wie derjenigen des Siedlungsverbandes Ruhrkohlenbezirk oder des Siedlungsverbandes für den engeren mitteldeutschen Industriebezirk, macht deutlich, daß die „Berliner" Lösung dabei keinen paradigmatischen Fall einer Landesplanungsorganisation darstellte. Das Untypische und aus landesplanerischer Sicht auch Unbefriedigende an dem Landesplanungsverband Brandenburg-Mitte lag im räumlichen Zuschnitt des Verbandsgebietes begründet: Berlin, das dominierende Ballungszentrum, gehörte ihm nicht an.

Die quantitativ wie qualitativ besonders gravierenden Entwicklungsprobleme der Berliner Industrielandschaft hatten 1920 zu einer in ihrem Umfang einmaligen Eingemeindung geführt; damit wurde ein Großteil des bestehenden Planungsbedarfs internalisiert bzw. kommunalisiert. Die nun weitgehend saturierte neue Stadtgemeinde Berlin sah daraufhin nur noch geringen Abstimmungsbedarf mit ihrem Umland. Etwas anders stellte sich der Planungsbedarf für eben dieses Umland dar. Die an Berlin angrenzenden Gemeinden und Kreise waren bezüglich ihrer Entwicklung in vielerlei Hinsicht auf Berlin ausgerichtet bzw. durch Berlin beeinflußt. Für sie schien Kooperation mit der Reichshauptstadt eher angezeigt. Jedoch machte das Ungleichgewicht zwischen der Viermillionen-Metropole und den Gebietskörperschaften des Umlandes eine auf dem Prinzip der Gleichberechtigung ihrer Mitglieder gegründete Zusammenarbeit zwischen Berlin und seinen Anrainern unmöglich.

So stellte der Landesplanungsverband Brandenburg-Mitte denn auch nicht eine Institution dar, welche die Großstadt Berlin mit den angrenzenden Landkreisen zu einem Planungsverband zusammenschloß; er war vielmehr eine Einrichtung des Berliner Umlandes unter Ausschluß der Reichshauptstadt. Und seine Mitglieder, sechs Landkreise, der Stadtkreis Potsdam sowie die federführende Provinz Brandenburg, gründeten ihn nicht nur, um ihm wichtige Planungsaufgaben zu übertragen, sondern auch aus verwaltungspolitischen Erwägungen – sie kamen damit möglichen, ihnen von außen aufgezwungenen Organisationsmodellen zuvor und demonstrierten gleichzeitig ihren Behauptungswillen gegenüber dem übermächtigen Berlin.

Dennoch trug der Verband seinen Namen zu Recht. Die in den wenigen Jahren seines Bestehens geleistete Arbeit war überwiegend landesplanerischer Natur. Sie spielte sich – und dies in Übereinstimmung mit der Tätigkeit anderer Landesplanungsorganisationen – im wesentlichen in zwei Aufgabenbereichen ab:

1. in der Unterstützung der Verbandsmitglieder und der diesen angehörenden einzelnen Gemeinden bei ihren lokal und sektoral begrenzten Planungsaufgaben – so der Erstellung von Bebauungsplänen, der Parzellierung und Erschließung von Bauerwartungsland, der Industrieansiedlung und Verkehrsanbindung,
2. im Sammeln und Erheben von Strukturdaten, sodann der Erarbeitung von sektoralen Entwicklungsplänen für das gesamte Verbandsgebiet und schließlich der Zusammenführung dieser Bereichsplanungen in einen Generalsiedlungsplan – ein Vorhaben, das allerdings in der kurzen Zeit des Bestehens des Verbandes nicht zu Ende geführt werden konnte.

Darüber hinaus bewährte sich der Landesplanungsverband, dessen Geschäftsstelle bei der Provinzialverwaltung in Berlin angesiedelt war, in der öffentlichen Diskussion von Planungsfragen. Insbesondere lieferte er den zuständigen preußischen Instanzen – später auch denen des Reiches – Anschauungsmaterial und Argumentationshilfen zugunsten einer seit langem geforderten verstärkten Einwirkungsmöglichkeit der öffentlichen Hand auf die Siedlungsentwicklung im Bereich und im Umkreis von Agglomerationen. Das 1934 erlassene Reichsgesetz über die Aufschließung von Wohnsiedlungsgebieten wurde damals nicht von ungefähr als „lex Berlin" apostrophiert; es fand in seiner ersten Fassung auch vorwiegend auf die Gemeinden in unmittelbarer Nachbarschaft von Groß-Berlin Anwendung.

Unter den veränderten politischen Rahmenbedingungen im nationalsozialistischen Staat verlor der Landesplanungsverband dann allerdings sowohl seine kommunale Prägung als auch seine Autonomie. Im Jahre 1936 wurde er in ein reichsweites, flächendeckendes System von Planungsgebieten überführt, die nun alle einer zentralen Reichsstelle für Raumordnung zugeordnet waren. Auch unter dieser dirigistischen Organisation gelang es im übrigen nicht, Berlin und sein Umland zu einem einheitlichen oder doch zumindest kooperierenden Planungsverbund zusammenzufügen.

Der Krieg setzte dann landesplanerischer Tätigkeit insgesamt ein Ende, und unter den veränderten Nachkriegsverhältnissen im Planungsgebiet stand eine Anknüpfung an die einmal begonnene Arbeit nicht zur Debatte. Der Landesplanungsverband Brandenburg-Mitte blieb somit Episode. Die Auswirkungen seiner Arbeit auf die Entwicklung des Berliner Umlandes blieben damit naturgemäß begrenzt. Als interkommunale Selbsthilfeeinrichtung nach Art eines Zweckverbandes hatte er sich in den Jahren seines Bestehens aber zweifellos bewährt.

VORBEMERKUNGEN

Die große Bedeutung der Region Berlin-Brandenburg für die Geschichte der Industrialisierung und der Urbanisierung in Deutschland ist unbestritten. Dieser wirtschaftliche Ballungsraum, der, mit Berlin als Zentrum, konzentrisch weit in das brandenburgische Land ausstrahlte, erfuhr im Jahre 1920 eine entscheidende Zäsur: damals wurde durch das „Gesetz über die Bildung einer neuen Stadtgemeinde Berlin" der großdimensionierte Kernbereich des Raumes zu einer Einheitsgemeinde umgestaltet. Entsprechend konzentriert sich das historische Interesse, das für die Zeit vor dem Ersten Weltkrieg dem gesamten Berlin-Brandenburgischen Wirtschaftsgebiet gilt, für die Folgezeit auf die Entwicklung Groß-Berlins. Dabei hat die administrative Grenzziehung von 1920 – wie zu zeigen sein wird – die Stadt-Umland-Beziehungen und -Probleme des Berliner Raumes nicht alle „kommunalisiert". Lagen die nach Berlin eingemeindeten Städte, Landgemeinden und Gutsbezirke innerhalb eines Kreises mit einem Radius von etwa 15 bis 20 Kilometern, so konnte man gleichzeitig von einem noch spürbaren Einfluß Berlins auf das Umland bis in eine Entfernung von rund 50 Kilometern vom Zentrum ausgehen. Ansätze für eine planmäßige Entwicklung auch dieser peripheren Teile des Berliner Wirtschaftsraumes in den zwanziger und dreißiger Jahren sind jedoch infolge der politischen Entscheidungen seit 1945 für West-Berlin gegenstandslos geworden. Im Gegensatz zu anderen Planungsräumen, wie etwa dem Ruhrgebiet oder dem Rhein-Main-Gebiet, ist der Berlin-Brandenburgische Planungsraum für die bundesdeutsche Entwicklung nicht mehr relevant.

Die vorliegende Arbeit baut jedoch darauf, daß sich das verbreitete Interesse an Regionalplanung immer auch auf deren Geschichte erstreckt. Denn dann gewinnt der Groß-Berliner Raum, auch wenn er heute keine Einheit mehr darstellt, als eine für die Entwicklung der Stadt- und Landesplanung bedeutsame Region sogleich die nötige Bedeutung. Das Interesse könnte dann etwa darin bestehen, nach paradigmatischen Qualitäten der Planung für Berlin-Brandenburg zu suchen, das heißt zu fragen, ob und inwieweit die dargestellte Landesplanungsorganisation Brandenburg-Mitte typisch war, vielleicht sogar beispielgebend für andere Landesplanungen im damaligen Deutschen Reich und darüber hinaus. Dies erscheint um so angebrachter, als im allgemeinen von einer Vorreiterfunktion der Agglomeration Berlin bei den verschiedensten Phänomenen des Industrialisierungs- und Urbanisierungsprozesses ausgegangen wird, der Schluß daher naheliegt, daß dies auch für die Entwicklung der Landesplanung im 20. Jahrhundert gelten könnte. Um dem Leser den Vergleich zu ermöglichen, wird im ersten Kapitel ein Überblick über die seit Mitte der zwanziger Jahre in rascher Folge verschiedenenorts erfolgten Landesplanungsgründungen gegeben.

Paradigmatische Bedeutung kann sicher auch den Stadt-Umland-Problemen im Berliner Raum beigemessen werden bzw. den Versuchen, ihrer Herr zu werden. Weder

der Zweckverband Berlin aus dem Jahre 1910 noch die Eingemeindung des Jahres 1920 hatten hierzu ausgereicht – hatte man nun in dem 1929 gegründeten Landesplanungsverband Brandenburg-Mitte das geeignete Instrumentarium gefunden? In einem verdienstvollen Problemaufriß zur Entwicklung der Stadtplanung im 19. und 20. Jahrhundert am Beispiel Berlins wird der Landesplanungsverband als eine Institution gekennzeichnet, welche „die Großstadt Berlin mit den umliegenden Landkreisen zu einem Planungsverband zusammenschloß"[1]. Tatsache aber ist, daß der Verband diese auf den ersten Blick selbstverständliche landesplanerische Voraussetzung gerade nicht erfüllt hat. Es dürfte deshalb aufschlußreich sein, die Besonderheit des Berliner Beispiels – und die Umstände, die dazu geführt haben – einmal darzulegen.

Schließlich aber ist offenkundig, daß trotz der Isolierung West-Berlins Spuren der früheren engen Verbindungen zum brandenburgischen Umland in der physischen Gestalt der heutigen städtischen Peripherie noch immer erkennbar sind. Verkehrswege, Siedlungen und Grünflächen weisen in die Provinz hinaus und erklären sich aus den Wechselwirkungen, die einmal zwischen Berlin und seinem weiteren Umland bestanden haben. Dies darzustellen, gehört zu den notwendigen Aufgaben Berliner Stadtgeschichtsschreibung.

Zur Entstehung der Landesplanung in Deutschland kann auf eine Reihe von Darstellungen verwiesen werden, sowohl auf zeitgenössische Abhandlungen als auch auf Untersuchungen aus den letzten beiden Jahrzehnten[2]. Dagegen gibt es über das Wirken der einzelnen Landesplanungsorganisationen nur einige wenige – vorwiegend zeitgenössische – Darstellungen und Tätigkeitsberichte. Eine Ausnahme bildet dabei die umfangreiche Literatur über den Ruhrsiedlungsverband, der zwar einerseits als erstes Beispiel eines wirtschaftsräumlich bestimmten, interkommunalen Planungsverbandes mit genereller Aufgabenstellung zu gelten hat, der aber andererseits für die Vielzahl der nach ihm entstandenen Landesplanungsorganisationen nicht typisch war. Zu nennen sind hier weiter zwei Beiträge aus dem Sammelband „Raumordnung und Landesplanung im 20. Jahrhundert", der eine über „Landesplanung im engeren mitteldeutschen Industriebezirk", der andere über „Landesplanung Berlin-Brandenburg-Mitte" – also über das hier behandelte Thema[3]. Die beiden Beiträge sind des-

---

[1] *Horst Matzerath* und *Ingrid Thienel*, Stadtentwicklung, Stadtplanung, Stadtentwicklungsplanung, in: Die Verwaltung, Bd. 10 (1977), S. 184.

[2] Vgl. hierzu und zum Folgenden die Literaturangaben in Kap. I, S. 11 ff., sowie *Heinz Langer* und *Hans-Gerhart Niemeier*, Landesplanung in Westfalen 1925–1975, Münster 1985 (Veröffentlichungen des Provinzialinstituts für westfälische Landes- und Volksforschung, Bd. 24); diese neueste Darstellung konnte für die vorliegende Studie nicht mehr ausgewertet werden.

[3] *Martin Pfannschmidt*, Landesplanung im engeren mitteldeutschen Industriebezirk, und *Martin Pfannschmidt* unter Mitarbeit von *Otto Müller-Haccius u. a.*, Landesplanung Berlin-Brandenburg-Mitte, beide in: Raumordnung und Landesplanung im 20. Jahrhundert, Hannover 1971, S. 17–28 bzw. 29–54 (Veröffentlichungen der Akademie für Raumforschung und Landesplanung, Historische Raumforschung, Bd. 10); vgl. auch *Karl Pries*, Entwicklung und Organisation der Landesplanung im Raume Berlin, in: Die unzerstör-

halb besonders bemerkenswert, weil sie von seinerzeitigen Hauptsachbearbeitern der beiden Organisationen verfaßt wurden. Einen Einblick in die Arbeit des Landesplanungsverbandes Brandenburg-Mitte vermittelt auch ein 1937 veröffentlichter Tätigkeitsbericht[4]. Angesichts der Bedeutung des Berliner Wirtschaftsraumes in den zwanziger Jahren erscheint eine ergänzende Darstellung des Versuches interessant, die Entwicklung in der Umgebung der Reichshauptstadt in geordnete Bahnen zu lenken.

Die vorliegende Darstellung stützt sich im Kern auf Akten, die im Staatsarchiv Potsdam eingesehen werden konnten. Ergiebig waren die Provenienzen Rep. 55: Brandenburgischer Provinzialverband (insbesondere die Bestände Landesdirektor und andere leitende Beamte sowie Finanzabteilung) und Rep. 6c: Kreisverwaltung Beeskow-Storkow. Leider erstreckte sich die Benutzungserlaubnis nur auf den Zeitraum bis 1933; das Schwergewicht der Darstellung liegt demzufolge bei der Gründung des Landesplanungsverbandes. Immerhin konnten für die Zeit nach 1933 aufschlußreiche Aktenpartikel aus dem Bestand Rep. 57: Stadtpräsident der Reichshauptstadt Berlin herangezogen werden, der im Landesarchiv Berlin verwahrt wird. Zeitgenössische und Sekundärliteratur standen größtenteils in der Senatsbibliothek Berlin zur Verfügung. Allen drei Institutionen sei an dieser Stelle für ihre Unterstützung gedankt.

---

bare Stadt. Die raumpolitische Lage und Bedeutung Berlins, Köln und Berlin 1953, S. 150–166, sowie *derselbe*, Die Landesplanung, in: Berlin und seine Bauten. Tl. 2: Rechtsgrundlagen und Stadtentwicklung, Berlin und München 1964, S. 29–38. Pries war ebenfalls Mitarbeiter in der Geschäftsstelle des Landesplanungsverbandes.

4   *Sieben Jahre Landesplanungsverband Brandenburg-Mitte.* Haupttätigkeitsbericht 1929–1937 von der Gründung bis zur Überleitung in die Landesplanungsgemeinschaft Brandenburg, Heidelberg und Berlin 1937.

Kapitel I
Landesplanung im Deutschen Reich
1920–1935

a) Landesplanung als neue Aufgabe

Als „Landesplanung" wird seit der Weimarer Zeit das Bemühen der öffentlichen Hand um eine optimale Raumnutzung bezeichnet – auf übergemeindlicher Ebene, jedoch innerhalb einer zumeist wirtschaftsräumlich abgrenzbaren Region. Der Begriff bleibt dabei immer etwas unscharf, was damit zusammenhängt, daß er in den zwanziger Jahren Bedeutungsinhalte abdeckte, für die heute teilweise andere Bezeichnungen verwendet werden[1]. Dies gilt insbesondere hinsichtlich des Raumbezuges. Aber auch hinsichtlich der Aufgabenstellung verbirgt sich hinter dem Begriff mehr als „Planung" im wörtlichen Sinne. Unter Landesplanung wird einerseits die umfassende Bestandsaufnahme und dabei wissenschaftliche Durchdringung der raumwirksamen Kräfte und der durch sie entstandenen Probleme verstanden, andererseits aus der Bestandsaufnahme heraus die Erarbeitung eines Nutzungskonzeptes, eines „Flächenaufteilungsplanes" für den in Frage stehenden Raum, jedenfalls eines Vorschlages zur Absicherung der für erstrebenswert gehaltenen künftigen Entwicklung. Schließlich aber rechnet man vielfach auch noch die zur Verwirklichung des Konzeptes vom Gesetzgeber oder von der Verwaltung in die Wege geleiteten Durchführungsmaßnahmen mit zur Planung.

Die Geschichte der Landesplanung lehrt, daß zu Beginn die ersten beiden Komponenten dominierten – nicht zuletzt deswegen, weil es damals das benötigte Instrumentarium zur Umsetzung planerischer Überlegungen in praktische Politik noch nicht gab. In der Weimarer Zeit konnte – und wollte – Landesplanung nicht mehr sein als Vorbereitung und Diskussion von „Planungen auf industriellen, verkehrs- und versorgungswirtschaftlichen, siedlungstechnischen, landwirtschaftlichen und sonstigen Gebieten"[2]. Inzwischen aber verfügt die öffentliche Verwaltung über eine entsprechende rechtliche und organisatorische Ausgestaltung, so daß der Begriff Planung auch den Vollzug mit einschließt[3]. So versteht der Gesetzgeber heute unter Landesplanung die Gestaltung des Raumes in der Weise, „daß unerwünschte Ent-

---

1   Vgl. hierzu *Jürgen Ulrich Gramke*, „Raumordnung" in Deutschland in den Jahren 1871–1933, jur. Diss. Kiel 1972, S. 22 f.

2   *Hans-Burkhard Klamroth*, Organisation und rechtliche Grundlagen der Landesplanung in der Bundesrepublik Deutschland und in Berlin, Bad Godesberg 1954, S. 12 (Mitteilungen aus dem Institut für Raumforschung, H. 16).

3   Siehe *Norbert Ley*, Landesplanung, in: Handwörterbuch der Raumforschung und Raumordnung, 2. Aufl. Hannover 1970, Sp. 1713 ff., insbesondere Sp. 1732.

wicklungen verhindert und erwünschte Entwicklungen ermöglicht und gefördert werden"[4]. Als Begriff ist „Landesplanung" aber etwas aus der Mode gekommen – nicht zuletzt deswegen, weil die in ihm ausgedrückte Beschränkung auf die „Koordinierung von Raumbeanspruchungen" inzwischen aufgegeben ist zugunsten eines umfassenden Planungskonzeptes, das neben raumbezogenen Funktionen viele andere Auswirkungen menschlichen Daseins und Zusammenlebens im Blick hat. Die Landesplanung der zwanziger Jahre ist heute Bestandteil einer alle Lebensbereiche umfassenden allgemeinen Daseinsvorsorge[5].

Einer generellen Aufgabenstellung hatte sich die Landesplanung allerdings von Anfang an verschrieben. Einer der einflußreichen frühen Vertreter dieser Zunft definierte 1927 Landesplanung als die Aufgabe, „für wirtschaftlich begrenzte Gebiete die Grundlage der weiteren wirtschaftlichen, verkehrstechnischen und baulichen Entwicklung festzulegen"[6] – die Aufzählung der einzelnen Bereiche kommt dem globalen Steuerungsanspruch schon sehr nahe. Hinsichtlich des Raumbezuges ist die Landesplanung dabei am ehesten der heutigen Regionalplanung gleichzusetzen[7]. Zu dem in der Bundesrepublik Deutschland bestehenden System über- und untergeordneter Planungsebenen, das flächendeckend das gesamte Bundesgebiet erfaßt, gab es in der Weimarer Zeit noch keine Entsprechung. Sowohl auf der kommunalen, der kleinräumigen Ebene als nun auch auf der regionalen, der teilräumlichen Ebene nahm die Zahl der einer Gesamtentwicklungsplanung zugeführten Einheiten zwar laufend zu; jedoch fehlte bis Mitte der dreißiger Jahre vor allem noch die Planung auf staatlicher, auf „gesamträumlicher" Ebene – das, was wir heute unter Raumordnung bzw. Raumordnungspolitik verstehen[8].

Eine Abgrenzung der Landesplanung der zwanziger Jahre konnte also nach „oben" zur gesamtstaatlichen Planungsebene hin noch nicht erfolgen. Hingegen grenzte sie sich in ihrer Aufgabenstellung deutlich von der kleinräumigen, der kommunalen Ebene ab, in deren Bereich Planung überwiegend als Städtebau bzw. Stadtplanung in Erscheinung trat. In dem Maße, in dem das Siedlungswachstum einzelner Städte und Gemeinden sich über kommunale Verwaltungsgrenzen mehr und mehr hinwegsetzte, wurde auch die Notwendigkeit interkommunaler Zusammenarbeit – als Ergänzung zum Instrument der Eingemeindung – immer deutlicher. Da dies in erster Linie städtische Ballungszentren und ihr Umland betraf, entwickelte sich die Landespla-

---

4 § 1 Abs. 2 Landesplanungsgesetz Nordrhein-Westfalen vom 7. 5. 1962 (GV. NW. S. 229).
5 *Hans-Gerhart Niemeier*, Zur historischen und gedanklichen Entwicklung der Landesplanung, in: Die Verwaltung, Bd. 1 (1968), S. 143.
6 *Philipp Rappaport* (Erster Beigeordneter des Ruhrsiedlungsverbandes), Artikel „Landesplanung", in: Handwörterbuch der Kommunalwissenschaften, Erg.-Bd. H-Z, Jena 1927, S. 957.
7 Vgl. hierzu etwa die Vorschläge der Arbeitsgemeinschaft der Landesplaner der Bundesrepublik Deutschland, in: *Landesplanung*. Begriffe und Richtlinien, Düsseldorf 1953.
8 Siehe hierzu den Artikel *„Raumordnung"*, in: Handwörterbuch der Raumforschung und Raumordnung, Sp. 2460 ff.

nung vornehmlich aus der räumlichen Erweiterung stadtplanerischer Aufgaben[9]. Landesplanung unterschied sich in der Folge von Stadtplanung in zweierlei Hinsicht: 1. durch die räumliche Ausdehnung auf ein zusammenhängendes Wirtschaftsgebiet, 2. durch die inhaltliche Ausdehnung auf das gesamte Beziehungsgeflecht zwischen baulicher, verkehrstechnischer und wirtschaftlicher Entwicklung in ihrem Gebiet[10].

Die Notwendigkeit, ja der dringende Bedarf an überörtlicher Planung wurde von keiner Seite bestritten. Staat und Gemeinden waren denn auch an der Gründung der Landesplanungsorganisationen seit der Mitte der zwanziger Jahre gleichermaßen beteiligt, und auch der Vorreiter der Entwicklung, der 1920 geschaffene Siedlungsverband Ruhrkohlenbezirk, verdankt seine Entstehung der Initiative sowohl staatlicher als auch (groß-)städtischer Stellen. Nach übereinstimmender zeitgenössischer Einschätzung war das Deutsche Reich durch die Folgen des Ersten Weltkriegs in seiner Existenz bedroht. Zu den raumwirksamen Entwicklungen beim Überlandverkehr durch aufkommende Motorisierung, beim ungebrochenen Siedlungswachstum in industriellen Ballungsgebieten und bei der Energiewirtschaft[11] war nun noch eine Verknappung der Ressourcen durch Gebietsverluste (Oberschlesien und Elsaß-Lothringen) und durch die Reparationsforderungen der Alliierten hinzugekommen. Die von der Stadtplanung bereits vor der Jahrhundertwende betriebene Minimierung des unkontrollierten Wachstums von Industrie- und Wohnsiedlungen im kommunalen Bereich galt es nun im Hinblick auf die Erhaltung landwirtschaftlicher Nutzflächen und der Erholung dienender Grünflächen auch weiträumig zu betreiben. Bis zum Ende der Entstehungsphase der Landesplanung, für die die Weimarer Republik den zeitlichen Rahmen angibt, hatte ihr Konzept in einer Fülle von Veröffentlichungen einen weitgehend übereinstimmenden theoretischen Begründungszusammenhang gefunden[12].

Die Weimarer Zeit als eine besondere, abgeschlossene erste Entwicklungsphase der Landesplanung zu verstehen, bietet sich unter dem Gesichtspunkt der Abgrenzung

---

9 Ein früher Beleg für diese Entwicklung ist der 1912 ins Leben gerufene Zweckverband Groß-Berlin; vgl. hierzu S. 35 ff.

10 So der Kern der Ausführungen von Robert Schmidt, dem ersten Direktor des Ruhrsiedlungsverbandes, vor dem Hauptausschuß des Preußischen Städtetages am 19. 6. 1926; vgl. *Mitteilungen des Deutschen Städtetages*, 1926, Sp. 157 f.; siehe hierzu auch *Fritz Schumacher*, Vom Städtebau zur Landesplanung und Fragen städtebaulicher Gestaltung, Tübingen 1951 (Archiv für Städtebau und Landesplanung, Bd. 2).

11 Elektrizitäts- und Gasversorgung wurden seit der Jahrhundertwende zunehmend regional aufgezogen. Dabei gaben Verbundnetze mittels sog. Überlandleitungen Anhaltspunkte für übergreifende wirtschaftlich bestimmte Planungsräume (siehe hierzu Karte 1, S. 14); vgl. auch die grenzüberschreitenden Hochrhein-Schiffahrts- und -Wasserkraftpläne zu Beginn des Jahrhunderts, die von Martin Mächler als Wurzel des Landesplanungsgedankens gesehen wurden; so nach *Wolfgang Rauchbach*, Martin Mächler und der Begriff der Landesplanung, in: Bauwelt, Jg. 59 (1968), S. 1630 f.

12 Literaturüberblick bei *Wolfgang Schmerler*, Die Landesplanung in Deutschland, in: Zeitschrift für Kommunalwirtschaft, Jg. 22 (1932), Sp. 971 f.

Karte 1 – *Überlandleitung im mitteldeutschen Industriebezirk**

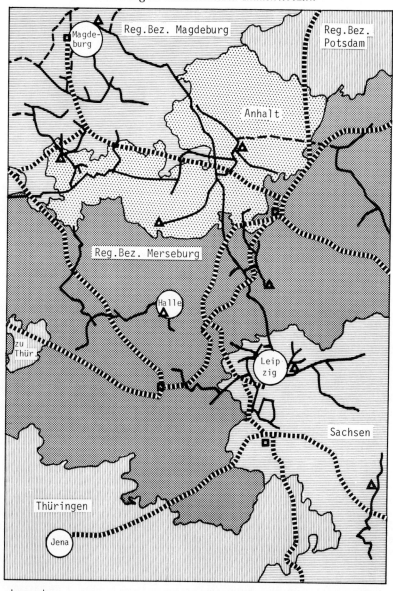

Legende:

Gas —————— Elektrizität ▪▪▪▪▪▪▪▪ Verwaltungsgrenzen ——————

Gaswerk ▲ Elektrizitätswerk ▫

* Quelle: Nach *Merseburger Planungsatlas*, Karte 24.

freiwilliger Kooperation von dirigistischen Maßnahmen an. Der Wandel vom liberalen Staat des 19. zum planenden Sozialstaat des 20. Jahrhunderts vollzog sich langsam. Zu grundsätzlichen Regelungen auf dem Gebiet der Landesplanung vermochte sich der Gesetzgeber in der Weimarer Zeit noch nicht zu entschließen. Bezeichnenderweise konnte auch ein in Fachkreisen unstrittig als vordringlich empfundenes preußisches Städtebaugesetz trotz wiederholter Anläufe in dieser Phase nicht verabschiedet werden – ein Gesetz, von dem man sich gerade auch für die Landesplanung richtungweisende Kompetenzregelungen erhofft hatte[13]. Mit ganz wenigen Ausnahmen entstanden Landesplanungsorganisationen zwischen 1925 und 1932 im Wege vertraglicher Vereinbarung betroffener Gebietsteile. Dies war eine Regelung, welcher vor allem von kommunaler Seite der Vorzug vor einer gesetzlich verordneten Planungsorganisation gegeben wurde. Demgegenüber war es für den nationalsozialistischen Staat ein leichtes, die bestehenden Hemmnisse überkommener liberaler Rechtstradition aus dem Weg zu räumen. Angesichts der ihm innewohnenden dirigistischen und zentralistischen Strömungen war es nur folgerichtig, daß die auf vertraglicher Grundlage geschaffenen Landesplanungsgemeinschaften innerhalb relativ kurzer Zeit in ein reichseinheitlich verordnetes Planungssystem überführt wurden.

Zum Zeitpunkt ihrer Entstehung war Landesplanung in Deutschland mehr als nur eine Planungstechnik; sie war – so der Eindruck aus der zeitgenössischen Literatur – eine „Bewegung". Vorerst nur in Fachkreisen bekannt, von diesen aber eifrig diskutiert, zu ausländischen Beispielen in Beziehung gesetzt, theoretisch begründet und systematisiert, wurde sie hinsichtlich ihrer allgemeinen Zielsetzungen als ein bedeutsames Instrument zur Gestaltung der Gegenwart und der Zukunft von Volk und Staat angesehen[14]. Von dieser ausgeprägt wissenschaftlichen Diskussion allgemeiner staatlicher bzw. gesellschaftlicher Planungsziele und Steuerungstechniken unterschied sich die Arbeit der einzelnen Landesplanungsorganisationen, die in der zweiten Hälfte der zwanziger Jahre entstanden, beträchtlich. In den meist nur mit wenigen Mitarbeitern ausgestatteten Landesplanungsstellen stand die Dokumentation der bestehenden Flächennutzung in dem von ihnen zu betreuenden Gebiet im Vordergrund. Wohn-, Gewerbe- und Industriesiedlungen, landwirtschaftlich genutzte und der Erholung dienende Flächen mußten statistisch und vor allem kartographisch erfaßt werden, ebenso Verkehrswege, Energieversorgungs- und Abwasserleitungen. Auch zur Bodengüte, zu Bodenschätzen mit den daraus teilweise resultierenden Berg- und Tagebaubereichen und zur Wasserwirtschaft wurden thematische Karten entwickelt.

---

13 Vgl. hierzu S. 17 und S. 63.
14 Siehe die Ausführungen bei *Schmerler*, Einleitung, Sp. 885, und Schlußkapitel, Sp. 962 ff. Als grundlegende zeitgenössische Darstellung, insbesondere auch mit Blick auf die ausländischen Beispiele, vgl. etwa *Jürgen Brandt*, Landesplanung, Berlin 1929 (Deutscher Verein für Wohnungsreform. Schriften, H. 5). Zum Stichwort „Landesplanung" erschienen in diesen Jahren zahlreiche Artikel in Fachzeitschriften wie *Zeitschrift für Kommunalwirtschaft, Der Städtetag, Zentralblatt der Bauverwaltung, Stadtbaukunst, Deutsche Bauzeitung.*

Dabei konnte natürlich die Beschäftigung mit künftigen Entwicklungen nicht solange zurückgestellt werden, bis die langwierige kartographische Bestandsaufnahme abgeschlossen war. Von Beginn an wurden die Landesplanungsstellen von den beteiligten Behörden gutachtlich in Anspruch genommen, zum Teil freiwillig, zunehmend aber auch bereits als staatlich verordnete Zwischenstufe in Genehmigungsverfahren. Dies galt etwa für kommunale Bebauungspläne, für zwischengemeindliche Investitionsvorhaben, für regionale Projekte, an denen höhere Kommunalverbände, Staat und Gemeinden gemeinsam beteiligt waren, sowie bei der Vorbereitung von einschlägigen Gesetzen und Verordnungen.

Der Überblick über die in der Weimarer Zeit entstandenen Landesplanungen vermittelt ein in vielerlei Hinsicht uneinheitliches Bild. 1932 gab es im Reichsgebiet insgesamt rund 30 Landesplanungsorganisationen bzw. -stellen[15]. Die genaue Zahl ist weder aus zeitgenössischen noch aus heutigen Darstellungen zu ermitteln[16]. Unterschiedliche Angaben hinsichtlich Zahl, Umfang, gebietsmäßiger Erstreckung, Organisationsstatut und Namensnennung deuten darauf hin, daß es sich nicht überall um festgefügte Einrichtungen gehandelt hat. So ist etwa bemerkenswert, daß bis 1932 in praktisch allen preußischen Regierungsbezirken eine – meist der Regierung zugeordnete – Landesplanungsstelle nachgewiesen wird, daß jedoch nur wenige dieser Stellen sichtbare Spuren hinterlassen haben, aus denen ihre Wirksamkeit herausgelesen werden könnte.

Nun war ja Landesplanung eine vor allem aus der Not wildwüchsiger Siedlungsentwicklung in industriellen Verflechtungsgebieten geborene Verwaltungstechnik und von daher keine für alle Regionen gleichermaßen dringliche Aufgabe. Für die Einrichtung von Landesplanungsstellen in fast allen preußischen Regierungsbezirken muß man denn auch neben den sachlichen Erfordernissen zusätzliche, politische Beweggründe berücksichtigen.

Als 1920 der Ruhrsiedlungsverband ins Leben gerufen worden und in kurzer Zeit zu einem bedeutsamen Unternehmen herangewachsen war, zeigte man sich im Kreise der „etablierten" staatlichen Mittelinstanzen, der Provinzialverwaltungen und Bezirksregierungen, beunruhigt[17]. Denn der Ruhrsiedlungsverband hatte sich nicht

---

[15] Siehe hierzu die tabellarische Übersicht, S. 18 f.

[16] Zusammenstellungen finden sich bei *Schmerler,* bei *Gerhard Hannig,* Landesplanung mit besonderer Berücksichtigung des mitteldeutschen Industriebezirks, Tübingen 1930, S. 77, und bei *Luthardt,* Landesplanung Ostthüringen 1927–1932, Bd. 1, Leipzig 1933, S. 5 f.

[17] Vgl. z. B. Protokollnotiz von der Landesdirektorenkonferenz vom 30. 11./1. 12. 1923: „Das darf nicht noch einmal vorkommen, daß ein derart wesensfremdes Gebilde (d. i. Ruhrsiedlungsverband) zwischen Provinz und ihr angehörigen Kreisen und Gemeinden geschaffen wird", in: Staatsarchiv Potsdam, Rep. 55, Nr. 513, Landesdirektorenkonferenz. Auch in den folgenden Jahren beschäftigten die Landesdirektorenkonferenz immer wieder die „großen Gefahren (für die Provinzen), die sich daraus ergeben können, wenn für die Landesplanung Sonderbehörden geschaffen werden" – so Landeshauptmann Dr. Horion (Rheinprovinz) in der Sitzung vom 5. 5. 1927 (Landesarchiv Berlin, Rep. 142: Kommunale Spitzenverbände. Verband preußischer Provinzen, Nr. 113).

nur verwaltungsorganisatorisch zwischen Provinz und Regierungsbezirke geschoben, ohne auf Grenzen Rücksicht zu nehmen, sondern er hatte diesen beiden Ebenen auch Kompetenzen genommen. Und dies in einer Zeit, in der im Rahmen der anhaltenden Verwaltungsreform-Diskussion ohnehin über die Abschaffung bzw. die Vereinigung der beiden Mittelinstanzen der allgemeinen preußischen Landesverwaltung diskutiert wurde. Eine so erfolgreich operierende Einrichtung wie der Ruhrsiedlungsverband barg die Gefahr in sich, als Vorbild für weitere vergleichbare Neugründungen zu dienen.

Aus der Sicht der betroffenen Vertreter aus Bezirks- und Provinzialverwaltung mußte dieser Entwicklung entschieden Einhalt geboten werden. Was lag in diesem Zusammenhang näher, als die Flucht nach vorn zu ergreifen. Mit der vorsorglichen Proklamierung eigener Landesplanungsstellen wurde deshalb erst einmal der Anspruch auf organisatorische Zuständigkeit und Federführung angemeldet. Einen entscheidenden Anstoß zur Einrichtung von Landesplanungsstellen bei den Bezirksregierungen gab dabei die für Ende der zwanziger Jahre erwartete Verabschiedung eines Städtebaugesetzes. In dem Regierungsentwurf war Landesplanung als neue Aufgabe genannt; ihr sollte die Aufstellung und gegebenenfalls Festsetzung der zwischengemeindlichen Flächenaufteilungspläne zufallen [18].

Über die hierbei neu zu regelnden Zuständigkeiten konnte jedoch insbesondere zwischen staatlichen und kommunalen Interessen keine Einigung erzielt werden. Städte und Kreise begriffen Landesplanung als Selbstverwaltungsaufgabe; ebenso war dies der Standpunkt der Provinzen. Die Schwäche ihrer Argumentation aber war, daß sich landesplanerische Gebietseinheiten nach wirtschaftsräumlichen Kriterien abgrenzten. Sie lagen einerseits oberhalb der Gemeinde- und Kreisebene, andererseits aber unterhalb der Provinzialebene und gingen am ehesten noch mit der Regierungsbezirksebene konform. In der Bezirksinstanz aber fehlte die Selbstverwaltung völlig, so daß sich die staatlichen Bezirksbehörden natürlicherweise als Träger für diese neue Aufgabe anboten. Das Preußische Innenministerium forderte jedenfalls im Jahre 1929 die Regierungspräsidenten auf, überall dort, wo es die Wirtschaftsentwicklung angezeigt erscheinen lasse, Landesplanungsvereine zu gründen. Ihre Aufgabe sollte sein: 1. die Aufstellung eines einheitlichen, an die Nachbargebiete anschließenden Verkehrslinienplanes als Grundlage für den Ausbau des Eisenbahn-, Kleinbahn- und Wasserstraßennetzes; 2. die Aufstellung von allgemeinen Richtlinien und leitenden Gesichtspunkten für eine planvolle Nutzung der von der Natur gegebenen Verhältnisse im Bezirk für seine siedlungsmäßige Erschließung, insbesondere für die Anlage

---

[18] Entwurf eines Städtebaugesetzes vom 17. 7. 1929, in: Preußischer Landtag 1928/32, Drucksachen Nr. 3015. Namhafte Stadtplaner und der Preußische Städtetag lehnten die nach dem Gesetzentwurf geplanten Flächenaufteilungspläne wegen der durch sie entstehenden Bindewirkungen allerdings entschieden ab; ebenso die zwangsweise vorgesehene Bildung von überörtlichen Organisationen zur Festsetzung zwischengemeindlicher Flächenaufteilungspläne; vgl. hierzu etwa zahlreiche Artikel in *Der Städtetag*, 1929 (dort auch ein Gegenentwurf des Preußischen Städtetages für ein Städtebaugesetz).

Übersicht 1 – Landesplanungsorganisationen bzw. -stellen im Deutschen Reich (Stand 1932)*

Lfd. Nr.	Organisation	Organisa-tionsform	Grün-dungs-jahr	Fläche (in km²)	Einwoh-ner 1925 (in Mio.)	Einwoh-nerdichte (Ew/km²)[6]	Geschäfts-stelle	Admin. Grenzziehung
1	Siedlungsverband Ruhrkohlenbezirk[1]	öff. rechtl.	1920	3 840	3,833	913	Essen	Teile der Reg.Bez. Dü, Mü, Arnsbg. in 2 Provinzen (17 StKr u. 11 LKr)
2	Landesplanungsverband Düsseldorf	e.V.	1925	3 574	2,27	635	Düsseldorf	Reg.Bez. Düsseldorf (abzügl. RSV)
3	Landesplanungsverband Köln	e.V.	1927	3 978	1,43	357	Köln	Reg.Bez. Köln (abzügl. RSV)
4	Landesplanungsverband Koblenz	fr. Vereinig.	1928	6 208	0,792	127		
5	Rhein-Mainischer Planungsverband	fr. Vereinig.	1929	8 700	1,35	570	Frankfurt	bei Gründung 10 Städte (1933–1935 LPl-Verband des Rhein-Main-Gebietes)
6	Landesplanung Sauerland	fr. Vereinig.	1929	5 384	0,61	113		Reg.Bez. Arnsberg (abzügl. RSV)
7	Landesplanung Siegerland	fr. Vereinig.	1928	648	0,13	200	Siegen	St.- u. LKr. Siegen
8	Landesplanung Minden	fr. Vereinig.	1929	6 477	0,97	150	Minden	Reg.Bez. Minden u. Lippe-Detmold
9	Landesplanung Münsterland	fr. Vereinig.	1925	3 648	0,48	134	Münster	Reg.Bez. Münster
10	Verein Landesplanung f. d. Reg.Bez. Osnabrück	e.V.		6 204	0,46	700	Osnabrück	
11	Landesplanung Unterwesergebiet	Staatsvertr.	1930	(300)	(0,43)	(1430)		Bremen, Bremerhaven und angrenzende preuß. Gebietsteile
12	Landesplanungsverein Elbe-Weser	e.V.	1929	6 788	0,456	67		Reg.Bez. Stade
13	Hamburg-Preußischer Landesplanungsausschuß	Staatsvertr.	1929	708	1,47	2 076	Hamburg	Hbg. u. 11 pr. St.- u. LKr. in 3 Reg.Bez. bzw. 2 Prov.
14	Landesplanungsstelle in Schleswig	–	1929	(15 070)	1,51	100	Schleswig	
15	Landesplanung des Reg.Bez. Hannover	e.V.	1929	5 784	0,823	142	Hannover	Reg.Bez. der Prov. Hannover
16	Landesplanung im Reg.Bez. Hildesheim	fr. Vereinig.	1929	5 354	0,594	111	Hildesheim	Reg.Bez. Hildesheim
17	Landesplanungsstelle	–	1929	(11 146)	0,877	79	Magdeburg	Reg.Bez. Magdeb. Stadt Magdeb

	...Reg.Bez. Erfurt	...	...	2 ?2	0,?3?	...	...	...
19	Landesplanung Thüringen-Mitte	fr. Vereinig.	1930	4 587	0,628	115	Weimar	LKr. u. StKr.
20	Ostthüringische Landesplanungsstelle	fr. Vereinig.	1927	3 343	0,531	174	Gera	St.- u. LKr.
21	Landesplanung f. d. eng. mitteldt. Industrie-Bezirk[2]	fr. Vereinig.	1925	12 193	1,731	212	Merseburg	Reg.Bez. Mersebg. u. 3 LKr. in Anhalt u. Magdeburg
22	Landesplanung Westsachsen (Leipzig)	öff. AG	1925	3 566	1,307	366	Leipzig	Amtshauptmannschaft Leipzig
23	Landesplanung Westsachsen (Chemnitz)	staatlich	1925	2 073	0,976	430	Chemnitz	Amtshauptmannschaft Chemnitz
24	Landesplanung Ostsachsen	staatlich	1926	6 807	1,854	272	Dresden	Dresden u. Bautzen
25	Landesplanungsverband Brandenburg-Mitte	fr. Vereinig.	1929	8 193	0,638	78	Berlin	LKr. i. Reg.Bez. Potsdam
26	Landesplanungsstelle f. d. Reg.Bez. Frankf./O.[3]	–	1929	(11 706)	0,63	54	Frankfurt	Teile Reg.Bez. Frankfurt
27	Planungsgemeinschaft der brandenburg. Niederlausitz	fr. Vereinig.	1928/29	4 698	0,451	96	Berlin (Cottbus)	LKr. i. Reg.Bez. Frankf./O., AG mit Prov. Verband, daneben Pl. Verein d. Wirtschaft
28	Landesplanung der schlesischen Niederlausitz	fr. Vereinig.	1928/29	1 993	0,130	65	Liegnitz	LKr. i. Reg.Bez. Liegnitz (Schlesien)
29	Landesplanungsverein Oberschlesien	e. V.	1927	2 131	0,67	314	Oppeln	Reg.Bez. Oppeln
30	Landesplanungsstelle in Ostpreußen[3]	–	1929	–	–	–	Königsberg	
31	Landesplanungsstelle für die Rheinprovinz[4]	fr. Vereinig.	1928	–	–	–	Düsseldorf	
	(Groß-Berlin)[5]		1920	884	4,020	4 547		
	Von der Landesplanung[6] erfaßtes Gebiet ca.			120 000	30,000	250		
	Deutsches Reich			470 000	62,000	132		
	Anteil LPl am Reichsgebiet ca.			25 %	48 %			

* Anmerkungen siehe S. 20.

Anmerkungen zu Übersicht 1:

[1] Im Zusammenhang mit der kommunalen Gebietsreform im rheinisch-westfälischen Industriegebiet in den Jahren 1927 bis 1929 wurde der Ruhrsiedlungsverband auf 4591 km² erweitert (vgl. hierzu *Umlauf*, Wesen und Organisation der Landesplanung, S. 35 ff.).

[2] Fläche und Einwohnerzahl ohne Stadt Magdeburg, die gleichzeitig zum Einzugsbereich der Landesplanungsstelle für den Regierungsbezirk Magdeburg (lfd. Nr. 18) gehörte.

[3] Landesplanungsstellen, deren Einzugsbereich sich nur auf Teile des Regierungsbezirks (bzw. der Provinz Ostpreußen) erstreckte.

[4] Fläche und Einwohnerzahl setzt sich aus den obengenannten Teil-Planungsverbänden (lfd. Nrn. 1–4) plus Regierungsbezirk Aachen zusammen.

[5] Bei einer Zusammenstellung aller großräumlichen Planungsgebiete kann der 1920 durch Eingemeindung zusammengefaßte Wirtschaftsraum Berlin mitgezählt werden.

[6] Entsprechend der unterschiedlichen Intensität der Erfassung bzw. Ausgrenzung von Gebietsteilen durch die Landesplanungsverbände bzw. -stellen können Dichtewerte, Summenzahlen und einzelne Prozentanteile nur als Richtwerte verstanden werden. Hier berechnet ohne die großflächigen, untypischen Gebiete 14, 17, 26, 30.

Die Angaben stammen aus den verschiedensten, teilweise widersprüchlichen Unterlagen; vgl. hierzu S. 16, Anm. 16.

e.V. = eingetragener Verein; fr. Vereinig. = freie Vereinigung; LKr. = Landkreis(e); LPl = Landesplanung; Pl = Planung; Prov. = Provinz(en); Reg.Bez. = Regierungsbezirk(e); RSV = Ruhrsiedlungsverband; StKr. = Stadtkreis(e)

neuer Wohn- und Industriesiedlungen und für die Erhaltung und Schaffung ausreichender Wälder sowie sonstiger Grünflächen in der Nähe der Städte[19].

Auffälligerweise ist eine vergleichbare Entwicklung zu dieser Zeit in Süddeutschland nicht zu beobachten. Die Übersicht über die reichsweite Verbreitung der Landesplanung zeigt weder für Bayern noch für Württemberg und Baden organisatorische Ansätze dieser Art, obwohl es auch in diesen Ländern industrielle Verflechtungsgebiete mit entsprechenden Entwicklungsproblemen gab (München, Nürnberg-Fürth, Stuttgart, Mannheim). Dennoch, die nominell von zuständigen Landesplanungsstellen erfaßten Gebietsteile hatten bis Ende der Weimarer Zeit einen erheblichen Umfang angenommen. Sie erstreckten sich über rund ein Viertel des Reichsgebietes, in dem fast die Hälfte der Reichsbevölkerung angesiedelt war[20]. Die unterschiedlichen Prozentanteile von Gebietsumfang und Einwohnerzahl zeigen, daß Ansatzpunkte für Landesplanung eher in den dichtbesiedelten Gebieten des Reiches lagen. Eine grobe Typisierung nach hervorstechenden Strukturmerkmalen führt dabei zur Unterscheidung der drei wichtigsten Gruppen: 1. die von einem einzelnen großstädtischen Ballungsraum geprägten, konzentrisch gegliederten Zonen mit typischen Peripherie-Zentrums-Problemen; hierzu zählen der von Berlin bestimmte Landesplanungsverband Brandenburg-Mitte, der Hamburgisch-Preußische Landesplanungsausschuß, der Landesplanungsverband Köln, die Landesplanung Westsachsen mit Leipzig und das Rhein-Main-Planungsgebiet um Frankfurt; 2. die von Städten und industriellen Produktionszentren polyzentrisch durchsetzten Gebiete; hierzu gehören der Ruhrsiedlungsverband, der Landesplanungsverband Düsseldorf oder die Landesplanung für den engeren mitteldeutschen Industriebezirk; 3. Gebiete, in denen nicht die hohe Siedlungsdichte zur Einrichtung einer Landesplanungsorganisation bzw. -stelle geführt hatte, sondern in erster Linie der landzerstörende Abbau von Bodenschätzen, der nun mit den Bedürfnissen der Landwirtschaft, Industrie und Siedlung besser abgestimmt werden sollte; Beispiele hierfür sind die Planungsgemeinschaft der brandenburgischen und der schlesischen Niederlausitz oder die Landesplanung für den Regierungsbezirk Erfurt. Mit dieser Grobgliederung korrespondieren teilweise auch die unterschiedlichen Einwohnerdichte-Zahlen in den einzelnen Landesplanungsgebieten[21].

b)   Landesplanungsorganisationen in der Weimarer Republik – einige Beispiele

Aus der Vielzahl der Landesplanungsorganisationen, die bis 1932 entstanden sind, ragen einige wenige an Bedeutung heraus – sei es aufgrund ihres tatsächlichen Ein-

---

19   Der Ministerialerlaß wurde nicht veröffentlicht; hier zitiert nach *Ein Vorbild für die Methodik stadtplanerischer Arbeit.* Stadt- und Landesplanung Bremen 1926–1930, Bremen 1979, S. 38.
20   Vgl. hierzu S. 19.
21   Eine andere Untergliederung (nach Organisationsform) bei *Schmerler,* Sp. 934.

flusses auf die Entwicklung, sei es aufgrund des von ihnen geformten landesplanerischen Instrumentariums. Dabei ist unter beiden Gesichtspunkten an erster Stelle der 1920 geschaffene Siedlungsverband Ruhrkohlenbezirk zu nennen – mit der Einschränkung, daß das für ihn gefundene organisatorische Modell keine Nachahmung gefunden hat. Mit dem ihm vom preußischen Gesetzgeber verliehenen Status einer öffentlich-rechtlichen Gebietskörperschaft unter gleichzeitiger Übertragung einer Vielzahl von kommunalen und staatlichen Befugnissen bot der Ruhrsiedlungsverband optimale Voraussetzungen zur Durchsetzung landesplanerischer Zielvorstellungen[22].

Die ihm im allgemeinen übertragene „Förderung der Siedlungtätigkeit" im Verbandsgebiet war im Gesetz präzisiert und umfaßte folgende Aufgaben:

1. Die Beteiligung an der Feststellung der Fluchtlinien- und Bebauungspläne für das Verbandsgebiet;
2. die Förderung des Kleinbahnwesens, insbesondere des zwischengemeindlichen Verkehrs, im Verbandsgebiet;
3. die Sicherung und Schaffung größerer von der Bebauung freizuhaltender Flächen (Wälder, Heide, Wasserflächen und ähnlicher Erholungsflächen);
4. die Durchführung wirtschaftlicher Maßnahmen im Verbandsgebiet zur Erfüllung des Siedlungszwecks im Rahmen dieses Gesetzes;
5. die Erteilung der Ansiedlungsgenehmigung im Verbandsgebiet;
6. die Mitwirkung an dem Erlasse von Bau- und Wohnungsordnungen.

Mit diesem Kompetenzkatalog war der Ruhrsiedlungsverband in die Lage versetzt, einem sehr viel allgemeineren „Zweck" zu dienen, als dies dem zehn Jahre zuvor entstandenen Zweckverband Berlin möglich gewesen war. Zur Bewältigung der Fülle der ihm übertragenen Aufgaben – die zum Teil neu waren, die er zu einem anderen Teil aber auch anstelle der staatlichen Aufsichts- und Verwaltungsbehörden (Regierungspräsident und Oberpräsident) wahrnahm – entstand eine leistungsfähige Verwaltung[23]. Sie bildete u. a. auch die besondere Ausbildungsstätte für ein Vielzahl von Landesplanern, welche dann in den Jahren ab 1925 in den Landesplanungsstellen die praktische Arbeit leisteten.

Doch die kühne Durchbrechung gewachsener, in eingefahrenen Gleisen sich bewegenden Verwaltungsstrukturen, zu der sich der preußische Gesetzgeber mit der Gründung des Ruhrsiedlungsverbandes durchgerungen hatte, war der Gunst einer einma-

---

[22] Gesetz betr. Verbandsordnung für den Siedlungsverband Ruhrkohlenbezirk vom 5. 5. 1920 (PrGS S. 286); Gesetzestext auszugsweise wiedergegeben bei *Josef Umlauf*, Wesen und Organisation der Landesplanung, Essen 1958, S. 32 ff.; vgl. zur Geschichte des Siedlungsverbandes neben Umlauf etwa *Heinz Günter Steinberg*, Geschichte des Siedlungsverbandes Ruhrkohlenbezirk, in: Raumordnung und Landesplanung im 20. Jahrhundert, Hannover 1971, S. 3 ff., oder den zeitgenössischen Artikel von dem damaligen Essener Oberbürgermeister und späteren Reichskanzler *Hans Luther*, „Ruhrsiedlungsverband", in: Handwörterbuch der Kommunalwissenschaften, Bd. 3, Jena 1924, S. 550–554.

[23] Der Siedlungsverband beschäftigte 1929 40 Beamte und 65 Angestellte (nach *Schmerler*, Sp. 898).

Karte 2 – *Landesplanung am Niederrhein*

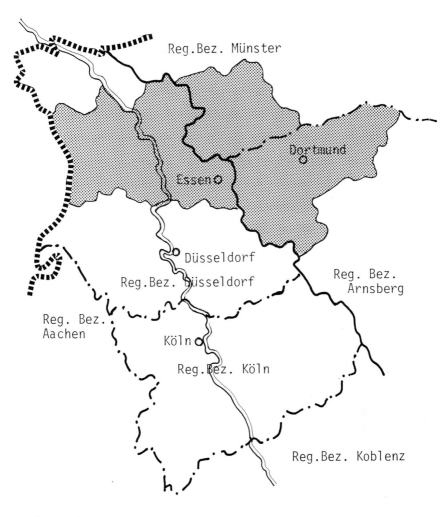

Reg.Bez. Münster

Dortmund

Essen

Düsseldorf

Reg.Bez. Düsseldorf

Reg. Bez.
Arnsberg

Reg. Bez.
Aachen

Köln

Reg.Bez. Köln

Reg.Bez. Koblenz

Legende:
▪▪▪▪▪▪ Reichsgrenze
───── Provinzgrenze (Rheinland:Westfalen)
─·─ Regierungsbezirks-Grenze

▒▒▒▒ Ruhrsiedlungsverband (in den Grenzen von 1929 ff.)

ligen Ausnahmesituation zu verdanken, der Staatsumwälzung 1918/19. Sie hatte noch zwei weitere bemerkenswerte Verwaltungs- und Gebietsreformen möglich gemacht: die Bildung der Einheitsgemeinde Groß-Berlin und den Zusammenschluß der thüringischen Kleinstaaten zum Land Thüringen. Damit aber waren zum einen die drei aus landesplanerischer Sicht auffälligsten Problemgebiete saniert, zum andern waren Bedenken und Widerstände insbesondere gegenüber den beiden preußischen Gebietsreformen laut geworden. Nachdem sich auch die Länderbürokratien neu gefestigt hatten, blieben in den darauffolgenden Jahren weitere radikale Neugliederungen aus. Die Idee der Landesplanung, die ungeachtet bürokratischer Hemmnisse immer mehr an Boden gewann, mußte sich demnach auf andere Weise durchsetzen. Den Ausweg bildete die freiwillige Einordnung betroffener kommunaler und staatlicher Stellen in eine gebietsübergreifende Entwicklungsplanung.

Fünf Jahre nach der Gründung des Ruhrsiedlungsverbandes konstituierten sich dann in rascher Folge die ersten Landesplanungsgemeinschaften[24]. Zu diesen ersten gehörte der Landesplanungsverband Düsseldorf e. V. Er umfaßte gebietsmäßig diejenigen Kreise des Regierungsbezirks Düsseldorf, welche nicht in den Ruhrsiedlungsverband einbezogen worden waren, für die sich jedoch schon seit der 1910 ins Leben gerufenen „Grünflächenkommission" ebenfalls ein gemeinsamer Planungshorizont aufgetan hatte. Als nach kriegsbedingter Pause aufgrund der Initiative des Unterausschusses Essen der Grünflächenkommission der Ruhrsiedlungsverband gebildet wurde, war den Gebietsteilen des Unterausschusses Düsseldorf vom Gesetzgeber gleichzeitig das Angebot eines nachträglichen Beitritts zum Verband gemacht worden. Unter der Federführung des Düsseldorfer Regierungspräsidenten, der in dem 1925 gegründeten Verband dann auch den Vorsitz übernahm, schlug man aber hier nun den neuen Weg freiwilliger Zusammenarbeit ein – „unter restloser Wahrung der bestehenden verwaltungsrechtlichen Ordnung". Die Vereinsmitglieder, der Regierungspräsident sowie die Stadt- und Landkreise des Rest-Bezirks waren sich bei der Gründung ihres Landesplanungsverbandes auch darin einig, daß dieser die „Zuständigkeiten der bereits auf Planungseinzelgebieten tätigen Stellen" unangetastet lassen und nicht nach eigenen Machtbefugnissen streben sollte. Er sollte lediglich Sammelstelle sein, die Hilfs- und Koordinierungsarbeit zu leisten hatte, die schließlich durch Ausgleich die „Einzelwirksamkeit zu großer zusammenfassender Auswirkung" bringen sollte[25].

Diese nach außen hin betonte Zurückhaltung hat jedoch den Verband bzw. die von ihm eingesetzte Verbandsgeschäftsstelle unter Leitung von H. Hecker nicht daran gehindert, die Führung in der geforderten landesplanerischen Tätigkeit zu übernehmen, eigene Vorstellungen zu entwickeln und die beteiligten Verbandsglieder mittels der „Überzeugungskraft der technischen Landesplanungsarbeit" zur Übernahme ihrer Planungen zu veranlassen. Diese „Technik" war in einem Arbeitsprogramm festgehalten, das sich in die vier folgenden Hauptgebiete gliederte: 1. Organisation des

---

[24] Siehe S. 18 f., Übersicht 1.
[25] Zitate nach *Schmerler*, Sp. 952 ff.

Kartenwesens, 2. eingehende kartographische Untersuchung des bestehenden Zustandes, 3. Aufnahme vorhandener Planungswünsche, 4. Planung soweit als möglich in den Händen der dazu berufenen Verbandsmitglieder[26].

Zeitgenössischer Einschätzung zufolge war die Geschäftsstelle des Landesplanungsverbandes Düsseldorf in ihrer Arbeit erfolgreich. Für die beiden ersten Teile des Programmes, die Erarbeitung der Planungsgrundlagen, spielte die lose Organisationsform keine Rolle. Und die Zusammenstellung und Koordinierung von Einzelplanungen durch eine neutrale, nicht eigennützige Ziele verfolgende Stelle, auf die man selbst Einfluß nehmen konnte, förderte bei den Beteiligten die Bereitschaft, übergeordnete Gesichtspunkte zu berücksichtigen und an einem Interessenausgleich mitzuwirken. Nicht unwichtig war dabei, daß die privatrechtliche Organisation der Landesplanung es leichtmachte, die Wirtschaft in die Planarbeit mit einzubeziehen. Neben den 20 Stadt- und Landkreisen als ordentlichen Mitgliedern kannte der Landesplanungsverband eine ganze Reihe außerordentlicher Mitglieder aus Industrie und Handel, von Verkehrs- und Versorgungsunternehmen, landwirtschaftlichen Verbänden, aber auch von staatlichen Sonderbehörden oder von den kommunalen Spitzenverbänden[27]. Ihre Vertreter wirkten in den Gremien beratend mit. Dies bot Gelegenheit, eine Abstimmung zwischen den unterschiedlichsten Interessen herbeizuführen.

Die im Düsseldorfer Verband praktizierte organisatorische Lösung gewährte der Landesplanung unter den damaligen Verhältnissen bestmögliche Entfaltung. Dies erhellt nicht zuletzt daraus, daß dieses Modell vielfache Nachahmung insbesondere in den anderen preußischen Regierungsbezirken fand. Die aktivste Tätigkeit entwickelte dabei die zur selben Zeit entstandene Landesplanung für den engeren mitteldeutschen Industriebezirk[28]. Im mitteldeutschen Raum zwischen Harz, Thüringer Wald und Erzgebirge waren landwirtschaftliche Nutzflächen von Bergbaugebieten weiträumig durchsetzt, wobei insbesondere der Braunkohlentagebau Probleme aufwarf. In Bitterfeld und Leuna strapazierten zwei mit großer Dynamik sich ausdehnende Chemie-Industriekomplexe die gewachsene wirtschaftliche und soziale Struktur der weiteren Umgebung. Diesen Großraum, an dem Preußen, Sachsen, Thüringen, Anhalt und Braunschweig Anteil hatten, als eine Einheit zu sehen, machte außerordentlich große Schwierigkeiten. Für landesplanerisches Denken aber stellte er eine geradezu klassische Herausforderung dar. Und wenn es der Landesplanung auch nicht in vollem Umfang gelang, die politische Grenzziehung aufzubrechen bzw. sie zu neutralisieren, so haben doch gerade die hier ansatzweise verwirklichten Ergebnisse den Nutzen der neuen Planungstechnik unter Beweis gestellt.

---

26 Ebenda, Sp. 951, und die Darstellung bei *Norbert Ley,* Landesplanung in den Rheinlanden zwischen den beiden Weltkriegen, in: Raumordnung und Landesplanung im 20. Jahrhundert, Hannover 1971, S. 72 f.

27 Siehe *Der Landesplanungsverband Düsseldorf,* in: Der Regierungsbezirk Düsseldorf, Bd. 1: Rechter Niederrhein, Berlin 1926, S. 47 ff. (mit Karte).

28 Vgl. hierzu im einzelnen *Pfannschmidt,* Landesplanung im engeren mitteldeutschen Industriebezirk, S. 17 ff., und *Hannig,* Landesplanung.

Das Zentrum des expansiven Wirtschaftsraumes lag im Gebiet Halle-Leipzig, verwaltungsmäßig im preußischen Regierungsbezirk Merseburg und in der sächsischen Kreishauptmannschaft Leipzig. Ähnlich wie in den Bezirksregierungen des rheinisch-westfälischen Industriegebiets war man deshalb auch im Merseburger Regierungspräsidium mit der Entwicklung des problembeladenen Industriebezirks beschäftigt. Der dortige Dezernent für das Wohn- und Siedlungswesen, Stephan Prager, ergriff die entscheidende landesplanerische Initiative, als er im Herbst 1924 den Anstoß zur Gründung von Siedlungsausschüssen für verschiedene Ballungszentren im Bezirk gab, welche mit Unterstützung der Bezirksregierung Standortplanung und Siedlungsentwicklung koordinieren helfen sollten. Bereits im Frühjahr 1925 gelang es ihm dann, die Beteiligten davon zu überzeugen, daß entsprechend den großräumigen Verflechtungen der einzelnen Gebietsteile auch die Tätigkeit der Siedlungsausschüsse in eine Gesamtplanung überführt werden sollte. So entstand der „Siedlungsverband für den engeren mitteldeutschen Industriebezirk" – wenig später umbenannt in „Landesplanung für den engeren mitteldeutschen Industriebezirk".

Zur selben Zeit hatte in der angrenzenden Kreishauptmannschaft Leipzig die Landesplanung Westsachsen ihre Arbeit aufgenommen, wenig später die im Süden angrenzende Ostthüringische Landesplanungsstelle[29]. Mit beiden Organisationen unterhielt die Merseburger Landesplanung engen Kontakt, um auch die grenzüberschreitenden Strukturen und Entwicklungsprozesse dokumentieren und Entwicklungslinien gemeinsam festlegen zu können. Zu diesem Behufe räumten die drei Planungsstellen sich gegenseitig beratende Stimmen in ihren Gremien ein und fanden sich auch bald zu einer besonderen „Arbeitsgemeinschaft der technischen Vorstände mitteldeutscher Planungsstellen" zusammen[30].

Nach Norden hin grenzte der Regierungsbezirk Merseburg an das Land Anhalt, mit dessen Wirtschaft er in mannigfacher Weise verflochten war und das gleichzeitig eine Brücke zu dem noch weiter nördlich gelegenen Magdeburger Ballungsraum bildete. Bemerkenswerterweise gelang es angesichts dieser Konstellation erstmals, eine die Staatsgrenzen überschreitende Landesplanungsorganisation zu konstituieren: 1927 traten die drei anhaltinischen Kreise dem Merseburger Planungsverband bei[31]. Die Stadt Magdeburg wurde zur selben Zeit ebenfalls Mitglied, und sie blieb es weiterhin, als 1928 für den Regierungsbezirk Magdeburg eine eigene Landesplanungsstelle eingerichtet wurde.

Den Vorsitz übernahm auch in der Merseburger Planungsgemeinschaft der Regierungspräsident. Zweiter Vorsitzender aber war der Oberbürgermeister von Halle, der

---

[29] Siehe hierzu S. 27, Karte 3, und S. 18 f., Übersicht 1.
[30] So nach *Schmerler*, Sp. 915 f.
[31] Die Formulierung bei *Klamroth*, S. 11, ist mißverständlich. Die Einbeziehung braunschweigischer Gebietsteile kam nicht zustande, und mit sächsischen und thüringischen Gebietsteilen stand der Merseburger Planungsverband lediglich über die bereits erwähnte Arbeitsgemeinschaft in Verbindung.

Karte 3 – *Landesplanung in Mitteldeutschland*[1]

Reg.Bez. Potsdam

① ②

Berlin ⑦

Reg.Bez. Magdeburg Reg.Bez. Frankfurt/O.

Anhalt ④

⑤

Reg.Bez. Merseburg

③ ⑥

Reg.Bez. Erfurt Thür.

Sachsen ⑫

⑩

Thüringen

⑧ ⑨ ⑪

Reg.Bez. Erfurt

——— Landesplanungs-Grenzen

——— Landes-/Reg. Bez. Grenzen

Legende:

in Preußen

1 Landesplanungsstelle (für den Regierungsbezirk) Magdeburg
2 Landesplanungsverband Brandenburg-Mitte
3 Landesplanung für den Regierungsbezirk Erfurt
4 Landesplanung für den engeren mitteldeutschen Industriebezirk
5 Landesplanung brandenburgische Niederlausitz
6 Landesplanung schlesische Niederlausitz
7 Landesplanungsstelle (für den Regierungsbezirk) Frankfurt/O.

in Thüringen

8 Landesplanung Thüringen-Mitte
9 Ostthüringische Landesplanungsstelle

in Sachsen

10 Landesplanung Westsachsen
11 Landesplanung Mittelsachsen
12 Landesplanung Ostsachsen

[1] Herausgehoben ist die grenzüberschreitende Landesplanung für den engeren mitteldeutschen Industriebezirk (vgl. hierzu S. 26 und S. 18 f., Übersicht 1).

einzigen Großstadt im Regierungsbezirk. Damit war angedeutet, daß die beteiligten kommunalen Gebietskörperschaften zwar die Federführung des Staates in der Landesplanungsorganisation akzeptierten, sich selbst jedoch als gleichberechtigte Mitglieder verstanden. Das Gewicht der Selbstverwaltung innerhalb der Landesplanungsorganisation wurde außerdem durch die Mitgliedschaft der Sächsischen Provinzialverwaltung verstärkt. Der Aufgabenkatalog der Merseburger Landesplanung war dem der Düsseldorfer vergleichbar. Neben die Erarbeitung der Plandaten und der Karten traten Beratung und Förderung der Mitglieder und ihrer Planungsstellen, insbesondere bei der Bearbeitung der örtlichen Fluchtlinien- und Bebauungsplanangelegenheiten. Hauptziel der Merseburger Planer aber war letztlich die einheitliche Zusammenfassung der einzelnen Flächenaufteilungspläne zu einem Generalsiedlungsplan. Auch war in der Satzung bereits vorsichtig die letzte Stufe landesplanerischen Bemühens anvisiert, die „Beratung von Maßnahmen zur praktischen Durchführung des Generalsiedlungsplanes"[32].

Übereinstimmender Einschätzung zufolge arbeitete die Landesplanung für den mitteldeutschen Industriebezirk äußerst erfolgreich[33]. Den sinnfälligsten und bis heute nachwirkenden Ausdruck fand ihre Tätigkeit in einem Planungsatlas, der 1932 der Öffentlichkeit vorgelegt werden konnte. Er stellt die erste zusammenfassende kartographische Darstellung eines größeren Wirtschaftsraumes dar. Der „Merseburger Planungsatlas" enthält 24 regionale Kartierungen (z. B. der Standorte von Bergbau und Industrie, des Siedlungswachstums, der Pendelwanderung und des Verkehrs) sowie 15 Wirtschaftspläne ausgewählter Teilgebiete[34]. Verfasser des Atlas-Werkes war der Hauptsachbearbeiter der Merseburger Planungsstelle, Martin Pfannschmidt, der in den Jahren 1925 bis 1935 außerdem mit einer Vielzahl programmatischer Schriften zur Landesplanung hervortrat und damit wesentlich zur Begründung dieser Disziplin beitrug. Seine zuerst in den USA, dann im Ruhrgebiet und von 1927 bis 1931 in Mitteldeutschland gewonnenen Erfahrungen flossen danach auch in die Landesplanung Brandenburg-Mitte ein.

26 der aufgeführten 31 Landesplanungsorganisationen befanden sich in Preußen. In einigen wenigen Fällen erstreckten sie sich allerdings auch auf benachbartes Staatsgebiet. Außer für die Landesplanung für den engeren mitteldeutschen Industriebezirk galt dies für den Rhein-Mainischen Planungsverband, für den Landesplanungsverein Elbe-Weser und für den Hamburgisch-Preußischen Landesplanungsausschuß. In diesen drei Fällen handelte es sich um Einzugsbereiche einer dominierenden Großstadt. Frankfurt, an der Peripherie des Preußischen Staatsgebietes gelegen, bildete dabei das Zentrum eines Wirtschaftsraumes, der in Teilen zu

---

[32] Zitiert nach *Schmerler*, Sp. 911.
[33] Siehe hierzu *Umlauf*, S. 46 ff., insbesondere S. 53.
[34] Genauer Titel: Landesplanung im engeren mitteldeutschen Industriebezirk. Kartenband. Eines der seltenen Exemplare dieses Atlanten befindet sich im Besitz der Senatsbibliothek Berlin; vgl. hierzu im übrigen die Beschreibung des Kartenwerks bei *Pfannschmidt*, Landesplanung im engeren mitteldeutschen Industriebezirk, S. 23 ff.

Bayern und zu Hessen gehörte. Eine von diesen drei Ländern ausgehende Interessengemeinschaft kam infolge bürokratischer Hemmnisse, aber auch unterschiedlicher politischer Zielsetzungen in den zwanziger Jahren nicht zustande, obwohl es an entsprechenden Versuchen nicht gefehlt hatte. Daß eine grenzüberschreitende Planungsorganisation dennoch ansatzweise verwirklicht werden konnte, war der Initiative der Stadt Frankfurt zu verdanken[35]. Anders als Berlin, das 1920 durch eine großdimensionierte Eingemeindung den Hauptteil der Stadt-Umland-Probleme „kommunalisieren" und in eigener Regie zu lösen versuchen konnte, hatte sich Frankfurt mit der Eingemeindung von Höchst im Jahre 1927 begnügen müssen. Die Koordinierung der Planungen der umliegenden Städte mit denen der Main-Metropole blieb eine vordringliche Aufgabe. Zehn Städte schlossen sich deshalb im Jahre 1929 mit Frankfurt zu einem Planungsverband zusammen, der allerdings ohne satzungsmäßigen und selbständigen organisatorischen Rückhalt blieb.

Anders verlief die Entwicklung in Bremen und in Hamburg. Die beiden Hansestädte waren in ihren Einzugsbereichen die dominierenden Zentren, preußisch war lediglich das Umland. Das politische Gewicht des mächtigen Staates wurde durch das wirtschaftliche Übergewicht der jeweiligen Hansestadt neutralisiert. Als 1929 vom zuständigen Regierungspräsidenten der Landesplanungsverein Elbe-Weser e.V. ins Leben gerufen wurde, trat ihm auch die Stadt Bremen bei[36]. Sie hatte mit der Regierung in Stade schon vorher in Verbindung gestanden, um Planungsarbeiten im beiderseitigen Grenzgebiet gemeinsam voranzutreiben. Eine Verabredung zur Zusammenarbeit bestand auch zwischen Bremen und dem Land Oldenburg, dem anderen Anrainerstaat. 1930 wurde die Zusammenarbeit im Unterwesergebiet in einem Staatsvertrag gefestigt, in dem Bremen und Preußen übereinkamen, „für Bremen und Hemelingen, Bremerhaven und Wesermünde, für Blumenthal, Aumund, Vegesack, Grohn und Schönebeck sowie für sonstige in Frage kommende Gebiete eine einheitliche Landesplanung zu schaffen"[37].

In Hamburg wurde eine vergleichbare Lösung gefunden. Die Stadt hatte sich davor vergeblich bemüht, ähnlich wie Berlin durch großzügige Eingemeindungen ihre Entwicklungsmöglichkeiten zu verbessern. Nachdem Preußen nicht bereit war, hierzu durch Gebietsabtretungen beizutragen, einigte man sich schließlich 1928 in einem Staatsvertrag auf eine Zusammenarbeit ohne Änderung der Grenzen[38]. Denn auch auf preußischer Seite war man der Auffassung, „daß eine einheitliche Entwicklung

---

[35] Näheres bei *Dieter Rebentisch*, Politik und Raumplanung im Rhein-Main-Gebiet. Kontinuität und Wandel seit 100 Jahren, in: Archiv für Frankfurts Geschichte und Kunst, H. 56 (1978), S. 191–210.

[36] Siehe hierzu *Ein Vorbild für die Methodik stadtplanerischer Arbeit.*

[37] Staatsvertrag über eine Gemeinschaftsarbeit zwischen Bremen und Preußen vom 21. 6. 1930 (PrGS S. 222), dazu Anlage 9: Abkommen zwischen Preußen und Bremen über Landesplanung im Unterwesergebiet (S. 246).

[38] Siehe hierzu *Fritz Schumacher*, Wesen und Organisation der Landesplanung im Hamburgisch-Preußischen Planungsgebiet, Hamburg 1932 (Veröffentlichungen des Hamburgisch-Preußischen Landesplanungsausschusses, H. 4).

des hamburgisch-preußischen Wirtschaftsgebietes an der unteren Elbe notwendig"
sei. In dem Vertrag kam man in derselben Formulierung, die später auch in Bremen
verwendet wurde, überein, „für Hamburg, Altona, Wandsbek, Harburg-Wilhelms-
burg und das sonst in Frage kommende Gebiet eine einheitliche Landesplanung zu
schaffen" und die erforderlichen Maßnahmen so zu treffen, „als ob Landesgrenzen
nicht vorhanden wären"[39]. Zur Ausarbeitung dieser Planung wurde ein paritätisch
besetzter Ausschuß eingesetzt. Ihm gehörten je fünf politische Vertreter und drei
Sachverständige an; letztere bildeten den technischen Unterausschuß. Dieses Gremium entwickelte sich unter dem Vorsitz des Hamburger Oberbaudirektors Fritz
Schumacher zu einem wichtigen Motor der Hamburg-Planung[40]. Da die Reichweite
des Ausschusses auf den Umkreis von 30 Kilometern vom Zentrum begrenzt war,
blieb seine Tätigkeit dem Charakter nach allerdings städtebauliche Planung. Bezeichnenderweise entfiel seine Existenzgrundlage, als 1937 die politische Zusammenfassung von Groß-Hamburg doch noch erreicht wurde.

Unter den zahlreichen preußischen Landesplanungsorganisationen gab es nur
wenige, die sich nicht an einen Regierungsbezirk anlehnten. Neben den vorstehend
erwähnten waren es zum einen noch die beiden Landesplanungen für die Niederlausitz; ihre Aufgabe war ganz auf den Braunkohletagebau und die dadurch hervorgerufenen Probleme der Landesentwicklung zugeschnitten[41]. Bei geringer Siedlungsdichte fehlten in diesem Gebiet jedoch die weiteren Strukturmerkmale industrieller
Ballungszonen, etwa vergleichbar denen des mitteldeutschen Industriebezirks. Deshalb wurde auch gar nicht erst der an sich naheliegende Versuch unternommen, das
gewachsene verwaltungsorganisatorische Gefüge aufzubrechen und das durch eine
Provinzgrenze in eine brandenburgische und eine schlesische Niederlausitz geteilte
Revier in einen gemeinsamen Landesplanungsverband zu überführen.

Zum anderen sind hier zu nennen die Landesplanung der Rheinprovinz und die
Landesplanung Brandenburg-Mitte, die sich beide an eine Provinzialverwaltung
anlehnten. Von letzterer, die sich dabei nur auf Teile der Provinz Brandenburg
erstreckte, wird im Hauptteil der Studie die Rede sein. Die Landesplanung der Rheinprovinz stellt, systematisch betrachtet, den ersten und dabei für die Weimarer Zeit
einzigen Fall einer zweistufigen Landesplanung dar. Denn in ihrem Planungsgebiet
operierten ja bereits der Siedlungsverband Ruhrkohlenbezirk sowie die Koblenzer,
die Kölner und die Düsseldorfer Landesplanung. Sie ist damit als Vorreiter der späteren flächendeckenden Planungsorganisation auf mehreren Ebenen anzusehen. Ihre

---

[39] Der Staatsvertrag vom 5. 12. 1928 ist in der PrGS nicht aufgeführt; Vertragszitate auch bei
     Umlauf, S. 54.
[40] Vgl. hierzu auch H. 1.–3. der Veröffentlichungen des Hamburgisch-Preußischen Landespla-
     nungsausschusses: *Allgemeine Statistik des Hamburgisch-Preußischen Landesplanungs-
     gebiets*, Tl. 1 und 2, Hamburg 1930 und 1931, sowie *Darstellungen des soziologischen Zustan-
     des im Hamburgisch-Preußischen Landesplanungsgebiet*, Hamburg 1931.
[41] Vgl. *Schmerler*, Sp. 938 f.; zur Problemstellung vgl. auch die frühere Darstellung von *Fritz
     Schumacher*, Zukunftsfragen an der Unterelbe. Gedanken zum „Groß-Hamburg"-Thema,
     Jena 1927.

Entstehung gründete sich auf die in den regionalen Planungsstellen gewachsene Einsicht in „die Notwendigkeit der Zusammenarbeit in noch größerem Raum"[42]. Sie kam dabei grundsätzlichen Bemühungen im Kreise der preußischen Provinzialverwaltungen entgegen, sich in die Arbeit der Landesplanung einzuschalten und diese nicht den staatlichen Bezirksregierungen allein zu überlassen. Hierbei spielte die bereits erwähnte Furcht vor Kompetenz- und Gewichtsverlagerung angesichts der wachsenden Bedeutung der Landesplanung eine Rolle[43]. Es gab aber auch von der Sache her gute Gründe für provinziale Zuständigkeit. Die überörtlichen Verkehrswege waren seit langem eine Domäne der Provinzialverwaltung; auch Wasserwirtschaft und Energieversorgung waren typische überregionale Aufgaben.

Die Geschäftsstelle der Landesplanung der Rheinprovinz befand sich bei der Rheinischen Provinzialverwaltung in Düsseldorf. Vorsitzender war der Landeshauptmann, das heißt der Exponent der provinzialen Selbstverwaltung – und nicht etwa der Oberpräsident, das heißt der Vertreter des Staates in der Provinz. Als Geschäftsführer wirkte der Dezernent für Landesplanung, Wohnungs- und Siedlungswesen in der Provinzialverwaltung; es war dies Stephan Prager, der nach erfolgreicher Organisation der mitteldeutschen Landesplanung im Jahre 1927 nach Düsseldorf gerufen wurde, um die Landesplanung in der Rheinprovinz aufbauen zu helfen. Zu den wichtigsten Aufgaben, die sich dieser überregionale Planungsverband setzte, gehörten Planungsarbeiten für den Ausbau der rechts- und linksrheinischen Durchgangsstraßen zwischen Köln und Koblenz und für die West-Ost-Verbindungen im Norden der Rheinprovinz[44].

c) Vereinheitlichung der Landesplanung nach 1933

Am Ausgang der Weimarer Zeit waren die verschiedenen Landesplanungen zwar trotz einiger herausragender Ergebnisse insgesamt von der Erfüllung ihrer selbstgestellten Aufgaben noch weit entfernt. Jedoch war die Landesplanung inzwischen als geeignetes Instrument zur Steuerung der Landesentwicklung allgemein erkannt und anerkannt. Sie wurde nun nicht mehr nur als Mittel zur Beseitigung von Übelständen und Fehlentwicklungen in industrialisierten und verstädterten Regionen verstanden, sondern als ein zu genereller Anwendung bestimmtes Verfahren: nach der inzwischen fortentwickelten Planungstheorie sollte „die gesamte Landesfläche landesplanungsmäßig betreut" werden[45]. An dieser Entwicklung hatten neben einzelnen, als Wegbereiter einzustufenden Persönlichkeiten staatliche Behörden und in den Planungsstellen mitwirkende Kommunalverwaltungen in gleichem Maße Anteil. Die

---

[42] *Ley*, Landesplanung in den Rheinlanden, S. 76.
[43] Siehe S. 67.
[44] *Ley*, S. 77.
[45] *Friedrich Paulsen*, Sinn und Aufgaben der Landesplanung, in: Städtebau, Jg. 28 (1933), S. 474.

Hauptwirkung war von Preußen ausgegangen, wobei die sächsischen und thüringischen Landesplanungsstellen nicht übersehen werden sollen.

Inzwischen hatte auch der Reichsgesetzgeber begonnen, sich auf das neue Instrumentarium einzustellen. Nach dem erneuten Scheitern des Preußischen Städtebaugesetzes in der 1929 auslaufenden Legislaturperiode konzentrierten sich die Bemühungen der Fachwelt auf die Verabschiedung eines Reichsstädtebaugesetzes. Ein vom Reichsarbeitsministerium 1931 vorgelegter Entwurf konnte allerdings infolge der eintretenden instabilen politischen Verhältnisse nicht mehr verabschiedet werden[46]. Die Notwendigkeit einer Regelung dieser Materie blieb bestehen; allerdings hatte sich der Regelungsbedarf nach Ansicht der Experten inzwischen verschoben: vom Städtebau zum Siedlungswesen hin, aus den städtischen Zentren an den Stadtrand bzw. in das nähere Umland der Städte. Die Reicharbeitsgemeinschaft der deutschen Landesplanungsstellen forderte 1932 anstelle eines „durch die Verhältnisse überholten" Reichsstädtebaugesetzes zunächst ein Reichplanungsgesetz, das die planmäßige An- und Umsiedlung für zusammenhängende Wirtschaftsgebiete regeln sollte[47]. Schritte in dieser Richtung wurden möglich, nachdem 1933 durch Beseitigung der parlamentarischen Hürden die Gesetzgebung ein sehr viel einfacherer Vorgang geworden war. Die Reichsregierung verabschiedete ein Gesetz über die Aufschließung von Wohnsiedlungsgebieten, das dort zur Anwendung kommen sollte, wo die ausführenden Stellen nicht mehr in der Lage waren, die Siedlungsentwicklung in geordneten Bahnen zu halten[48]. Wohnsiedlungsgebiete waren nach der Definition des Gesetzgebers zusammenhängende, größere Gebiete, für die ein Wirtschaftsplan, das heißt ein Flächennutzungsplan, aufgestellt werden mußte; damit war die landesplanerische Aufgabe beschrieben und eine weitere Vorstufe zur endgültigen reichsrechtlichen Regelung erreicht.

Dem totalitären Staat diente die Landesplanung aber auch als Ansatzpunkt für das weitergehende Ziel, die gesamte wirtschaftliche und Siedlungsentwicklung unter seine Kontrolle zu bringen und seinen Absichten gefügig zu machen. Hierzu mußte er sich allerdings erst sowohl gegen die individuellen als auch gegen die Selbstverwaltungsinteressen durchsetzen. So erging 1935 ein Gesetz über die Regelung des Landbedarfs für die öffentliche Hand, das die private Landnutzung staatlicher Regelung unterwarf[49], und es wurde eine Reichsstelle für die Raumordnung geschaffen, welcher „die zusammenfassende, übergeordnete Planung und Ordnung des deutschen

---

[46] Entwurf veröffentlicht im *Reichsarbeitsblatt*, 1931, I, S. 266 vgl. dazu auch *Umlauf*, S. 72 f.

[47] Vgl. *Robert Schmidt*, Die Krise im Städtebau, in: Deutsche Bauzeitung, Jg. 66 (1932), S. 741 ff.

[48] Gesetz über die Aufschließung von Wohnsiedlungsgebieten vom 22. 9. 1933 (RGBl. I S. 659); ferner Gesetz und einstweilige Maßnahmen zur Ordnung des deutschen Siedlungswesens vom 3. 7. 1934 (RGBl. I S. 568); schließlich Erlaß des Führers und Reichskanzlers vom 4. 12. 1934 (RGBl. I S. 1225), in dem die Reichs- und Landesplanung ausdrücklich als Teil des Siedlungswesens aufgeführt wurde; siehe hierzu *Umlauf*, S. 73 ff.

[49] Gesetz über die Regelung des Landbedarfs der öffentlichen Hand vom 29. 3. 1935 (RGBl. I S. 468).

Raumes für das gesamte Reichsgebiet" aufgetragen wurde[50]. Zur technischen Bewältigung dieser Aufgabe wurde das Reichsgebiet in Planungsräume eingeteilt, zu denen die preußischen Provinzen bzw. die Reichsstatthalterbezirke bestimmt wurden, und die inzwischen bestehenden hoheitlichen Aufgaben den Oberpräsidenten bzw. den Reichsstatthaltern übertragen.

Für die Planungsarbeit wurden Landesplanungsgemeinschaften als öffentlich-rechtliche Körperschaften gebildet; gebietsmäßig erstreckten sie sich im wesentlichen auf die erwähnten Provinzen bzw. Reichsstatthalterbezirke[51]. Die überkommenen Landesplanungsvereine und -stellen wurden in dieses System integriert, das heißt, sie blieben als Bezirksstellen der Landesplanungsgemeinschaften überwiegend erhalten[52]. Die vereinsrechtliche Organisationsform und das Prinzip der Freiwilligkeit waren aber natürlich abgeschafft; Leiter der Bezirksstellen waren die Regierungspräsidenten in Preußen bzw. die entsprechenden Behördenleiter außerhalb Preußens.

Nach den Vorarbeiten der früheren Landesplanungsgemeinschaften und -stellen „von unten her" schienen somit jetzt von seiten des Staates „von oben her" die Grundlagen für eine wirksame Durchsetzung landesplanerischer Zielsetzungen geschaffen[53]. Da jedoch die Landesplanung gleichzeitig unter das alsbald einsetzende Diktat der kriegswirtschaftlichen Maßnahmen fiel, konnte sie hinsichtlich ihrer angestammten Aufgaben aus der organisatorischen Zusammenfassung keinen Nutzen mehr ziehen.

---

[50]   Erlaß über die Reichsstelle für Raumordnung vom 26. 6. 1935 (RGBl. I S. 793), Zweiter Erlaß über die Reichsstelle für Raumordnung vom 18. 12. 1935 (RGBl. I S. 1515) und Erste Verordnung zur Durchführung der Reichs- und Landesplanung vom 15. 2. 1936 (RGBl. I S. 104); auch hierzu *Umlauf*, S. 83 ff.

[51]   Vgl. die kartographische Übersicht über die Planungsräume und Landesplanungsgemeinschaften ebenda, S. 106 f.

[52]   Vgl. für das Rheinland *Ley*, Landesplanung in den Rheinlanden, S. 78 f.

[53]   Zur Bedeutung der von der Reichsstelle für Raumordnung erarbeiteten Leitsätze für die reichsgesetzliche Regelung der Landesplanung vgl. *Rudolf Niemeyer*, Die Entwicklung der Landesplanung in Deutschland, in: Jahrbuch für Kommunalwissenschaft, Jg. 2 (1935), S. 109 ff. Die Leitsätze sind vollständig abgedruckt bei *Umlauf*, S. 90 ff.

Kapitel II
Auswirkungen der Groß-Berlin-Lösung
auf das Berliner Umland

a) Die Groß-Berlin-Lösung

Im Raum Berlin-Brandenburg hatten landesplanerische Überlegungen in den zwanziger Jahren von einer in ihrer Art einmaligen und daher untypischen Situation auszugehen. Es ging hier nicht um die Koordinierung der wirtschaftlichen und siedlungsmäßigen Entwicklung einer Vielzahl von Städten und Industriezonen in Gemengelage mit ländlichen oder Bergbaugebieten – nicht um das Zusammenfassen gleichgewichtiger Stadt- und Landkreise durch die Hand eines übergeordneten Regierungspräsidenten wie fast überall sonst in Preußen. Hier stand vielmehr die 1920 geschaffene neue Stadtgemeinde Berlin in einer alle Vergleiche sprengenden Größenordnung einem Umland gegenüber, das über keinerlei auch nur annähernd korrespondierende Gewichte verfügte. Die bis 1920 gewachsene Stadtregion, die das beherrschende Zentrum der Provinz Brandenburg bildete, bestand jetzt verwaltungsmäßig in einer Einheitsgemeinde von annähernd vier Millionen Einwohnern auf 878 Quadratkilometern Gebietsfläche. Abgesehen von ihrem wirtschaftlichen und politischen Gewicht stand sie als neue kommunale Gebietskörperschaft gleichzeitig im Rang einer selbständigen Provinz; ihrer besonderen Beziehung zur „Rest"-Provinz Brandenburg wurde lediglich dadurch Rechnung getragen, daß die beiden Verwaltungsbezirke von ein und derselben staatlichen Behörde beaufsichtigt wurden: vom Oberpräsidenten der Provinz Brandenburg und von Berlin[1].

Damit war das seit langem diskutierte Berlin-Problem einer Lösung zugeführt worden, die eine deutliche Abkehr von früheren Versuchen der administrativen Neuordnung des Siedlungsraumes bedeutete. Bis 1918 hatten die Kräfte überwogen, die das immer größer werdende Ungleichgewicht zwischen Berlin und dem Umland zwar nicht zu ignorieren, es jedoch zu begrenzen, einzudämmen, zu neutralisieren versuchten. Und bekanntlich hatte bis zur Jahrhundertwende die Stadt Berlin selbst kein dringendes Interesse an einer administrativen Ausdehnung in die sie umgebende Industrielandschaft auf dem Wege einer großflächigen Eingemeindung bekundet. Erst

---

[1] Die Ausgliederung Berlins aus der Provinz war bereits 1881 mit der Bildung eines selbständigen Stadtkreises Berlin erfolgt, über den schon damals der Oberpräsident in Personalunion die Kommunalaufsicht führte; vgl. hierzu *Richard Dietrich*, Verfassung und Verwaltung, in: Berlin und die Provinz Brandenburg im 19. und 20. Jahrhundert, hrsg. von Hans Herzfeld, Berlin 1968, S. 253. Zur Entwicklung der Berliner Stadtlandschaft im 19. Jahrhundert jetzt auch die Darstellung von *Felix Escher*, Berlin und sein Umland, Berlin 1984.

recht aber verwarfen die an Berlin angrenzenden Stadt- und Landkreise Pläne, bei deren Verwirklichung sie ihre Selbständigkeit oder zumindest wichtige Gebietsteile verloren hätten. Bezirksregierung, Oberpräsidium und Provinzialverwaltung vertraten dieselbe Linie, die schließlich und entscheidend gestützt wurde durch die Preußische Staatsregierung und die sie tragende Mehrheit in den gesetzgebenden Körperschaften. Ihre Politik bestand bis zum Beginn der neuen republikanischen Ära in dem Bemühen, die Verwaltungskraft der im Sog der Reichshauptstadt stehenden Gemeinden und Gemeindeverbände zu stärken.

Das Problem Groß-Berlin war erstmals 1875 auf verwaltungsorganisatorischer Ebene aufgegriffen worden. Damals hatte der Berliner Oberbürgermeister Hobrecht die Staatsregierung für den Plan gewinnen können, die Stadtkreise Berlin und Charlottenburg sowie einen aus den umliegenden Gemeinden neu zu bildenden Landkreis Berlin zu einer Provinz Berlin zusammenzufassen. Ein entsprechender Gesetzentwurf kam jedoch über Ausschußberatungen nicht hinaus, war aber auch bei den Betroffenen, u. a. in der Berliner Stadtverordnetenversammlung, auf Ablehnung gestoßen. Noch 1891 zeigte sich der Preußische Innenminister administrativen Veränderungen gegenüber aufgeschlossen, als er die betroffenen Kreise in ihrer Bereitschaft bestärkte, die Vororte Berlins mit der Stadt zusammenschließen zu lassen. Doch wieder stieß ein solcher Plan auf Widerstand – auch in den Berliner städtischen Körperschaften, in denen man die Befürchtung hegte, bei einer generellen Angliederung von Umlandgemeinden zu große Schul- und Armenlasten übernehmen zu müssen[2].

In der Folge verlegte man sich seitens des Preußischen Staates auf die erwähnte Politik der Stärkung der Umlandgemeinden; sie sollten sich zu einem Kranz blühender Vorortgemeinden entwickeln – so lautete ein nun vielfach beschworenes Bild. Diesem Ziel diente etwa die Entlassung einer Reihe von stark gewachsenen Städten aus ihrem Kreisverband bzw. ihre Erhebung zu kreisfreien Städten: Schöneberg und Rixdorf/ Neukölln (1899), Wilmersdorf und Lichtenberg (1907). Die während des Ersten Weltkrieges vom Brandenburgischen Provinziallandtag bewilligte Sonderzuweisung an finanziell bedrängte Landgemeinden in unmittelbarer Nachbarschaft von Berlin wiederum war Ausfluß des Bemühens, einem Lastenausgleich im Verbund mit Berlin zuvorzukommen, um dessen Einfluß auf das Umland nicht weiter zu stärken[3]. Vor allem aber zielte der 1912 gegründete Zweckverband Groß-Berlin in diese Richtung[4].

---

2   Hierzu im Überblick *Dietrich*, S. 251 ff.
3   Eine entsprechende Beschlußvorlage wurde im Brandenburgischen Provinziallandtag am 27. 2. 1918 beraten, vgl. Sitzungsberichte, S. 97 ff.
4   Zweckverbandsgesetz für Groß-Berlin vom 19. 7. 1911 (PrGS S. 123 ff.); vgl. hierzu *Verband Groß-Berlin*. Verwaltungsbericht für die Zeit des Bestehens des Verbandes vom 1. April 1912 bis 30. September 1920, Berlin 1920. Eine knappe Darstellung bei *Burkhard Hofmeister*, Berlin. Eine geographische Strukturanalyse der zwölf westlichen Bezirke, Darmstadt 1975, S. 41 ff.; ausführlich *Elek Takats*, Der Verband Groß-Berlin vom 19. Juli 1911 bis 1. Oktober 1920, Köln 1933.

Karte 4 – *Großraum Berlin: Zweckverband, Einheitsgemeinde und Landesplanungsverband*

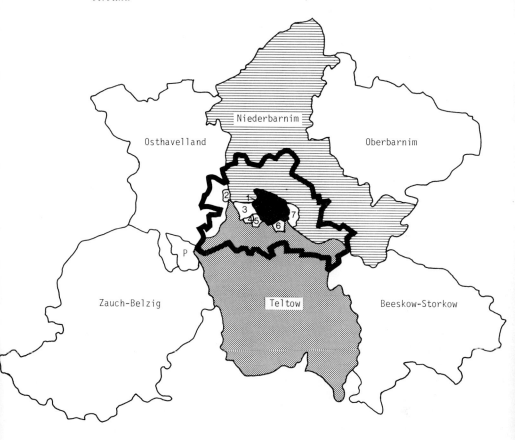

1912:
(Zweck-)Verband GroßBerlin
Landkreise Niederbarnim
und Teltow sowie die Städte
Berlin (1), Spandau (2),
Charlottenburg (3), Wil-
mersdorf (4), Schöneberg
(5), Neukölln (6), Lichtenberg (7).

1920:
Stadtgemeinde (Groß-)Berlin
Berlin vereint mit Gebietsteilen der Landkreise Niederbarnim, Osthavelland
und Teltow sowie den Städten des Zweckverbandsge-
bietes.

1929:
*Landesplanungsverband
Brandenburg-Mitte*
Landkreise Beeskow-Stor-
kow, Niederbarnim, Ober-
barnim, Osthavelland, Tel-
tow, Zauch-Belzig sowie
Stadtkreis Potsdam (P).

Er war so recht Ausdruck des Dilemmas, einerseits die bestehende Verwaltungsgliederung erhalten zu wollen – nicht zuletzt aus Furcht vor einer Destabilisierung der politischen Verhältnisse im Falle einer Berlin-zentrischen Lösung –, andererseits der lange schon sichtbar gewordenen Stadtregion zu einer Organisationsform zu verhelfen, durch die das Gesamtwohl dieses Wirtschaftsraumes auch zur Geltung gebracht und gegen partikulare Interessen durchgesetzt werden konnte.

Der Zweckverband stellte demnach einen Kompromiß dar. Seine Zuständigkeit beschränkte sich auf drei Bereiche: Koordinierung der Bebauungspläne, Sicherung von Erholungsflächen und Vereinheitlichung des Verkehrsnetzes. Verwaltungspolitisch war er so ausbalanciert, daß Berlin die übrigen beteiligten Gemeinden und Kreise nicht zu majorisieren vermochte. Die gewählte Organisationsform hätte im Prinzip wohl den in den zwanziger Jahren entwickelten landesplanerischen Zielsetzungen zu genügen vermocht, nicht jedoch der gesetzlich festgeschriebene eingeschränkte Aufgabenkatalog. Er hätte sehr viel umfassender sein müssen. Doch selbst für diesen Fall wäre ein Erfolg des Zweckverbandes fraglich geblieben. Zu dicht schienen die Städte, Landgemeinden und Gutsbezirke in der unmittelbaren Nachbarschaft Berlins bereits ineinander und mit dem zentralen Ort verschränkt, als daß hier eine auf Konsensfindung und Kompromißbereitschaft gegründete Zusammenarbeit die Probleme der Siedlungsentwicklung noch hätte wirkungsvoll angehen können.

Die Einsicht in das Ungenügen des Zweckverbandes verstärkte sich im Verlaufe des Ersten Weltkrieges, als zahlreiche Fragen der wirtschaftlichen und sozialen Entwicklung für den gesamten Siedlungsraum zentral zu lösen waren. Begünstigt durch die politischen Veränderungen im Zuge der Staatsumwälzung verfolgten nun die Preußische Staatsregierung und Berlin, aber auch ein Teil der um die Metropole herum gelegenen Städte das Modell eines radikalen kommunalen Gebietszusammenschlusses, für das sich schließlich 1920 eine – wenn auch knappe – Mehrheit im gesetzgebenden Preußischen Landtag fand[5].

Wenn das neugeschaffene Groß-Berlin im folgenden an dieser Stelle einer Einschätzung unterzogen wird, so lediglich unter dem Gesichtspunkt des Verhältnisses der Stadtgemeinde zu seinem Umland, d. h. zu den umliegenden Kreisen und der diesen Kreisen übergeordneten Provinz – vielmehr, die zeitgenössische Präzisierung aufgreifend, zu den „Rest"-Kreisen und der „Rest"-Provinz sowie zu den diesen zugehörenden Gemeinden. Dabei müssen zwei hauptsächliche Gesichtspunkte Berücksichtigung finden: 1. die durch die Neuordnung hervorgerufenen Veränderungen, 2. die weiterhin ungelösten bzw. möglicherweise neu entstandenen Probleme der Entwicklung des Groß-Berliner Siedlungsraumes. Daß es diese Probleme gab, liegt auf der Hand. Trotz der großzügigen Abmessung der Eingemeindung erfaßte diese noch

---

5 Gesetz über die Bildung einer neuen Stadtgemeinde Berlin vom 27. 4. 1920 (PrGS S. 123 ff.); siehe hierzu *Quellen zum modernen Gemeindeverfassungsrecht in Deutschland*, bearb. von Christian Engeli und Wolfgang Haus, Stuttgart u. a. 1975, S. 579 ff. (Schriften des Deutschen Instituts für Urbanistik, Bd. 45).

immer nicht das gesamte von Berlin beeinflußte Umland[6]. Schon seit dem Städtebaulichen Wettbewerb von 1910 wurde ein Generalsiedlungsplan für Berlin und seine
Umgebung diskutiert, der sich über ein Gebiet mit einem Radius von 40 bis 50 Kilometern erstrecken sollte. Inzwischen war die Ausstrahlung des Ballungsraumes weiter
gewachsen, für einzelne Bereiche bis zu Entfernungen von 100 Kilometern. So hielt
Martin Mächler 1920 in seiner bekannten Kritik an dem Gesetzentwurf Groß-Berlin
daran fest, daß die Entwicklungsnotwendigkeiten Berlins eine einheitliche Planung
für ein Gebiet mit einem Radius von etwa 50 Kilometern erforderten – eine Einschätzung, die von Fachleuten weiterhin geteilt wurde[7]. Demgegenüber betrug die Entfernung der Grenze des neugeschaffenen Groß-Berlin vom Zentrum überwiegend zwischen 15 und 20 Kilometern (vgl. hierzu Karte 8, S. 70).

Für dieses Groß-Berlin hatte man bei der Bemessung des ihm zuzuschlagenden Terri-
toriums immerhin ein Kriterienbündel zugrunde gelegt, bei dem der offensichtliche
bauliche Zusammenhang eines engeren Siedlungsgebietes zwar eine entscheidende,
aber eben nicht die allein entscheidende Rolle spielte. Vielmehr wurden die erkenn-
baren Entwicklungsachsen und die dafür benötigten Baulandreserven sowohl für
Wohn- als auch für Industriesiedlungen in das Arrondierungskonzept mit einbezogen. Da diese sich mehr oder weniger konzentrisch entlang den bestehenden Bahnli-
nien ins Umland erstreckten, bekam auch das neue Groß-Berliner Gemeindegebiet
eine einigermaßen abgerundete Gestalt (vgl. Karte 5, S. 41). Zum dritten wichtigen
Faktor wurden die Grünflächen: Naherholungsgebiete sollten in ausreichendem
Maße zum Territorium der Millionenstadt gehören[8]. Keine Berücksichtigung fand
dagegen der Wille der betroffenen Gemeinden, soweit sie ein Aufgehen in Groß-Berlin ablehnten. Auf freiwilliger Basis wäre der Zusammenschluß in diesem Umfang
niemals zustande gekommen.

So aber war eine Stadtgemeinde entstanden, die den typischen Vorortbereich
komplett in ihren Grenzen barg und die nicht nach wenigen Jahren schon vor der
Notwendigkeit dringend gebotener weiterer Eingemeindungen stand. Ganz im

---

6 Die großzügige Abmessung der Eingemeindung hatte nicht von Anfang an festgestanden.
   Der im ursprünglichen Gesetzentwurf der Preußischen Staatsregierung vorgesehene
   Gebietsumfang betrug lediglich 460 km²; andererseits forderte man von seiten der Zweck-
   verbandsverwaltung insbesondere aus verkehrspolitischen Erwägungen einen Min-
   destumfang von 910 km² – gegenüber schließlich 878 km² – für das neue Berlin; vgl. hierzu
   Denkschrift des Direktors des Verbandes Groß-Berlin vom 9. 5. 1919, in: Staatsarchiv Potsdam, Rep. 1/3/Bd. 2, Nr. 1861.

7 Vgl. hierzu *Martin Mächler*, Denkschrift betr. Ergänzung des Gesetzentwurfs zur Bildung
   eines Stadtkreises Groß-Berlin, in: Städtebau, 1920, H. 1/2; *Walter Koeppen*, Die Grenzen
   Berlins vom siedlungstechnischen und städtebaulichen Standpunkt, in: Berliner Wirtschaftsberichte, Jg. 5 (1928), S. 223 ff.; *Martin Wagner*, Der Städtebaugesetzentwurf und
   der Berliner Städtebau. Denkschrift, Berlin 1930.

8 Unmittelbarer Anlaß für die Berücksichtigung von Grünflächen waren die vom Verband
   Groß-Berlin erworbenen Waldgebiete und die mit diesen verschränkte Seenlandschaft im
   Bereich von Havel (im Westen) und Müggelsee (im Osten); siehe *Verband Groß-Berlin* (far-
   bige Karte).

Gegenteil: die Eingemeindungsgegner konnten noch lange auf zahlreiche Beispiele hinweisen, in denen auf absehbare Zeit hin keinerlei baulicher oder wirtschaftlicher Zusammenhang zwischen Verdichtungsgebiet und einzelnen Eingemeindungsteilen bestand. Bei dem ersten und einzigen groß angelegten Versuch in den Jahren 1922/23, eine nachträgliche Wiederausgliederung solcher Gebietsteile zu erreichen, der bis zu parlamentarischer Behandlung gedieh[9], spielten auch offensichtliche Disproportionen, die im Kartenbild leicht ersichtlich sind, eine Rolle (vgl. hierzu die Karte 5, S. 41). Die damals vorgeschlagene Reduktion des Stadtgebietes um 140 Quadratkilometer war nur hinsichtlich des Umfangs beträchtlich (ca. 16 %), nicht jedoch hinsichtlich der Bevölkerungszahl (1,5 %). Aber es handelte sich hierbei teilweise um die großen Naherholungsgebiete im Westen und Osten der Stadt, die man 1920 in die Obhut Berlins zu geben hatte, damit sie der Bevölkerung auch sicher erhalten blieben. Die Befürworter einer Rückführung dieser Dauerwaldgebiete, zu denen neben den beiden Landkreis-Anrainern auch der Oberpräsident gehörte[10], konnten jedoch mit einem inzwischen erlassenen „Gesetz zur Erhaltung des Baumbestandes und Erhaltung und Freigabe von Uferwegen im Interesse der Volksgesundheit" argumentieren, das ausreichend Möglichkeiten zum Schutz von Wäldern und Seeufern bot, auch wenn diese außerhalb eines Stadtgebietes lagen[11].

Bei diesem parlamentarischen Vorstoß, der letztlich abgewiesen wurde, befand sich die Stadt Berlin in der Defensive. Bemerkenswert ist nun aber, daß die Stadtverwaltung nicht in dem Maße, wie bei den Eingemeindungsgegnern eine Gewöhnung an die 1920 geschaffene Lage eintrat, neue Eingemeindungswünsche anmeldete. Nur ein einziges Mal, 1928, trat das Berliner Stadtplanungsamt mit einem Vorschlag an die Öffentlichkeit, der die Vereinnahmung einiger Randgebiete beinhaltete[12]. Dabei wurde in der Begründung aber nicht etwa mit unzuträglichen Mißständen argumentiert, denen es abzuhelfen gelte, sondern damit, „daß die im Jahre 1920 gewählten Grenzen für die siedlungstechnischen und städtebaulichen Belange eine Reihe von Mängeln"[13] aufwiesen – keine grundsätzliche Vergrößerung des Stadtgebietes also,

[9] Die parlamentarische Behandlung wurde ausgelöst durch einen Antrag der DNVP, unter anderem zu prüfen, „inwieweit der räumliche Umfang der Stadtgemeinde Berlin zu beschränken" sei; vgl. *Verhandlungsberichte des Preußischen Landtages*, 1921/24, Drucksachen, Bd. 15, Nr. 8323.

[10] Denkschrift der Landräte von Osthavelland, Niederbarnim und Teltow in Sachen Abänderung der Grenzen von Groß-Berlin vom 8. 6. 1923 und Bericht des Oberpräsidenten an den PrMdI betr. Abänderung des Gesetzes betr. die Bildung einer neuen Stadtgemeinde Berlin vom 19. 5. 1923, beides in: Staatsarchiv Potsdam, Rep. 1/3, Nr. 1829.

[11] Gesetz vom 29. 7. 1922 (PrGS S. 213 ff.).

[12] *Koeppen*, Grenzen Berlins; vgl. hierzu Karte 5, S. 41.

[13] *Koeppen*, S. 223. Eine eklatante, zu Recht als „Schildbürgerstreich" apostrophierte Fehlleistung des Gesetzgebers von 1920 betraf die Grenzziehung im Süden Spandaus; dort waren die Ortsteile Gatow und Kladow durch eine Einbuchtung, die bis auf wenige Meter an die Havel heranführte, fast vollständig von Spandau und damit von Berlin getrennt. Die überfällige Grenzkorrektur erfolgte erst nach dem Zweiten Weltkrieg.

Karte 5 – *Vorschläge zur Grenzrevision in Groß-Berlin*

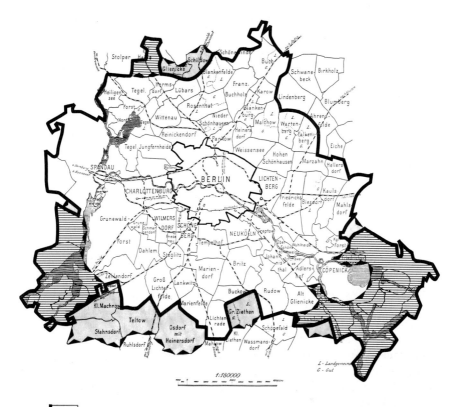

 Ausgemeindungsvorschlag der angrenzenden Landkreise von 1923

Eingemeindungsvorschlag des Berliner Stadtplanungsamtes von 1928

41

sondern Berichtigung im Grenzverlauf und zweckmäßige Abrundung waren das Ziel des Vorschlags.

Die Chance für eine Korrektur des bestehenden Grenzverlaufs sah man in der Berliner Stadtverwaltung im Hinblick auf die 1927 vom Preußischen Gesetzgeber verfügte Auflösung der bislang selbständigen Gutsbezirke, die nun benachbarten Gemeinden zugeteilt werden sollten[14]. Die Stadt Berlin war Eigentümer einer Vielzahl von Gutsbezirken in unmittelbarer Grenzlage zum Stadtgebiet, auf denen sie teilweise landwirtschaftliche und Gärtnereibetriebe unterhielt, die ihr aber vor allem als Rieselfelder für ihre Abwässer dienten[15]. Es lag für die Stadt nahe, den Antrag zu stellen, die in Frage kommenden 18 Gutsbezirke, die in unmittelbarem Zusammenhang mit der Berliner Wirtschaft standen und an die Stadt angrenzten, im Sinne des Gesetzes ihrem Stadtgebiet zuzuschlagen. Dieser Antrag wurde von der Preußischen Staatsregierung aber im wesentlichen abschlägig beschieden; lediglich das Rittergut Düppel, das kurz zuvor in den Besitz der Stadt übergegangen war, wurde mit Berlin vereinigt[16].

Im Vergleich zu diesem offiziellen Antrag war das vom Stadtplanungsamt veröffentlichte Arrondierungskonzept weitergehend; es umfaßte zusätzlich zu den in Frage stehenden Gutsbezirken auch einige Gemeinden und bemaß sich auf insgesamt rund 100 Quadratkilometer, was einen Zuwachs von mehr als zehn Prozent des Stadtgebietes bedeutet hätte. Nach dem für die Stadt negativen Ausgang des Verfahrens um die Zuteilung der aufgelösten Gutsbezirke sah sie von weiteren Eingemeindungsvorschlägen ab, machte sich also auch nicht etwa das im Stadtplanungsamt erarbeitete Konzept zu eigen, das, ohne Aussicht auf Realisierung, nur das Klima zwischen Berlin und der Provinz zusätzlich belastet hätte – das Konzept rief im übrigen auch bereits in dieser Form eine zahlreiche Gegnerschaft auf den Plan. Oberbürgermeister Böß blieb zwar dabei, daß die vorgeschlagenen Ergänzungen des Stadtgebietes für die städtebauliche Entwicklung Berlins notwendig seien, zeigte sich aber gleichzeitig bei verschiedensten Gelegenheiten bemüht, auch auf die vielfachen Möglichkeiten – und die Notwendigkeit – der Zusammenarbeit zwischen Stadt und Umland, zwischen Berlin und der Provinz hinzuweisen[17].

Außerhalb Berlins aber argwöhnte man dessenungeachtet, daß die Berliner Verwaltung weitreichende Eingemeindungspläne habe. Nahrung zu solchen Vermutungen

---

[14] Gesetz über die Regelung verschiedener Punkte des Gemeindeverfassungsrechts vom 27. 12. 1927 (PrGS S. 211 ff.), §§ 11–14.

[15] Siehe hierzu den Nachweis in *Niekammer's landwirtschaftliche Güter-Adreßbücher*, Bd. VII: Brandenburg, 3. Aufl. Leipzig 1923 / 4. Aufl. Leipzig 1929. Zur Lage der Rieselfelder vgl. *Herbert Louis*, Die geographische Gliederung von Groß-Berlin, Stuttgart 1936, Karte 2.

[16] Vgl. *Verwaltungsbericht der Stadt Berlin 1924–1927*, H. 1, S. 7 f.; *Amtliche Bekanntmachung der Zuteilung der aufgelösten Gutsbezirke in der Umgebung von Berlin*, in: Amtsblatt für den Regierungsbezirk Potsdam, 1928 und 1929.

[17] Vgl. etwa *Gustav Böß*, Verfassungsreform Groß-Berlin (1928), S. 142 f., oder *derselbe,* Berlin von heute (1929), S. 172, S. 258, beide in: derselbe, Beiträge zur Berliner Kommunalpolitik, hrsg. von Christian Engeli, Berlin 1981.

gaben allein schon die zahlreichen Äußerungen aus der Stadtverwaltung über das Stadt-Umland-Verhältnis im Berliner Raum, in denen der weit in die Provinz Brandenburg hineinreichende Einfluß der Viermillionenstadt analysiert und Notwendigkeiten der Koordination und Planung angesprochen wurden. Wenn etwa der Leiter des Berliner Stadtplanungsamtes in einer Betrachtung über „Probleme des Generalsiedlungsplanes" eine künftige Westausdehnung der Stadt über die Havel hinweg prophezeite, so blieb zwar offen, ob diese Siedlungsentwicklung weitere Eingemeindungen nach sich ziehen sollte, Spekulationen in dieser Richtung lagen aber auf der Hand[18].

Tiefere Ursache für das Mißtrauen war sicher ein allgemeines Gefühl der Ohnmacht, welches die benachbarten Orte und deren Funktionsträger im Verkehr mit der Viermillionenstadt empfanden, deren Entstehen sie nicht hatten verhindern können und der sie nun weitergehende „Umarmungen" zutrauten. Anders ist z. B. eine Äußerung des Oberpräsidenten der Provinz Brandenburg gegenüber dem Preußischen Innenminister, es müsse „doch endlich einmal Halt gemacht werden mit den nunmehr gänzlich ins Uferlose gehenden Ausdehnungsbestrebungen der Stadt"[19], nicht zu erklären. Bestrebungen, die eine solche Charakterisierung verdienten, gab es nicht. Und auch die der Berliner Verwaltung von der Regierung in Potsdam unterstellte Absicht, „wesentliche Teile der Restkreise Niederbarnim und Teltow" eingemeinden zu wollen[20] – man las sie bezeichnenderweise aus „mehr oder weniger ausgesprochenen" Zielsetzungen heraus –, war zu keinem Zeitpunkt Gegenstand der Erörterung in den städtischen Körperschaften oder auch nur von offiziellen Verlautbarungen aus städtischen Ämtern.

Außerhalb der Stadtverwaltung suchten jedoch nicht nur Politiker, sondern auch Planer nach Möglichkeiten, dem vermeintlichen Streben Berlins, immer neue Gebiete einzugemeinden, einen Riegel vorzuschieben[21]. Das Mißtrauen hielt sich, auch wenn spätestens seit dem 1928 abgewiesenen Eingemeindungsgesuch klar sein mußte, daß sich Berlin im Prinzip mit der bestehenden Grenzziehung abzufinden hatte. Denn im Zusammenhang mit dem abschlägig beschiedenen Antrag auf Eingemeindung von Gutsbezirken wurde der Stadtverwaltung auch bedeutet, daß nach Ansicht der beteiligten Ministerien die räumliche Ausdehnung Berlins als abgeschlossen anzusehen sei[22].

---

18 *Roman Heiligenthal*, Probleme des Generalsiedlungsplanes, in: Probleme der neuen Stadt Berlin, hrsg. von Hans Brennert und Erwin Stein, Berlin 1926, S. 254 ff.

19 Bericht des Oberpräsidenten vom 19. 5. 1923; vgl. S. 40, Anm. 10.

20 So in einer Denkschrift von 1928 über „Das Problem Groß-Berlin"; vgl. hierzu Kap. III, Anm. 22. Konkret bezog man sich in Potsdam auf die oben erwähnte, von Berlin beantragte Eingemeindung einer Reihe von Gutsbezirken, vgl. S. 40, Anm. 12.

21 Vgl. etwa *Ernst Runge*, Grundsätzliches zum Problem der Erweiterung Groß-Berlins, in: Stadtbaukunst, Jg. 9 (1929), S. 234.

22 Ein entsprechender Hinweis in einer Stellungnahme des Landrates des Kreises Niederbarnim in: Staatsarchiv Potsdam, Rep. 55, Handakten Landesplanung, Nr. 382.

b)　Strukturmerkmale des Umlandes nach 1920

Groß-Berlin also akzeptierte die 1920 vom Gesetzgeber gezogenen Grenzen und beschäftigte sich in erster Linie mit der Konsolidierung seines umfangreichen Stadtgebietes. Wie aber sah es um Groß-Berlin herum aus? Der Gegensatz der ländlich – und landwirtschaftlich – bestimmten Provinz Brandenburg zu der in ihrer Mitte gelegenen, administrativ von ihr völlig unabhängigen Stadtregion hatte sich durch die Veränderungen 1920 entscheidend verstärkt. Einem geringfügigen Gebietsverlust von rund 2 Prozent stand ein Bevölkerungsverlust von 44 Prozent gegenüber: die Einwohnerzahl der Provinz reduzierte sich von 4,3 auf 2,4 Millionen[23]. Die Bevölkerungsdichte der an Groß-Berlin abgegebenen Gebietsteile hatte 2336 Einwohner je Quadratkilometer betragen, woraus deren fortgeschrittener Grad der Verstädterung unschwer abzulesen ist (siehe Tabelle 2, S. 48). Durch den Wegfall dieser Gebiete verringerte sich die Bevölkerungsdichte der Provinz Brandenburg: von 109 Einwohner je Quadratkilometer auf nur noch 63 Einwohner je Quadratkilometer. Innerhalb der preußischen Provinzen fiel sie damit aus einer Gruppe mit mittlerer Siedlungsdichte in die Gruppe der dünn besiedelten Gebiete zurück.

Charakteristischerweise hatte die Provinz keine einzige Großstadt mehr aufzuweisen, nachdem Charlottenburg, Neukölln, Schöneberg, Lichtenberg und Wilmersdorf im Groß-Berliner Zusammenschluß aufgegangen waren[24]. Die nächsten beiden Großstädte, von welchen durch die Provinz hindurch Verkehrsachsen nach Berlin bestanden, waren Magdeburg und Stettin. Die größten in der Provinz gelegenen Städte waren jetzt Frankfurt/Oder (mit 70 000 Einwohnern) und Potsdam (mit 65 000 Einwohnern), beide Sitz der jeweiligen Bezirksregierung – an der Unterteilung des Provinzialgebietes in die Regierungsbezirke Frankfurt/O. und Potsdam hatte sich durch das Berlin-Gesetz nichts geändert. Die beiden Städte waren aber nach Lage und Größe nicht geeignet, ersatzweise zentralörtliche Funktionen für die Provinz zu übernehmen. Frankfurt/Oder befand sich in strukturschwacher Randlage, nicht nur in bezug auf die Provinz, sondern seit den Gebietsverlusten, die aus dem Versailler Vertrag resultierten, auch in bezug auf das Deutsche Reich insgesamt[25]. Potsdam

---

[23]　Angaben zur Bevölkerungsentwicklung der Provinz bei *Walther Laging*, Der Provinzialverband der Provinz Mark Brandenburg, Potsdam und Berlin 1940, S. 15.

[24]　Spandau zählte 1919 erst 95 000 Einwohner; hinsichtlich seiner zentralörtlichen Funktionen stand es den bereits genannten Städten jedoch in keiner Weise nach. Die Stadt hatte sich nachdrücklich gegen ihre Eingemeindung in Groß-Berlin ausgesprochen. Spandau war auch gemeint, als der frühere Oberpräsident von der Schulenburg, der 1915 „Vertrauliche Vorschläge für die künftige Ausgestaltung von Groß-Berlin" machte, sich dafür aussprach, „der Provinz in zentraler Lage wenigstens eine Großstadt mit guten Entwicklungsmöglichkeiten" zu belassen, in: Staatsarchiv Potsdam, Rep. 1/3, Bd. 1, Nr. 1716.

[25]　Siehe hierzu die beiden Denkschriften *Die Provinz Brandenburg, insbesondere als Grenzland. Ein Bericht des Oberpräsidenten* vom 23. 7. 1929 an den Preußischen Minister des Innern, o. O. o. J. (Berlin 1929), sowie *Die Not der preußischen Ostprovinzen*, Berlin 1930.

Tabelle 1 – *Bevölkerungsentwicklung in Berlin und Brandenburg (1871–1939)*

	1871	1890	1900	1910	1919	1925	1933	1939
Alt-Berlin	826 815	1 581 318	1 892 216	2 076 172	1 907 471	1 971 118	1 805 535	1 789 120
Eingemeindungsgebiet	105 069	378 829	819 974	1 658 086	1 896 577	2 053 047	2 436 966	2 549 636
Groß-Berlin	931 984	1 960 147	2 712 190	3 734 258	3 804 048	4 024 165	4 242 501	4 338 756
Niederbarnim (Restkreis)	60 306	76 503	88 063	112 579	119 413	138 762	180 941	232 106
Teltow (Restkreis)	50 506	69 394	81 719	105 743	114 693	122 440	149 386	169 656
Osthavelland (Restkreis)	45 921	56 912	59 342	64 431	69 589	80 388	97 240	123 452
Oberbarnim	63 136	67 958	70 589	77 044	75 205	80 726	84 437	90 511
Beeskow-Storkow	42 181	43 540	44 572	49 808	50 439	52 981	56 905	60 713
Zauch-Belzig	67 584	76 655	79 500	85 102	83 336	89 923	98 378	108 855
Potsdam (Stadtkreis)	46 611	59 596	67 636	72 903	68 378	72 748	79 263	126 241[1]
Landesplanungsgebiet	376 245	450 558	491 421	567 610	581 053	637 968	746 550	911 534
übriges Provinzgebiet	1 555 474	1 712 396	1 797 159	1 353 495	1 864 574	1 954 991	1 979 714	2 000 850
Groß-Berlin plus Landesplanungsgebiet	1 308 229	2 410 705	3 203 611	4 301 868	4 385 097	4 662 133	4 989 051	5 250 290

[1] Nach Eingemeindung von 1939.

andererseits stand zu sehr im Einflußbereich Groß-Berlins, als daß es zu einem eigenständigen Aufschwung hätte finden können.

Schon seit dem Ausscheiden Berlins aus dem Provinzialverband 1875 hatte dieser zunehmend daran gekrankt, daß er keine Provinzhauptstadt und kein wirtschaftliches Zentrum mehr besaß, wie es die meisten der übrigen Provinzen aufwiesen. Statt dessen sah sich die Provinz Brandenburg einem unaufhaltsamen „Aufsaugungsprozeß personaler und finanzieller Art durch die ausgemeindete Landeshauptstadt" ausgesetzt, der die Entwicklung der märkischen Mittelstädte hemmte, den Arbeitsmarkt der Provinz ungünstig beeinflußte und ihre Steuerkraft schwächte – so jedenfalls nach Ansicht des Landesdirektors des brandenburgischen Provinzialverbandes[26]. Immerhin war die Provinz bis 1920 am wirtschaftlichen Aufschwung des Ballungsraumes über die ihr angehörenden Gebietsteile beteiligt gewesen. Jetzt aber drohte aus der Sicht der Provinz das von zwei auf vier Millionen angewachsene Groß-Berlin, ein „Fremdkörper im Herzen der Provinz ... einen ins Ungeheure verstärkten Druck auf die Provinz auszuüben und ihr finanzielles Rückgrat zu brechen"[27].

Noch drastischer veränderte sich durch die Gebietsabtretungen die Struktur der an Berlin grenzenden Landkreise Niederbarnim und Teltow; ein dritter Landkreis, Osthavelland, war davon nur unwesentlich betroffen (vgl. hierzu die Karte 4, S. 37)[28]. Der Kreis Niederbarnim verlor 18,7 Prozent seines Gebietes und 73,5 Prozent seiner Bevölkerung. Bereits 1907 war hier die Gemeinde Lichtenberg durch Erhebung zur kreisfreien Stadt (mit damals 55 000 Einwohnern) und 1912 die Gemeinde Boxhagen-Rummelsberg durch Eingemeindung nach Berlin (mit damals 52 000 Einwohnern) aus dem Kreisverband ausgeschieden; nun wurde die Einwohnerzahl gar von 450 000 auf 120 000[29] reduziert. Der Kreis Teltow hatte ebenfalls bereits vor 1920 einschneidende Gebiets- und Bevölkerungsverluste erlitten. Nacheinander waren 1899 Schöneberg und Rixdorf/Neukölln (mit damals 62 000 bzw. 60 000 Einwohnern), 1907 dann noch Wilmersdorf (mit damals 63 000 Einwohnern) zu Stadtkreisen erhoben worden und damit aus dem Kreisverband ausgeschieden. Jetzt aber hatte der Kreis Gebietsabtretungen in Höhe von 22,5 Prozent und einen Bevölkerungsverlust in Höhe von 78,5 Prozent zu verkraften; seine Einwohnerzahl reduzierte sich von 537 000 auf 114 000[30].

---

[26] So in einem Bericht an den Oberpräsidenten vom 24. 7. 1919, in dem die ablehnende Haltung des Provinzialausschusses gegenüber den Groß-Berlin-Plänen erläutert wurde; Staatsarchiv Potsdam, Rep. 1/3, Bd. 2, Nr. 1861.

[27] Ebenda.

[28] Der Gebietsverlust des Kreises Osthavelland betrug 53 Quadratkilometer (= ca. 5 Prozent), der Bevölkerungsverlust 8500 Einwohner (= ca. 12 Prozent); hiervon entfielen 5500 Einwohner auf die Gartenstadt Staaken.

[29] Nach Angaben bei *Kurt Noack*, Vorortsiedlung und Pendelwanderung im Kreis Niederbarnim, Würzburg 1940, S. 8.

[30] Nach Angaben bei *Adolf Hannemann*, Der Kreis Teltow. Seine Geschichte, seine Verwaltung, seine Entwicklung und seine Einrichtungen, Berlin 1931, S. 200 f.

Wie der Provinz insgesamt, so verblieben auch den beiden Berliner Randkreisen keine großen Siedlungsplätze: Nowawes (mit 25 000 Einwohnern) im Kreis Teltow und Oranienburg (mit 13 000 Einwohnern) im Kreis Niederbarnim waren nunmehr die einzigen Gemeinden mit mehr als 10 000 Einwohnern[31]. Der Bevölkerungsdichtewert verminderte sich entsprechend rapide; für Teltow sank er von 327 auf 88 Einwohner je Quadratkilometer, für Niederbarnim von 259 auf 84 Einwohner je Quadratkilometer. Diese Zahlen können gleichzeitig als Hinweis dafür gelten, daß die konzentrische Eingemeindung nach Berlin hin das siedlungsmäßige Verdichtungsgebiet im wesentlichen voll erfaßte. Bezüglich Dichte und Einwohnerzahl lagen die beiden Kreise nach erfolgter Gebietsabtretung nicht mehr viel höher als der Durchschnitt der Landkreise in der Provinz Brandenburg (siehe hierzu die Tabelle 1, S. 45, und 2, S. 48)[32].

Die betroffenen Provinzial- und Kreisverwaltungen hatten die Abtrennung so erheblicher Gebietsteile und damit wirtschaftlicher Substanz zu verhindern versucht – insbesondere mit dem Argument, daß dadurch die weitere Funktionsfähigkeit der drei Gebietskörperschaften in höchstem Maße bedroht sei[33]. Doch sie vermochten damit nicht zu überzeugen. Mit dem Wegfall der dicht besiedelten städtischen bzw. vorstädtischen Gebietsteile zugunsten von Berlin wurden die beiden Kreise Niederbarnim und Teltow keineswegs zu Kümmerformen dezimiert, sondern lediglich auf Durchschnittsmaß zurechtgeschnitten, wieder zu „normalen" Landkreisen gemacht; ähnlich konnte man hinsichtlich der Provinz von der Beseitigung einer entstandenen Disproportion sprechen. Jedenfalls waren nun erst alle drei Gebietskörperschaften in bezug auf Gebietsumfang und Einwohnerzahl in den neuen Grenzen den benachbarten Verwaltungsbezirken[34] vergleichbar.

Es gab denn auch bei den Provinzial-, Regierungs- und Kreisbehörden zumindest hinter verschlossenen Türen seit langem Stimmen, die zu erwägen gaben, ob es für die ursprünglich agrarischen Landkreise nicht vielleicht besser sein könnte, die verstädterten und nach Berlin hin tendierenden Gebietsteile loszuwerden, als sich von ihnen schließlich majorisieren zu lassen. Deutlich kam dies in einer Besprechung von Behördenleitern beim Landesdirektor im Herbst 1917 zum Ausdruck, in der sich die

---

[31] Eine Übersicht über die Bevölkerungsentwicklung in sämtlichen Städten, Gemeinden und Gutsbezirken der Kreise des späteren Landesplanungsgebiets findet sich bei *Schwermer*, Tab. 26.

[32] Eine statistische Übersicht zu den Landkreisen der Provinz Brandenburg bei *Otto Constantin* und *Erwin Stein*, Die deutschen Landkreise, Berlin 1926, S. 933.

[33] Siehe hierzu z. B. die Stellungnahmen zum Gesetzentwurf im Plenum des Brandenburgischen Provinziallandtages in der Sitzung vom 4. 3. 1920 (Sitzungsberichte, S. 226 ff.), in der völlige Übereinstimmung der – vorberatenden – Kommission darüber bestand, „daß die Existenz der Provinz durch den Gesetzentwurf Groß-Berlin auf das schwerste bedroht" sei (S. 323).

[34] Für die Kreise siehe Tabelle 1 und 2. Die Provinz Brandenburg lag hinsichtlich der Einwohnerzahl genau in der Mitte, flächenmäßig blieb sie die größte aller Provinzen; vgl. *Kurt Jeserich*, Die preußischen Provinzen, Berlin 1931, S. 38 ff.

Tabelle 2 – *Siedlungsdichte in Berlin und Brandenburg* (in Einwohner pro km²)

	Fläche in km²	1871	1890	1900	1910	1919	1925	1933	1939
Alt-Berlin	66,59	12 416	23 747	28 415	31 178	28 645	29 600	27 114	26 867
Eingemeindungsgebiet	811,87	129	466	1 010	2 042	2 336	2 528	3 001	3 140
Groß-Berlin	878,46	1 061	2 231	3 087	4 251	4 330	4 581	4 829	4 939
Niederbarnim (Restkreis)	1 397,18	43	54	63	80	85	99	129	166
Teltow (Restkreis)	1 286,97	39	53	63	82	89	95	116	132
Osthavelland (Restkreis)	1 171,15	39	48	50	55	59	68	83	105
Oberbarnim	1 218,18	51	55	57	63	61	66	69	74
Beeskow-Storkow	1 246,64	33	34	35	39	40	42	45	49
Zauch-Belzig	1 862,69	36	41	42	45	44	48	52	58
Landesplanungsgebiet[1]	8 155,56	46	55	60	69	71	78	91	112
übriges Provinzgebiet	30 939,36	50	55	58	59	59	63	64	65

[1] Einschließlich Potsdam.

Beteiligten, darunter auch der Oberpräsident, mehrheitlich dafür aussprachen, sich einer Abspaltung des verstädterten Berliner Umlandbereiches von der Provinz gegebenenfalls nicht zu widersetzen, sondern sie zu akzeptieren – dies allerdings unter der Voraussetzung, daß sie mit einem finanziellen Ausgleich für den Substanzverlust gekoppelt sein würde[35]. Die Ablösung der bei der Eingemeindung an Berlin fallenden Einrichtungen und Investitionen der Provinz und der Kreise war dann auch beim Vollzug des Berlin-Gesetzes von 1920 von erheblicher Bedeutung[36].

Ist im Rückblick auf die Jahre nach 1920 also einerseits festzustellen, daß Provinz und Randkreise lebensfähig blieben, so ist doch andererseits anzuerkennen, daß die Befürchtungen der betroffenen Verwaltungen zu einem Teil verständlich waren. Es war unbestrittene Erfahrung, daß im Einflußbereich von Städten das Leistungsangebot der Kreis- und Gemeindeverwaltungen höher war als in ländlichen Gebieten. Das Stadt-Land-Gefälle war in dieser Hinsicht an den Pro-Kopf-Aufwendungen für Verkehr-, Schul-, Sozial- und Gesundheitswesen und für kulturelle Angelegenheiten der Gemeinden, Kreise und Provinzen abzulesen. Die Nachbarschaft von Berlin wirkte sich dabei nicht nur in dem vielzitierten „edlen" Wettstreit unter den umliegenden Gemeinden und Städten hinsichtlich ihrer freiwilligen Leistungen aus, sondern brachte Lasten, die nicht abzuschütteln waren, wie etwa den Ausbau der Kreis- und Provinzialstraßen, deren herkömmliche Beschaffenheit für den immer stärker aufkommenden motorisierten Schwerlastverkehr nicht mehr genügte. Berechnungen wiesen außerdem aus, daß das Pro-Kopf-Steueraufkommen der abzutretenden Gebietsteile höher lag als dasjenige der restlichen Gebietsteile von Provinz und Randkreisen, diese also nach erfolgter Eingemeindung mit einer niedrigeren Pro-Kopf-Ausstattung auszukommen hatten[37]. Daß es zu der befürchteten überproportionalen Einkommensminderung dann doch nicht kam, dafür sorgte in erster Linie das zu Beginn der Weimarer Zeit gleichzeitig mit dem neuen Steuersystem entwickelte Finanzausgleichssystem, durch welches das Berliner Umland mittelbar über den

---

35   Dabei vertrat der Oberpräsident die Haltung der preußischen Staatsregierung wie folgt: Sie wolle die Eingemeindung der Vororte nicht, aber man werde diese „dann nicht mehr hindern können, wenn die Beteiligten selbst sich darüber einig seien"; vgl. das Protokoll der Besprechung im Landeshaus der Provinzialverwaltung in Berlin am 12. 9. 1917, in: Staatsarchiv Potsdam, Rep. 1/3, Bd. 1, Nr. 1716.

36   Das Auseinandersetzungsverfahren wurde in den §§ 4–7 und 58 des Berlin-Gesetzes normiert; vgl. zum Verfahren und zum Ergebnis den *Verwaltungsbericht der Stadt Berlin 1924–1927*, H. 1, S. 9 ff., oder die Darstellung bei *Hannemann*, S. 182.

37   Die Provinz statt mit bisher 30,2 Reichsmark (RM) künftig nur noch mit 12,6 RM „Steuerkopfsatz", Teltow statt mit bisher 46,3 RM künftig 20,4 RM und Niederbarnim statt bisher 32,7 RM künftig 21,3 RM. So in einer Denkschrift des Landesdirektors an die Mitglieder der Preußischen Landesversammlung vom 15. 1. 1920, in: Staatsarchiv Potsdam, Rep. 1/3, Bd. 3, Nr. 1819. An derselben Stelle wurde allerdings anerkannt, daß die Rest-Kommunalverbände hinsichtlich ihrer Steuerkraft trotzdem weiterhin über dem Durchschnitt der preußischen Provinzen und Kreise stehen würden.

innerpreußischen Lastenausgleich weiterhin an dem in Groß-Berlin erwirtschafteten Steuervolumen partizipierte[38].

Zu den Strukturdaten, mit denen der veränderte Charakter von Provinz und Randkreisen anschaulich gemacht werden kann, zählt neben Bevölkerung und Bevölkerungsdichte vorzugsweise die anteilmäßige Gliederung der Erwerbstätigen nach Wirtschaftszweigen. Hierbei sind für die Provinz Verschiebungen zugunsten des Anteils der in der Landwirtschaft Beschäftigten deutlich sichtbar. Dieser erhöhte sich von 23 auf 41 Prozent, während der Anteil der anderen Wirtschaftszweige an der Gesamtzahl der Erwerbstätigen sank (vgl. die Übersicht in Tabelle 3, S. 51). Dies erklärt sich daraus, daß von den insgesamt 577 000 landwirtschaftlich Beschäftigten des Provinzialgebietes in seinen alten Grenzen lediglich 13 000 in den nach Berlin eingemeindeten Gebietsteilen ansässig waren – also ganze 2 Prozent; dagegen lag dieser Anteil in den Wirtschaftszweigen Handel und Verkehr sowie Verwaltung bei jeweils 37 Prozent, im Wirtschaftszweig Industrie und Handwerk sogar bei 51 Prozent. Mit dieser neuen Beschäftigungsproportion verschob sich die Stellung Brandenburgs innerhalb der preußischen Provinzen beträchtlich. Es lag mit seinem Anteil landwirtschaftlich Erwerbstätiger nun deutlich über dem Durchschnittswert von 29 Prozent für das gesamte preußische Staatsgebiet – ohne allerdings dadurch den Charakter einer rein agrarischen Provinz, vergleichbar etwa Pommern oder Ostpreußen, anzunehmen[39].

Das Bild einer überwiegend landwirtschaftlichen Ausrichtung konnte für die Provinz Brandenburg deshalb nicht zutreffen, weil diese sich auch nach den Gebietsabtretungen von 1920 noch immer im Einzugs- bzw. Ausstrahlungsbereich des Wirtschaftsraumes Berlin befand. Dieser prägte, in den Auswirkungen mit wachsender Entfernung von Berlin abnehmend, weiterhin große Teile der Provinz. Bei den für die Gesamtprovinz errechneten Strukturdaten handelt es sich demzufolge um Durchschnittswerte, von denen die Daten für die einzelnen Gebietsteile erheblich abweichen, und zwar – wie festzustellen sein wird – mit einer deutlichen Korrelation zur jeweiligen Entfernung von Berlin.

Vergleicht man die Bevölkerungsdichte der einzelnen Kreise der Provinz, so heben sich die beiden Berliner Randkreise Niederbarnim und Teltow mit Werten von 99 bzw. 95 Einwohner je Quadratkilometer im Jahre 1925 deutlich von den entfernter liegenden vier Umlandkreisen Oberbarnim, Osthavelland, Zauch-Belzig und Beeskow-Storkow mit Dichtewerten zwischen 42 und 68 Einwohner je Quadratkilometer ab (vgl. Tabelle 2, S. 48). Dabei zeigen die Zahlen für einen längeren Entwicklungszeitraum, daß das westlich an Groß-Berlin angrenzende Gebiet des Kreises Osthavelland, das gegen die Ausstrahlung Berlins durch das Wald- und Seengebiet an

---

[38]   Zum Ausgleich der Strukturunterschiede dienten neben den Zuweisungen aus Reichs-und Staatssteuern insbesondere die Hauszinssteuer und die Kraftfahrzeugsteuer, die alle nach komplizierten und ständig umstrittenen Schlüsseln verteilt wurden; vgl. zum Problem des Lastenausgleichs aus Berliner Sicht *Böß*, Berlin, S. 135 ff.
[39]   Siehe hierzu *Jeserich*, S. 50 f.

Tabelle 3 – *Erwerbstätige nach Wirtschaftsabteilungen im Jahr 1925 in den Grenzen der Provinz Brandenburg vor und nach der Eingemeindung Berlins* *

	Gebiet der Provinz vor 1920		Eingemein- dungsgebiet		Restgebiet der Provinz	
	Erwerbstätige	in %	Erwerbstätige	in %	Erwerbstätige	in %
Landwirtschaft	577 000	23	13 000	1	564 000	41
Industrie und Handwerk	951 000	39	465 000	43	486 000	35
Handel und Verkehr	465 000	19	292 000	27	174 000	13
Verwaltung	164 000	7	104 000	10	60 000	4
Gesundheits- und Wohlfahrtspflege	50 000	2	29 000	3	21 000	2
übrige Dienste bzw. ohne Angaben	237 000	10	167 000[1]	16	70 000	5
insgesamt	2 445 000	100	1 069 000	100	1 375 000	100

* Quelle: *Statistisches Jahrbuch für den Freistaat Preußen*, Bd. 23 (1927), S. 8 ff., und Bd. 24 (1928), S. 43 ff.

[1] Davon 55 000 (= 6 %) häusliche Dienste.

der Havel bis dahin relativ wirkungsvoll abgeschirmt war, in den zwanziger Jahren nun einen verstärkten Bevölkerungsanstieg zu verzeichnen hatte.

Das konzentrische Abfallen der Wachstumsintensität nach außen wird noch präziser erfaßt, wenn man das Umland nicht nach den einzelnen unregelmäßig geformten Landkreisen, sondern nach geometrisch um Berlin gelegten Kreisringen aufteilt. Vereinfacht man die Untersuchungsergebnisse, so ist es möglich, von einer inneren und einer äußeren Randzone zu sprechen. Dabei steht dann dem Bevölkerungszuwachs in der direkt an Groß-Berlin angrenzenden inneren Randzone (bis 30 Kilometer Kreislinie) von rund 130 000 Einwohnern – berechnet für den Zeitraum 1910 bis 1933 – ein Zuwachs in der flächenmäßig zweieinhalbmal so großen Randzone (zwischen 30 und 50 Kilometer Kreislinie) von lediglich 40 000 Einwohnern gegenüber. Außerhalb der 50-Kilometer-Kreislinie schließlich ist kein nennenswerter Zuwachs mehr zu verzeichnen (vgl. hierzu Karte 8, S. 70)[40].

Generell läßt sich für die Randkreise eine Beschleunigung der Bevölkerungszunahme seit der Jahrhundertwende beobachten, die sich über den Bearbeitungszeitraum hinweg bis zum Zweiten Weltkrieg fortsetzt. Diese Beschleunigung korrespondiert mit einer deutlichen Verlangsamung des Wachstums der Eingemeindungsgebiete und einer rückläufigen Bevölkerungsentwicklung im Zentrum des Ballungsraumes, in Alt-Berlin (vgl. Abb. 1, S. 56). Dieser Befund stimmt – natürlich – mit dem allgemeinen Verlauf der Bevölkerungsentwicklung in großstädtischen Ballungsgebieten überein, nämlich der allmählichen Verlagerung des Wachstums von den Kern- zu den Randgebieten. Neben tabellarischen und graphischen Darstellungen verdeutlicht die kartographische Erfassung der Bevölkerungszunahme, differenziert nach einzelnen Gemeinden, einprägsam den an der Peripherie von Groß-Berlin weiterhin bestehenden Bevölkerungsdruck (vgl. Karte 6, S. 53).

Bei näherer Betrachtung dieses um Berlin herum gelegenen Ringes höherer Bevölkerungsdichte und -zunahme kommt man zu einer weiteren Differenzierung. Unterlegt man der Bevölkerungsdichtekarte das Vorortbahnnetz, dann stellt man fest, daß dieses – natürlich – durch Gemeinden mit hohen Dichtewerten läuft (vgl. Karte 6, S. 53). Nach rechnerischen Ergebnissen entfielen 86 Prozent der Bevölkerungszunahme der sechs umliegenden Landkreise im Zeitraum von 1910 bis 1933 auf den unmittelbaren Einzugsbereich der von Berlin ausstrahlenden Eisenbahnstrecken[41]. Diese stellten denn auch nach übereinstimmender Auffassung die dominierenden Leitlinien der Siedlungsbewegung im Berliner Umland dar.

Verkehrsgünstig zu Berlin gelegene Wohnstandorte waren deshalb so wichtig, weil der aus Berlin herausdrängenden Siedlungsbewegung keine gleichgerichtete Verlagerung von Arbeitsstätten entsprach, die Neusiedler also auf eine möglichst günstige Verkehrsverbindung zu ihrem Arbeitsplatz in Berlin angewiesen waren. Natürlich galt dies auch für die zahlreichen Erwerbslosen, die einerseits im Umlandbereich bil-

---

[40] Zu dieser Differenzierung nach „innerer" bzw. „äußerer" Randzone vgl. *Schwermer*, S. 16 ff.

[41] Ebenda, S. 20 ff.

Karte 6 – *Siedlungsbewegung und Eisenbahnnetz im Berliner Umland* *

Bevölkerungs-
bewegung
1871–1933:

TRANSFORMIERTEN

ABSOLUTE ABNAHME
ÜBER 25 v.H.
11 – 25 "
0 – 10 "

ABSOLUTE ZUNAHME
1 – 25 "
26 – 50 "
51 – 100 "
101 – 200 "
201 – 500 "
501 – 1000 "
ÜBER 1000 "

* Quelle:
Vereinfacht nach *Alfons Schwermer*,
Der Einfluß Berlins auf die Bevölke-
rungsverhältnisse der benachbarten
Landkreise, Bielefeld 1937, Anhang.

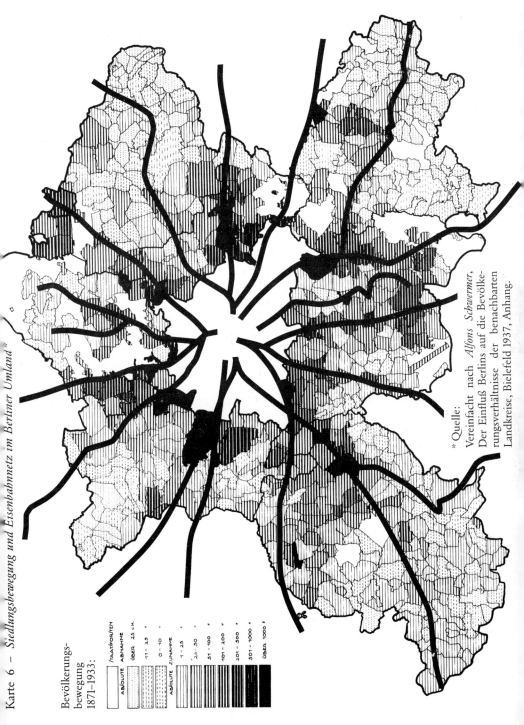

ligere Wohnstätten fanden, andererseits aber sich den Zugang zum Groß-Berliner Arbeitsmarkt erhalten wollten. Die Pendelwanderung aus den Wohnstätten des Berliner Umlandes nach Berlin und zu den Berliner Arbeitsstätten war ein charakteristisches Merkmal des Vorortverkehrs[42]. Für das Jahr 1929 wurde der Anteil der vom Berliner Arbeitsmarkt abhängigen Bevölkerung (Erwerbstätige und Angehörige) auf rund ein Drittel der Gesamtbevölkerung der sechs Umlandkreise berechnet, davon waren wiederum rund 80 Prozent in den drei unmittelbar angrenzenden Randkreisen ansässig[43]. Durch die Elektrifizierung der Vorortbahnstrecken in den zwanziger Jahren und die damit verbundenen Fahrzeitverkürzungen rückten spürbar auch entfernter liegende Siedlungsgebiete in den Pendelwanderungsbereich des Berliner Vorortverkehrs. So reduzierte sich beispielsweise die Fahrzeit vom 30/40-Kilometer-Ring zum Zentrum von 45 auf 30 Minuten, und die Einstunden-Fahrzeit-Grenze wurde an den 50-Kilometer-Ring hinaus verlagert[44].

Nur scheinbar widerspricht dieser beobachtete Pendlerstrom zu den Berliner Arbeitsstätten der sogenannten Randwanderung der Berliner Industrie. In einzelnen Etappen hatten die großen Elektro- und Maschinenbaufirmen ihre Produktionsstätten aus dem Alt-Berliner Stadtgebiet zu neuen Standorten hinausverlagert. Dieser Vorgang, der noch vor der Jahrhundertwende begonnen hatte, war bis zum Ersten Weltkrieg im wesentlichen abgeschlossen[45]. Die neuen Standorte befanden sich nun, nach Bildung der Einheitsgemeinde, zwar an deren Peripherie, aber doch zumeist noch innerhalb der Grenzen der Stadt. Der Umfang der Eingemeindung hatte sich nicht zuletzt auch aus dem Bestreben ergeben, die Arbeitsstätten des Berliner Wirtschaftsraumes mit in das einheitliche Verwaltungsgebiet zu bekommen. Daß man dann doch auf einige wenige Standorte von Großbetrieben verzichtete und sie knapp außerhalb der Grenzen der neuen Stadtgemeinde beließ, erklärte sich u. a. daraus, daß die steuerpolitische Begründung für ihre Einverleibung, die vor 1920 noch eine wichtige Rolle gespielt hatte, inzwischen entfallen war. Das generell zur Geltung gebrachte Prinzip des Finanzausgleichs sorgte nun auch für einen besseren Lastenausgleich zwischen Wohnsitz- und Betriebsgemeinde[46]. Die vor den Toren Groß-

---

[42]   Siehe *Sieben Jahre Landesplanungsverband Brandenburg-Mitte*, Karte 16 (Arbeiterverkehr zwischen Berlin und Umgebung), und die Zahlen für die Orte im Kreis Niederbarnim bei *Noack*, S. 58 ff.

[43]   *Schwermer*, S. 63.

[44]   Siehe *Sieben Jahre Landesplanungsverband Brandenburg-Mitte*, Karte 26 (Arbeitswegzonen vor und nach der Elektrifizierung der Berliner Vorortbahnen).

[45]   Siehe hierzu *Roman Heiligenthal*, Berliner Städtebaustudien, Berlin 1926.

[46]   Einen speziellen Lastenausgleich zwischen Wohn- und Betriebsgemeinde hatte erstmalig das Preußische Kommunalabgabengesetz vom 14. 7. 1893 vorgesehen. Die Gewerbesteuerverordnung der zwanziger Jahre führte jedoch – in alljährlich neu bekanntgemachter Fassung anstelle des früher geltenden Nachweisverfahrens – das einfachere und wirksamere Beteiligungsverfahren ein; vgl. hierzu *Hans-Joachim Closs*, Inhalt und Zweck des § 52 der preußischen Gewerbesteuerverordnung und seine Bedeutung für Berlin (Berlin als Betriebs- und Wohngemeinde), Gießen 1932.

Berlins gelegenen Großbetriebe befanden sich zum einen im Nordwesten in Henningsdorf und Velten, zum anderen im Südosten in Wildau. Zu diesen beiden Standorten hin war demnach ein Pendelverkehr auch in umgekehrter Richtung, das heißt von Berliner Wohnstätten zu außerhalb Berlins gelegenen Betriebsstätten, zu verzeichnen[47].

Aus der Sicht von Groß-Berlin spielte aber die Pendelwanderung über die Stadtgrenze hinaus insgesamt keine zentrale Rolle. Bei rund zwei Millionen Erwerbstätigen in der Stadt waren die knapp 100 000 Pendler, die zusätzlich aus dem Umland einströmten, und die noch geringere Zahl der Berliner, die ihrer Arbeit außerhalb der Stadt nachgingen, eine zu vernachlässigende Größe. So hieß es in einer Betrachtung über den Wirtschaftsbezirk Berlin, die aus der Stadtverwaltung stammte, die Grenzen des neuen Berlin seien so weit gezogen worden, daß die überwiegende Mehrzahl der wirtschaftlich mit Berlin zusammenhängenden Wohnsiedlungen jetzt innerhalb des Stadtgebietes liege[48].

c) Probleme der Siedlungsentwicklung im Umland von Groß-Berlin

Anders sah dies hingegen für die Umlandgemeinden und -kreise aus. Für sie fiel die Berlin-Orientierung eines Teils, häufig eines Großteils ihrer Einwohner und die davon beeinflußte Siedlungsentwicklung doch erheblich ins Gewicht. Und dies insbesondere von der Mitte der zwanziger Jahre an – nachdem deutlich geworden war, daß die Zuwachsraten im Berliner Umland nicht abbrachen, sondern kontinuierlich weiter anstiegen (vgl. die Abb. 1, S. 56)[49]. Der Zuwachs machte sich äußerlich in erster Linie in der sogenannten Vorort- oder Stadtrandsiedlung bemerkbar. Diese Siedlungsbewegung hatte zwar bereits vor dem Ersten Weltkrieg eingesetzt; in den zwanziger Jahren wurde sie jedoch zu einer auffälligen und in mancherlei Hinsicht bedenklichen Erscheinung (vgl. Karte 7, S. 59). Der mehr oder weniger behelfsmäßige Kleinwohnungsbau, um den es sich dabei handelte, war ein Reflex der anhaltenden Wanderungsbewegung in den Berliner Wirtschaftsraum hinein. Die Zuwanderer drängten einerseits auf den städtischen Arbeitsmarkt, vermochten andererseits vielfach in der Stadt nicht seßhaft zu werden, da es an ausreichendem, insbesondere für die unteren Schichten erschwinglichem Wohnraum fehlte. So sahen sich immer mehr Menschen genötigt, sich behelfsmäßig einzurichten bzw. sich selbst billigsten Wohnraum zu schaffen. Dies war noch am unbebauten Stadtrand möglich.

[47] Siehe hierzu *Sieben Jahre Landesplanungsverband Brandenburg-Mitte*, Karte 16. 1927 wohnten von den 3357 Beschäftigten des AEG-Werks Hennigsdorf 1720 (= mehr als 50 %) in Berlin; vgl. *Heinicke*, Der Wirtschaftsbezirk Berlin, in: Berliner Wirtschaftsberichte, Jg. 4 (1927), S. 335.

[48] Ebenda, S. 336.

[49] Siehe hierzu auch *Atlas von Berlin* (Deutscher Planungsatlas, Bremen 1975, Bd. IX), Bl. 13: Zu- und Abnahme der Bevölkerung von Berlin und Umgebung 1890–1946 (b: 1910–1925; c: 1925–1939).

56

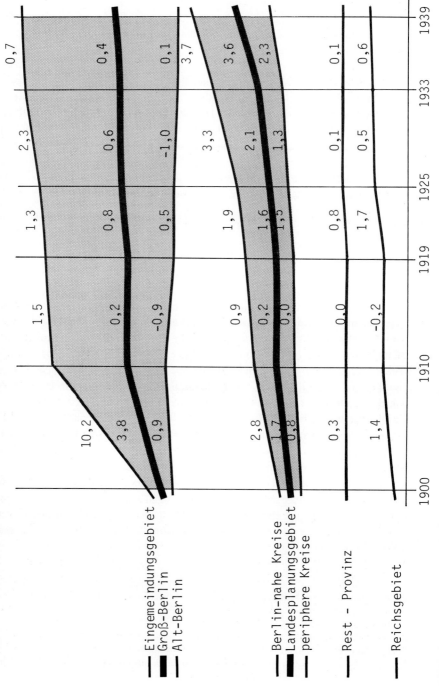

Abbildung 1 – *Durchschnittlicher jährlicher Bevölkerungszuwachs in Berlin und im Verbandsgebiet in Prozent (1900–1939)*

Dieser Stadtrand deckte sich nicht mit den kommunalen Grenzen der neuen Stadtgemeinde, die ja nur im Kernbereich weitgehend zugebaut war, während es in den Außenbezirken Berlins neben den der Bebauung entzogenen Wald- und Parkflächen noch umfangreiche Areale an Haus- und Kleingartengelände, an landwirtschaftlich genutzten oder auch brachliegenden Flächen gab, die als Standorte für behelfsmäßige Wohnsiedlungen in Frage kamen[50]. Dabei bildeten die Schrebergartenkolonien einen Grenzbereich, da in ihnen ständiges Wohnen an sich nicht vorgesehen, ja nach den Vorschriften sogar verboten war; angesichts der allgemeinen wirtschaftlichen und der besonderen wohnungspolitischen Notlage konnten aber wirksame Maßnahmen gegen ihren Mißbrauch als Dauerwohnsitz nicht durchgesetzt werden.

Die umfangreichere Siedlungszone bildete sich jedoch naturgemäß in den an Berlin angrenzenden Gebietsteilen heraus. Die Ansiedlung am Stadtrand erfüllte zwei für die Siedler lebensnotwendige Voraussetzungen: die Verbindung zum Groß-Berliner Arbeitsmarkt – die für die Beschäftigten genauso wichtig war wie für die Arbeitslosen, die auf Arbeit hofften – und die billige Parzelle, auf der nicht nur gebaut, sondern auch angebaut werden konnte. In der sogenannten Nebenerwerbssiedlung leistete der Obst- und Gemüsegarten einen wichtigen Beitrag zur Selbstversorgung der Benutzer.

Die Stadtrandsiedlungen waren dabei von unterschiedlichster Qualität[51]. Im weitesten Sinne zählten dazu gleichermaßen die Villenkolonie und die bescheidenere Kleinhauskolonie, die beide nach den Regeln und Vorschriften des privaten oder gemeinnützigen Wohnungsbaus errichtet wurden. Sie umfaßten auch die erwähnten Kleingarten- oder Schrebergartenkolonien, bei denen die Gartenfunktion im Vordergrund stand – ähnlich verhielt es sich mit den Wochenendkolonien in der näheren Umgebung von Berlin, insbesondere an den zahlreichen Seen. Ferner gab es die zahlreichen Siedlungsstellen, die als feste Wohnplätze entstanden, und schließlich waren jene zahlreichen, behelfsmäßigen Baracken- oder Zeltsiedlungen nicht zu übersehen, die baupolizeilich zumeist toleriert werden mußten, da sie Ausdruck der bestehenden Wohnungsnot waren.

Unter siedlungspolitischen Gesichtspunkten richtete sich das Augenmerk der zeitgenössischen Beobachter auf die an vorletzter Stelle genannte Dauerwohnsiedlung. In einer Untersuchung über „Die private Stadtrandsiedlung" werden unter diesem Begriff „die im Groß-Berliner Stadtrandgebiet liegenden Siedlungsstellen von etwa 600 bis 5000 qm Größe (zusammengefaßt), die entweder bereits jetzt dem Nebenerwerb der nichtlandwirtschaftlichen Bevölkerung dienen oder in der Zukunft dienen können und die für die Bebauung mit Siedlerwohnstätten zu dauernder Bewoh-

---

[50] Die bebaute Fläche (ohne Verkehrsflächen) lag 1925 in den Berliner Innenbezirken zwischen 34 % und 65 %, in den Außenbezirken zwischen 7 % und 29 %; vgl. hierzu *Statistisches Jahrbuch 1927*, S. 4.

[51] Hierzu und zum Folgenden *Die private Stadtrandsiedlung*, untersucht am Berliner Beispiel, bearb. im Deutschen Archiv für Siedlungswesen, Berlin 1933, S. 6 ff.

nung entweder bereits verwendet sind oder bei denen diese Verwendung mit der Zeit als möglich erscheint"[52]. Diese „private Stadtrandsiedlung" umfaßte nach einer Schätzung aus dem Jahre 1932 etwa 120 000 Parzellen, von denen sich etwa 50 000 Einheiten innerhalb der Grenzen Berlins, die restlichen außerhalb befanden. Die Beeinflußung ihrer Lage durch die Eisenbahnstrecken nach Berlin ist auf dem Kartenbild gut zu erkennen (vgl. Karte 7, S. 59).

Das Parzellierungsgeschäft hatte sich angesichts der großen Nachfrage zu einem eigenen Erwerbszweig entwickelt, an dem sich eine Vielzahl von Unternehmen und Gelegenheits-„Parzellanten" beteiligte. Die bäuerlichen Landeigentümer sahen sich mit verlockenden Angeboten konfrontiert. Quadratmeterpreise von einer bis drei Reichsmark, die für Parzellenerwerber angesichts der Berliner Baulandpreise billig waren, bedeuteten für einen Bauern, der seinen Grundbesitz bis dahin nur als landwirtschaftliche Nutzfläche hatte taxieren können, viel Geld. Die Gemeinden waren auf die Umwidmung von Bauernland nicht vorbereitet, behördliche Genehmigungen enthielten vielfach keinerlei siedlungstechnische Auflagen, da die Absicht der Parzellierung und der nachfolgenden Bebauung von den Käufern nicht deutlich gemacht wurde. Viele der von den Parzellanten an Siedler verkauften Grundstücke wurden auch anfänglich nur als Gartenland genutzt. Erst nach und nach entstanden darauf dann Geräteschuppen, behelfsmäßige Wohnlauben, schließlich feste Häuser. Nur eine intensive baupolizeiliche Überwachung hätte diesen Wildwuchs verhindern können. In Berlin waren die Verhältnisse insofern etwas günstiger, als hier ein durchsetzungsfähiger Verwaltungsapparat die Siedlungsräume abstecken und eingrenzen, mithin Siedlungen dieser Art überwachen und allzu krasse Mißstände verhindern konnte. Den angrenzenden Landgemeinden jedoch fehlte das entsprechende Personal und das Instrumentarium zur ausreichenden Steuerung der wilden Siedlungsbewegung.

Natürlich waren nicht nur die betroffenen Gemeindebehörden mit diesem Problem befaßt. Kreisverwaltungen und Regierungspräsidium sahen sich ebenfalls aufgefordert, einer sich hier anbahnenden Fehlentwicklung Einhalt zu gebieten. Allen Beteiligten war klar, daß es hier um ein Problem der Agglomeration Groß-Berlins ging, das nicht zuletzt auch deutlich machte, wie sehr es diesem Raum an einer die kommunalen Grenzen übergreifenden Gesamtplanung und -steuerung gebrach, wie sinnvoll etwa die Forderung nach einem Generalsiedlungsplan für den gesamten Berliner Wirtschaftsraum war, die seit der Berliner Städtebauausstellung im Jahre 1910 von Experten immer wieder erhoben wurde. Ein solcher Plan hätte u. a. auch die Grundlage für eine geordnete Siedlungstätigkeit im Umland von Berlin abgeben können. So erwuchs gerade aus der Kritik an der ungelenkten privaten Stadtrandsiedlung ein wichtiger Impuls für die Entstehung einer Landesplanung im Berliner Raum[53].

---

[52] Ebenda, S. 9; zahlreiche (negative) Beispiele auch in *Fünf Jahre Aufbauarbeit im Kreis Niederbarnim* (Verwaltungsbericht 1933–1938), Berlin 1938, S. 217 ff.

[53] Vgl. hierzu S. 68 ff.

Karte 7 – *Entwicklung der Berliner Stadtrandsiedlung (Kleinsiedlung) (1905–1932)* *

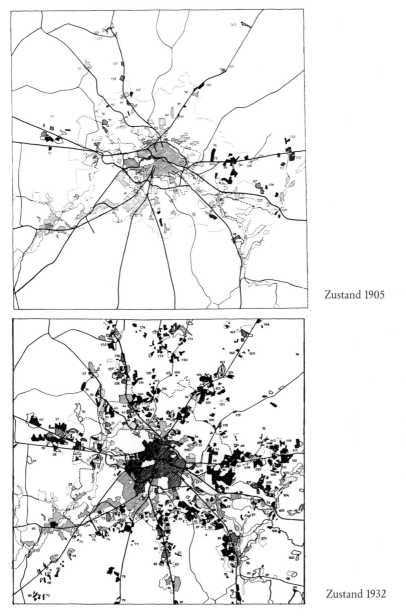

Zustand 1905

Zustand 1932

* Quelle: *Die private Stadtrandsiedlung*, dargestellt am Berliner Beispiel, bearb. vom Deutschen Archiv für Siedlungswesen, Berlin 1933, S. 2 f.; vgl. auch die Spezialkarte mit eingetragenen Stadtrandsiedlungen nach dem Stand von 1936 bei *Herbert Louis*, Die geographische Gliederung von Groß-Berlin, Stuttgart 1936.

Die organisatorischen und politischen Voraussetzungen hierfür hatten sich jedoch paradoxerweise durch die Groß-Berlin-Lösung verschlechtert. Vor 1920 waren die beiden Landkreise Niederbarnim und Teltow, die das engere Berliner Umland darstellten, durch den Zweckverband mit dem Kernbereich der Städte-Agglomeration verbunden gewesen. Dieser Verband hatte zwar in der kurzen Zeit seines Bestehens die als notwendig erkannte Aufgabe der Erstellung eines Generalsiedlungsplanes für den gesamten Berliner Wirtschaftsraum auch nicht lösen können – sie war ihm von Gesetzes wegen auch gar nicht gestellt worden. Immerhin hatte er allein schon durch seine Existenz die ihm angehörenden Gebietskörperschaften immer wieder aufs neue genötigt, ein Mindestmaß an Zusammenarbeit zu praktizieren und – was auch wichtig war – Argumente auszutauschen. Hieraus konnte sich langfristig auch Übereinstimmung in Einzelfragen, Zusammenarbeit bei praktischen Maßnahmen ergeben.

Dieses organisatorische Dach des Zweckverbandes, das Kerngebiet und engeres Umland überwölbte, war 1920 abgebrochen und durch keinerlei Hilfskonstruktion ersetzt worden. Die Kreise Niederbarnim und Teltow, die trotz der Ausgliederung ihrer weitgehend verstädterten Berlin-nahen Teile weiterhin auf die Metropole ausgerichtet blieben, standen zu dieser nun in keinerlei administrativen Verbindung mehr. Wegen der Belastungen, denen das Verhältnis Berlins zu seinem Umland im Zuge der Auseinandersetzungen um die 1920 erfolgte Eingemeindung ausgesetzt war, konnte sich auch keinerlei freiwillige Kooperation entwickeln. Die Folge aber war, daß sich im Umland übertriebenes Mißtrauen gegenüber dem mächtigen Berlin breitmachte – und es gab keinerlei Konsultationsmechanismen, durch welche Mißverständnisse hätten ausgeräumt, Fehleinschätzungen hätten korrigiert werden können. Der fehlende Zwang zur Kooperation führte andererseits dazu, daß man in Berlin seine Wünsche und Zielvorstellungen ohne Rücksicht auf die Nachbarn formulierte. Unter diesem Blickwinkel wird man sich vor einer allzu negativen Einschätzung des Zweckverbandes hüten müssen. Und man wird dem Gesetzgeber von 1920 den Vorwurf nicht ersparen können, seine Groß-Berlin-Lösung nicht zu Ende gedacht bzw. das von Berlin beeinflußte und auch nach Berlin hin orientierte weitere Umland zugunsten des Kernbereichs vernachlässigt zu haben.

Kapitel III
Die Gründung des Landesplanungsverbandes Brandenburg-Mitte

a) Verwaltungspolitische Voraussetzungen

Der Einfluß Groß-Berlins auf das engere brandenburgische Umland war nach überwiegender Auffassung erheblich. Er war an der Wirtschafts- und Sozialstruktur sowie der Siedlungs- und Verkehrsentwicklung abzulesen. In Politik und Verwaltung sahen sich die Beteiligten mit den Auswirkungen dieser Stadt-Umland-Beziehungen konfrontiert. Negative Erscheinungen ließen den Mangel an bzw. den Wunsch nach regulierenden Kräften spürbar werden. Angesichts der verbreiteten Vorstellung von einem einheitlichen Groß-Berliner Wirtschaftsraum lag es nahe, sich diesen Wirtschaftsraum in irgendeiner Form verwaltungsorganisatorisch zusammengefaßt vorzustellen. Dies war bereits das Bestreben bei der Gründung des Zweckverbandes Berlin im Jahre 1912 und bei der Konstituierung der neuen Stadtgemeinde Berlin im Jahre 1920 gewesen.

Dies war andererseits auch der Grundgedanke der aufkommenden Landesplanungsbewegung, die sich in den zwanziger Jahren reichsweit durchsetzte und bis zum Ende des Jahrzehnts zu zahlreichen Landesplanungsorganisationen fast überall im Deutschen Reich führte. Das dabei praktizierte Organisationsprinzip bot verwaltungspolitisch den entscheidenden Vorteil, daß es ohne Gebietsveränderungen auskam und demnach weder die beteiligten kommunalen Gebietskörperschaften noch die staatlichen Verwaltungsbezirke in ihrem Umfang oder gar Bestand gefährdete. Angesichts der gespannten Beziehungen zwischen Berlin und seinen Anrainern lag es deshalb nahe, auch in diesem Wirtschaftsraum eine Lösung der bestehenden Stadt-Umland-Probleme mittels der „schonenden" Methode der Landesplanung zu versuchen. Der dann 1929 gegründete Landesplanungsverband Brandenburg-Mitte, ein Zusammenschluß der Berlin umschließenden höheren Kommunalverbände (Kreise und Provinz) ohne Beteiligung der Reichshauptstadt, verstieß allerdings in extremer Weise gegen das landesplanerische Grundprinzip, das Zusammenführen der einen Wirtschaftsraum maßgeblich bestimmenden Gebietsteile. Die nachfolgende Darstellung wird deshalb Aufschluß darüber zu geben haben, ob die auf den ersten Blick sinnwidrige Konstruktion auf die besonderen Verhältnisse in Berlin-Brandenburg zurückgeführt werden muß und in diesen möglicherweise auch ihre Berechtigung findet.

Die engere Entstehungsgeschichte des Landesplanungsverbandes Brandenburg-Mitte umfaßt den Zeitraum 1928 bis Frühjahr 1930. Die Vorgeschichte reicht nicht sehr viel weiter zurück, denn für die erste Hälfte der zwanziger Jahre sind Überlegungen oder gar Bestrebungen zur Zusammenarbeit zwischen Berlin und seinem Umland zur Koordinierung etwaiger Planungen nicht festzustellen. Alternative Modelle zur Groß-Berlin-Lösung, die 1920 vom Gesetzgeber beschlossen worden war, waren mit diesem Zeitpunkt vorerst vom Tisch. Die offizielle Berliner Stadtplanung konzentrierte sich auf die Erstellung eines Generalsiedlungsplanes für das neue Stadtgebiet und war damit voll ausgelastet. Bei dieser Arbeit hatte man sich allenfalls mit einem prinzipiellen grenzüberschreitenden Problem zu befassen: mit der längerfristig zu beobachtenden Siedlungsentwicklung von der Spree zur Havel hin. Roman Heiligenthal, führender Mitarbeiter im Berliner Stadtplanungsamt, sprach von einem von der Lage am Großschiffahrtsweg in Richtung Nord- und Ostsee begünstigten industriellen Schwerpunkt an der Havel; dieser zog seiner Ansicht nach eine entsprechende Wohnsiedlungsbewegung nicht nur nach sich, sondern machte sie geradezu zu einem unabdingbaren Bestandteil eines Entwicklungsprogrammes für die Agglomeration Berlin. Das einer großzügigen Siedlungspolitik zuzuführende Gebiet befand sich westlich der Havel, also überwiegend außerhalb der Grenzen Berlins. Zur Verwirklichung der genannten Perspektive war Berlin auf „die tätige Mitarbeit der Nachbargemeinden" angewiesen. Konkrete Überlegungen in Richtung auf eine grenzüberschreitende, interkommunale Planung zur Realisierung einer „weitschauenden Siedlungspolitik auf dem westlichen Haveluferˮ wurden jedoch nicht angestellt[1].

Sie waren in den ersten Jahren des Bestehens von Groß-Berlin auch noch nicht opportun, erforderte doch zumindest bis 1923 die Verteidigung des territorialen Besitzstandes gegenüber den bereits erwähnten Wiederausgemeindungsbestrebungen die volle Aufmerksamkeit der Stadtverwaltung[2]. Vor allem aber fehlte zu dieser Zeit der grundsätzliche Wachstumsdruck, der die Wirtschaft und die Verwaltung veranlassen mußte, sich mit grenzüberschreitenden Entwicklungstendenzen zu beschäftigen. „Die Not in Berlin" begrenzte das Blickfeld[3]. Auch die dann beginnende Stabilisierungsphase Mitte der zwanziger Jahre, die sich wie überall im Reich auch in Berlin bemerkbar machte, bewirkte keine besondere Hinwendung der Stadtverwaltung zu den Problemen des Umlandes. Die „Lebensnotwendigkeiten Berlinsˮ, zu denen Oberbürgermeister Böß 1927 längere Ausführungen machte[4], gründeten sich auf welt- und nationalwirtschaftliche Beziehungen; Wünsche oder gar Forderungen an die umliegenden Kreise oder an die Provinz wurden nicht gestellt. Der Autobahnbau beispielsweise, der als eine neue Aufgabe erkannt wurde, war zu dieser Zeit noch ein Problem der großräumigen Festlegung und der daraus zu entwickelnden Anbindungslösungen für die Reichshauptstadt; hierüber wurden Entscheidungen

---

[1] *Heiligenthal,* Probleme des Generalsiedlungsplans, S. 254 ff.
[2] Siehe hierzu Kap. II, S. 38 ff.
[3] *Gustav Böß,* Die Not in Berlin, Berlin 1923 (wieder abgedruckt in *derselbe,* Beiträge zur Kommunalpolitik, S. 1 ff.).
[4] *Derselbe,* Lebensnotwendigkeiten Berlins, ihre staatspolitische und wirtschaftliche Bedeutung, in: Berliner Wirtschaftsberichte, Jg. 4 (1927), S. 365 ff.

auf höherer Ebene angestrebt. Infolge der großzügigen Abmessung des Berliner Stadtgebietes und der fehlenden Einbindung der Stadt in einen staatlichen Verwaltungsbezirk war Berlin auf sich gestellt und wurde auch nicht von außen zur Zusammenarbeit mit seinen Nachbarn angehalten.

Dies hätte sich ändern können, als – ebenfalls Mitte der zwanziger Jahre – die Diskussion um ein preußisches Städtebaugesetz einsetzte. In dieses Gesetz sollten landesplanerische Regelungen für die interkommunale Zusammenarbeit bei der Siedlungsentwicklung Eingang finden. Es ließe sich denken, daß man in Berlin, angeregt durch die generelle Diskussion, die Zusammenarbeit mit den Umlandgemeinden und -kreisen verstärkt zu suchen begann – dies um so mehr, als die erkennbare Tendenz des von der Staatsregierung eingebrachten Gesetzentwurfs dahin ging, diese interkommunale Zusammenarbeit gegebenenfalls zu erzwingen. Doch Berlin erwies sich in diesem Sinne als planungsfeindlich und reihte sich ein in die gemeinsame Abwehrfront der Großstädte gegen die beabsichtigte staatliche Eingriffsmöglichkeit. Im Deutschen Städtetag nahm man einmütig auch gegen die weitere Absicht des Entwurfs Stellung, die vorgesehenen zwischengemeindlichen Flächenaufteilungspläne durch entsprechende Ortssatzung förmlich festzusetzen[5]. Führende Städtebauer bzw. Stadtbauräte wandten sich in zahlreichen Diskussionsbeiträgen gegen verbindliche Festlegungen, da sie die Erfahrung lehrte, daß die tatsächliche Siedlungsentwicklung immer wieder zu Korrekturen an den Plänen führte[6].

An dieser Kritik beteiligte sich vehement der in Fachkreisen angesehene neue Berliner Stadtbaurat Martin Wagner. Er war bis 1920 in der Verwaltung des Berliner Zweckverbandes tätig gewesen und hatte sich früh mit einer Studie über die Berliner Freiflächenpolitik einen Namen gemacht. Nach einigen Jahren Tätigkeit im Berliner gemeinnützigen Wohnungsbau wurde er 1926 zum Leiter des Hochbaudezernats der Stadt gewählt, dem das Berliner Stadtplanungsamt unterstand. Über die Grenzen der Stadt hinaus bekannt war er vor allem durch zahlreiche theoretische Beiträge zum Städtebau und zur Stadtplanung[7]. Zu seinen Grundpositionen gehörte ein eingewurzeltes Mißtrauen gegenüber der Planbarkeit der Siedlungsentwicklung. Dies galt seiner Ansicht nach bereits für den kleinräumigen Bereich, traf jedoch in noch stärkerem Maße auf die „völlig im Nebel der Zukunft liegende Stadt- und Landesplanung" zu[8]. Die von ihm konstatierte „Hochkonjunktur in Landesplanung" im Deutschen Städtebau belegte er mit beißender Ironie. Er sah hier eine Wiederholung des Fehlers,

---

5   Vgl. hierzu Abänderungsanträge und Gegenentwurf des Preußischen Städtetages zum Städtebaugesetzentwurf, in: *Mitteilungen des Deutschen Städtetages*, 1926, Sp. 57 ff.; weitere offizielle Stellungnahmen in *Der Städtetag*, 1927 ff.

6   Vgl. hierzu *Der Städtebau*, 1925 ff.; als Beispiel eine Entschließung führender Fachleute, in: *Stadtbaukunst*, 1929, S. 64.

7   Vgl. *Jochen Kempmann*, Das Ideengut Martin Wagners als Beispiel für die Entwicklung der städtebaulichen Gedankengänge seit 1900, Diss. Berlin 1968, und *Ludovica Scarpa*, Martin Wagner e Berlino. Casa e città nella Repubblica di Weimar 1918-1933, Rom 1983.

8   Hierzu und zum Folgenden *Wagner*, Städtebaugesetzentwurf, S. 5 ff.: Stadt und Landesplanung.

der vor der Jahrhundertwende bereits einmal gemacht worden war, als die Städtebauer und Kommunalpolitiker ihre Städte mit „weitsichtigen", auf ein Jahrhundert
baulicher Entwicklung berechneten Bebauungsplänen überzogen – alle inzwischen
mehr oder weniger als Utopien ad acta gelegt. Er hegte den Verdacht, daß die Verfech-
ter der Landesplanung Ursache und Wirkung der Entwicklungskräfte verwechselten.
Die Siedlungsentwicklung ließ sich seiner Ansicht nach durch landesplanerische
Maßnahmen nicht steuern, sondern allenfalls darstellen. Landesplanung war deshalb
nicht dringend, und schon gar nicht bedurfte sie gesetzlicher Grundlage. Was not tat,
so Martin Wagner, war die Bereinigung der Gebietsgrenzen in einheitlichen Wirt-
schaftsgebieten. Nur auf dieser Grundlage hatte Planung einen Sinn.

Es kann nicht verwundern, daß unter diesen Umständen von seiten der Berliner
Stadtplanung keine Initiativen zur Herstellung eines irgendwie gearteten Planungs-
verbundes mit den umliegenden Gebietskörperschaften ergriffen wurden. Anders
sah es jedoch auf seiten des Umlandes aus. Hier gab es im wesentlichen drei Verwaltungsebenen, die sich mit dem Einfluß Berlins auf ihr Gebiet aktiv auseinanderzu-
setzen vermochten: die angrenzenden Landkreise und der Stadtkreis Potsdam, der
Berlin umschließende Regierungsbezirk Potsdam und die über den Berliner Wirtschaftsraum hinausgreifende Provinz Brandenburg. Dabei unterschieden sich Kreise
und Provinz vom Regierungsbezirk entscheidend: letzterer war nur staatliche Verwaltungsebene, während die anderen beiden sowohl staatliche Verwaltungsbezirke als
auch kommunale Gebietskörperschaften darstellten. Im Landkreis war der Landrat
gleichzeitig Vertreter des Staates und Leiter der Kreisselbstverwaltung. Auf der Ebene
der Provinz dagegen waren staatliche und kommunale Verwaltung völlig getrennt.
Der Hauptverwaltungsbeamte der provinzialen Selbstverwaltung wurde vom Provinziallandtag, der Vertretungskörperschaft der Provinz, gewählt. Er war auch formal
geschäftsführendes Mitglied des Provinzialausschusses, faktisch der entscheidende
Motor der provinzialen Selbstverwaltung. In den meisten Provinzen nannte er sich
„Landeshauptmann", in Brandenburg „Landesdirektor". Getrennt von dieser sogenannten Provinzialverwaltung amtierte der Oberpräsident als Vertreter des Staates
bzw. als Stellvertreter der obersten Staatsbehörden in der Provinz.

Die in dieser Übersicht nicht erwähnten kreisangehörigen Städte und Landgemeinden, welche die unterste Verwaltungsebene bildeten, kamen als Träger landesplanerischer Initiativen nicht in Frage. Die anderen drei Ebenen mußten sich dagegen ihrer
politischen Aufgabenstellung nach aufgefordert sehen, das landesplanerische Konzept auf seine Verwendbarkeit im Berliner Raum hin zumindest zu prüfen. Die Randkreise – sowohl die unmittelbar an die Stadt Berlin angrenzenden als auch die im
weiteren Einflußbereich liegenden – sahen sich mit verschiedenen gleichartigen bzw.
vergleichbaren Problemen der Siedlungsentwicklung konfrontiert; es lag nahe, daß
die betroffenen Kreisverwaltungen nicht nur über Fehlentwicklungen klagten, sondern auch gemeinsam über Abhilfe berieten. Der Regierungspräsident von Potsdam
seinerseits mußte sich durch den von der Staatsregierung vertretenen Städtebaugesetzentwurf angesprochen fühlen, der ihm die Federführung bei der Organisation
landesplanerischer Tätigkeit zudachte.

Wie für viele andere Regierungsbezirke galt auch für den Potsdamer Bezirk, daß er einigermaßen deckungsgleich mit der wirtschaftsräumlichen Einheit des Berliner Umlandes war – wenn auch ohne Zugriffsmöglichkeit auf das Kerngebiet. Andere Regierungspräsidenten waren bereits aktiv geworden; unter ihrer Federführung waren in den Regierungsbezirken Merseburg, Düsseldorf und Münster bereits 1925 Landesplanungsorganisationen entstanden [9].

Die Provinzialverwaltung war wiederum besonders geeignet, Landesplanung als Selbstverwaltungsaufgabe zu betreiben. In ihren beiden Hauptorganen, Provinziallandtag und Provinzialausschuß, waren sämtliche betroffene Gebietskörperschaften direkt oder indirekt vertreten. Die auf kommunaler Seite bestehenden Vorbehalte gegen staatliche Einflußnahme auf die Landesplanung mußten die Provinzialverwaltung darin bestärken, sich dieser Aufgabe anzunehmen. Auch war ihr Vorteil, daß sie im Verkehr mit der Stadt Berlin dieser zumindest formal gleichgestellt war. Zudem war die Provinz Brandenburg von einer der aus der Nachbarschaft zu Berlin herrührenden Belastungen direkt betroffen: vom Überland- und Zielverkehr mit Berlin auf den Provinzialstraßen [10]. Schließlich war anzunehmen, daß der Oberpräsident der Provinz Brandenburg und von Berlin kraft seiner Doppelfunktion von Amts wegen tätig werden würde, wenn sich das eine der beiden von ihm zu beaufsichtigenden Gebiete in seiner gedeihlichen Entwicklung durch das andere gehindert fühlte. Wenn Landesplanung im gesamtstaatlichen Interesse lag, gehörte es zu den Fürsorgepflichten des Oberpräsidenten, sie dort zu initiieren, wo die Voraussetzungen gegeben waren. Da ihm die Wasserstraßenbehörden direkt unterstellt waren, die ihrerseits für wichtige Verkehrssachen im Berliner Wirtschaftsraum zuständig waren, ließ sich sein Interesse an landesplanerischen Überlegungen auch unabhängig von staatlichen Aufsichtsmaßnahmen geltend machen.

b)   Die Rolle der brandenburgischen Provinzialverwaltung

Es scheint, daß eine erste landesplanerische Initiative für den Raum Berlin-Brandenburg von der Provinzialverwaltung, genauer gesagt von deren Landesdirektor von Winterfeldt, ausging. Joachim von Winterfeldt-Menkin kann als einer jener vorbildlichen Vertreter der von Hause aus konservativen höheren preußischen Beamten gelten, die ihr jeweiliges Amt sachverständig, initiativ und unabhängig von politischen Gruppierungen zu führen verstanden und die sich trotz ihrer Prägung durch das monarchische Preußen nach 1918 auch dem republikanischen Staat gegenüber loyal

---

9   Siehe S. 45, Tabelle 1.
10 Vgl. hierzu zwei Entschließungen an die Adresse der Preußischen Staatsregierung mit der dringlichen Forderung nach Ausgleich der außerordentlich stark steigenden Straßenbaulasten, in: Verhandlungen des Brandenburgischen Provinziallandtages, 1926, S. 109, bzw. 1929, S. 73 ff.

Übersicht 2 – *Verwaltungsgliederung in der Provinz Brandenburg und in Berlin (1920–1930)*

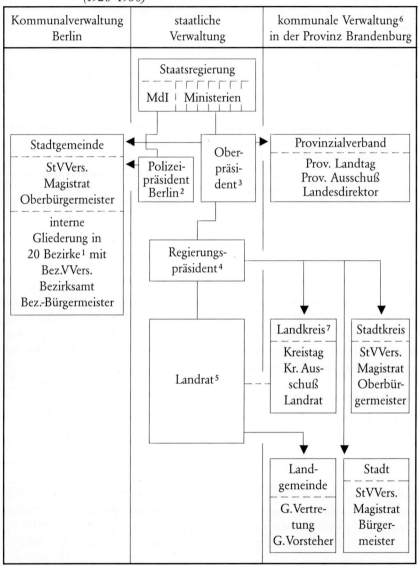

Kommunalverwaltung Berlin	staatliche Verwaltung	kommunale Verwaltung[6] in der Provinz Brandenburg

Staatsregierung

MdI Ministerien

Stadtgemeinde

StVVers.
Magistrat
Oberbürgermeister

interne
Gliederung in
20 Bezirke[1] mit
Bez.VVers.
Bezirksamt
Bez.-Bürgermeister

Polizei-
präsident
Berlin[2]

Ober-
präsi-
dent[3]

Regierungs-
präsident[4]

Provinzialverband

Prov. Landtag
Prov. Ausschuß
Landesdirektor

Landrat[5]

Landkreis[7]

Kreistag
Kr. Aus-
schuß
Landrat

Stadtkreis

StVVers.
Magistrat
Oberbür-
germeister

Land-
gemeinde

G. Vertre-
tung
G. Vorsteher

Stadt

StVVers.
Magistrat
Bürger-
meister

[1] Bezirke ohne eigene Rechtspersönlichkeit.
[2] Ortspolizei ansonsten in den Städten vom Bürgermeister, in den Landgemeinden von einem besonderen Amtsvorsteher gehandhabt.
[3] Oberpräsident der Provinz Brandenburg und von Berlin (in Personalunion).
[4] Je für die beiden Regierungsbezirke Frankfurt/Oder und Potsdam.
[5] Landrat in Personalunion Organ der Staatsregierung und Leiter der Kreiskommunalverwaltung (Vorsitz in Kreistag und Kreisausschuß).
[6] Ohne die (1927 aufgelösten) Gutsbezirke.
[7] Im Bereich der Provinz 31 Landkreise und 10 Stadtkreise (kreisfreie Städte).

verhielten[11]. Die allgemeine Wertschätzung seiner Person, die quer durch alle Parteien ging, bezog sich nicht zuletzt auf sein gemeinnütziges Engagement, dem er von 1919 bis 1934 auch als erster Präsident des Deutschen Roten Kreuzes Ausdruck verlieh. Auf seine Aufgabe als Landesdirektor, die er von 1911 bis 1930, bis zu seinem altersbedingten Rücktritt, wahrnahm, war er durch die voraufgegangenen Stationen seiner Laufbahn bestens vorbereitet: 1897 wurde er Landrat des Kreises Prenzlau, in dem das Familiengut Menkin gelegen war, 1904 Oberpräsidialrat, das heißt Vertreter des Oberpräsidenten der Provinz Brandenburg und von Berlin. Die Groß-Berlin-Frage war ihm demnach seit der Jahrhundertwende ein vertrauter Problembereich. Wie schon während der Zweckverbandszeit stand er auch nach der Eingemeindung von 1920 mit seiner Person und seiner Verwaltung für die Vertretung der Interessen der Provinz und ihrer Gebietsteile gegenüber Berlin.

Im Juni 1925 regte von Winterfeldt erstmals Verhandlungen darüber an, ob und wie für die von Berlin beeinflußten Kreise eine einheitliche und zusammenhängende Landesplanung aufgenommen werden könnte[12]. Ganz offensichtlich ist der Zeitpunkt im Zusammenhang mit den Vorarbeiten für das Städtebaugesetz im Preußischen Ministerium für Volkswohlfahrt zu sehen, von denen er natürlich Kenntnis hatte. Die erwähnte Tendenz des Ministeriums, bei der Landesplanung staatliche Stellen ins Spiel zu bringen, dürfte ein wesentlicher Antrieb für den Vorstoß des Landesdirektors gewesen sein. Im Kreise der Landeshauptleute – der Verwaltungschefs der Provinzialverwaltungen – war man der Ansicht, daß die Provinz die geeignete und daher „zuständige" Koordinierungsstelle für Landesplanung sei. In einer Entschließung der Landesdirektorenkonferenz zum Entwurf eines Städtebaugesetzes wurde diese Forderung im Herbst 1925 auch öffentlich erhoben[13]. Bei ihrem Vorstoß brachten die Landesdirektoren als zusätzliches politisches Argument Artikel 72, Abs. 2 der Preußischen Verfassung ins Spiel, in dem von einer beabsichtigten Erweiterung der Rechte der Provinzen die Rede war.

Der Vorstoß des brandenburgischen Landesdirektors war demnach eingebunden in eine generelle Offensive der provinzialen Selbstverwaltung. Er galt im übrigen einer Landesplanung nicht nur für den Berliner Wirtschaftsraum, sondern gleichermaßen für das im Südosten der Provinz gelegene Lausitzer Braunkohlengebiet. Die besonderen, Gemeinde- und Kreisgrenzen überschreitenden Probleme entstanden hier im Zusammenhang mit den für den wandernden Bergbau benötigten Flächen, die

---

11 Hierzu die Autobiographie von *Joachim von Winterfeldt-Menkin,* Jahreszeiten des Lebens. Das Buch meiner Erinnerungen, Berlin 1942; ferner die Beurteilung der Persönlichkeit bei *Ernst Barth,* Aus meiner Arbeit für die Provinz Brandenburg und für Berlin 1902–1968, Berlin 1969, S. 46 ff., sowie *Hermann Fricke,* Die Landesdirektoren der Provinz Brandenburg 1876–1945, in: Jahrbuch für die Geschichte Mittel- und Ostdeutschlands, Bd. 5 (1956), S. 295 ff.

12 Vermerk von Winterfeldts betr. Landesplanung für den Provinzialausschuß vom 5. 10. 1928, in; Staatsarchiv Potsdam, Rep. 55, Landesplanung Niederlausitz, Bd. I.

13 Sitzung der Landesdirektorenkonferenz vom 29. 9. 1925, in: Staatsarchiv Potsdam, Rep. 55, Nr. 855; die Entschließung ist veröffentlicht in: *Preußisches Verwaltungsblatt,* 1926, S. 47 ff.

immer wieder andere Nutzungen tangierten. Doch führte der Vorstoß des Landesdirektors vorerst zu keinem Ergebnis. Der Oberpräsident hielt die Gründung einer Landesplanungsorganisation in beiden Fällen noch nicht für spruchreif[14]. Ihm schien es geboten, erst einmal die Verabschiedung des Städtebaugesetzes abzuwarten und dann aufgrund der dort getroffenen gesetzlichen Bestimmungen über den in Berlin einzuschlagenden Weg zu beraten. In der Provinzialverwaltung begann man dessen ungeachtet, einschlägige Arbeiten unter dem Gesichtspunkt einer einheitlichen Planung zu betreiben. Dies betraf etwa im Bereich des Straßenbaus die Herausführung einzelner Berliner Ausfallstraßen, die im Benehmen mit der Stadt Berlin bearbeitet wurde.

Bekanntlich ließ das geplante Preußische Städtebaugesetz entgegen gehegter Hoffnungen auf sich warten. Wegen seines umstrittenen Inhalts – nicht zuletzt hinsichtlich der erwähnten planungsrechtlichen Bestimmungen – konnte es in der Legislaturperiode 1924/28 des Preußischen Landtages nicht mehr verabschiedet werden; es mußte demnach in den nächsten Landtag neu eingebracht werden, was eine zusätzliche Verzögerung mit sich brachte. Inzwischen hatte der Entwicklungsdruck auf das Berliner Umland nicht nachgelassen. Über landesplanerische Praxis lagen aus anderen Gebieten zunehmend Erfahrungen vor. In der anhaltenden Diskussion über das Städtebaugesetz bildete die Landesplanung ein selbstverständliches Kapitel; das „ob" stand nicht mehr in Frage, es ging nur noch um das „wie". Als im Jahre 1928 das Problem einer Landesplanung für das Berliner Umland erneut erörtert wurde, geschah dies deshalb nun mit sehr viel mehr Nachdruck. Im Gegensatz zur Anregung des Jahres 1925 kamen diesmal die Anstöße auch mehr oder weniger gleichzeitig von allen betroffenen Verwaltungsebenen[15].

Im Sommer 1928 bestellte der Kreis Niederbarnim ein Sachverständigengutachten für die Aufstellung eines allgemeinen Aufteilungsplanes für das Kreisgebiet[16]. Von einem solchen Generalsiedlungsplan erhoffte sich der Kreis, der in besonderem Maße von den von Berlin ausstrahlenden Entwicklungen betroffen war, Anhaltspunkte und Richtlinien für die von der Verwaltung zu treffenden Entscheidungen. Das Bedürfnis nach einer Orientierungshilfe bestand insbesondere im Hinblick auf die fortschreitende Parzellierung immer größerer Flächen. Sorge machte dabei sowohl der Umstand, daß auf diese Weise landwirtschaftliche Nutzfläche ohne Berücksichtigung der Bodengüte ihrer bisherigen Bestimmung entzogen wurde, als

---

14 Protokoll einer Besprechung beim Oberpräsidenten am 18. 10. 1928 in der Angelegenheit einer Landesplanung für die Umgebung von Berlin, in: Staatsarchiv Potsdam, Rep. 6 c, Landesplanung, Bd. 1 (1928–1930).

15 In seiner Darstellung zur Geschichte des Landesplanungsverbandes Brandenburg-Mitte überschätzt Müller-Haccius – wie zu zeigen sein wird – wohl etwas die Wirkung seiner Denkschrift, die er als „wesentlichen Anstoß" für die Gründung des Verbandes bezeichnet (*Pfannschmidt/Müller-Haccius u. a.,* Landesplanung Berlin – Brandenburg-Mitte, S. 39).

16 Einer der Gutachter war der Städtebauer Genzmer, Professor an der Technischen Universität Charlottenburg; er erhielt Gelegenheit, seine Vorschläge anläßlich der Sitzung vom 18. 10. 1928 beim Oberpräsidenten zu erläutern; vgl. Staatsarchiv Potsdam (wie Anm. 14).

auch der im Gefolge der Parzellierung sich ausbreitende Siedlungswirrwarr. Ganze Güter, im Einzugsbereich der Vorortstrecken gelegen, wurden so plötzlich zu Problemgebieten[17]. Mit Bebauungsplänen befand man sich hoffnungslos im Rückstand; übergeordnete Interessen der Verkehrserschließung, der Frei-, Wohn- und Industrieflächenplanung drohten von dieser Entwicklung völlig überrollt zu werden. Ein Generalsiedlungsplan, der wichtige Funktionsachsen und -räume auswies, konnte sinnvollerweise nicht isoliert für das Kreisgebiet erstellt werden. Er hatte sich nach Berlin hin zu orientieren, hatte aber auch die Interessen der Nachbarkreise zu berücksichtigen. Da ein direkter Kontakt zu Berlin nicht ohne weiteres herzustellen war, hielt man es im Kreis Niederbarnim für geboten, wenigstens die anderen Nachbarn zu informieren und eine Zusammenarbeit anzuregen. In einer an die Kreise des Berliner Umlandes gerichteten Einladung wurde von Landrat Schlemminger vorgeschlagen, „die über das engere Kreisgebiet herausreichenden Fragen gemeinsam mit den interessierten Kreisen zu dem Zweck zu behandeln, gegebenenfalls durch Gründung eines Landesplanungsverbandes die Grundlagen für eine planmäßige und geordnete Entwicklung des Bebauungs- und Verkehrswesens in einem größeren Umkreis von Groß-Berlin zu schaffen"[18].

Das geplante Treffen rief offensichtlich Regierung, Oberpräsidium und Provinzialverwaltung auf den Plan. Erörterungen über einen Landesplanungsverband ohne ihre Mitwirkung konnten sie alle drei unter keinen Umständen gutheißen! Kreisübergreifende Angelegenheiten berührten die Zuständigkeit der staatlichen Mittelinstanzen und der provinzialen Selbstverwaltung. Parallele Aktenüberlieferung berichtet denn auch an keiner Stelle von der Besprechung, zu der Landrat Schlemminger auf den 12. Oktober in sein Kreishaus eingeladen hatte, hingegen von einer Besprechung am 18. Oktober beim Oberpräsidenten Dr. Maier an seinem Dienstsitz in Berlin-Charlottenburg – einer Besprechung „zur Erörterung der Frage, ob und in welcher Weise vor dem Inkrafttreten eines Städtebaugesetzes eine Landesplanung für die Nachbargebiete der Stadt Berlin in Angriff zu nehmen sei"[19]. Die weiteren Teilnehmer dieser Besprechung waren der Regierungspräsident in Potsdam, der Landesdirektor der Provinz Brandenburg, der Oberbürgermeister von Potsdam und die Landräte der Kreise Teltow, Niederbarnim, Osthavelland, Oberbarnim, Zauch-Belzig und Beeskow-Storkow. Ganz offensichtlich war hier also interveniert und die geplante Sitzung der Kreisvertreter daraufhin abgeblasen bzw. durch diejenige vom 18. Oktober mit erweitertem Teilnehmerkreis ersetzt worden. Diese Deutung legt auch die im Sitzungsprotokoll festgehaltene Erklärung von Landrat Schlemminger nahe, „dem Kreis Niederbarnim habe es durchaus fern gelegen, von sich aus einen Vorstoß in einer Aufgabe zu unternehmen, die zweifellos in die Hand des übergeordneten kom-

---

17 Genannt wurden als Beispiele die beiden Güter Bollersdorf und Fredersdorf an der Vorortstrecke nach Strausberg; Ausführungen des Landrates des Kreises anläßlich der Sitzung am 18. 10. 1928, ebenda.

18 Schreiben von Landrat Schlemminger vom 13. 9. 1928 an seinen Landratskollegen Wiskott vom Kreis Beeskow-Storkow, ebenda.

19 Niederschrift der Besprechung ebenda.

Karte 8 – *Einzugsbereich der Landesplanung Brandenburg-Mitte*
(mit Distanzringen 30 km, 50 km und 100 km von Berlin-Mitte)

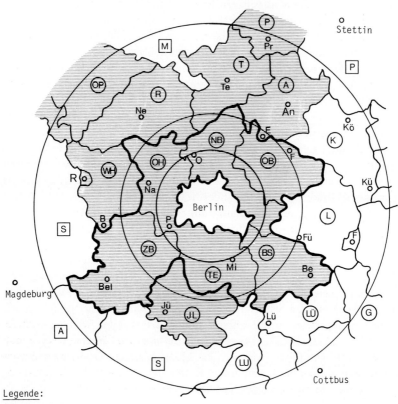

Legende:

Landkreise ◯

A	Angermünde
BS	Beeskow-Storkow
G	Guben
JL	Jüterbog-Luckenwalde
K	Königsberg/N.
L	Lebus
LU	Luckau
LÜ	Lübben
NB	Niederbarnim
OB	Oberbarnim
OH	Osthavelland
OP	Ostpriegnitz
P	Prenzlau
R	Ruppin
T	Teltow
TE	Templin
WH	Westhavelland
Z	Zauch-Belzig

Kreisfreie Städte

B	Brandenburg
E	Eberswalde
F	Frankfurt/O.
P	Potsdam
R	Rathenow

andere Gebietsteile ☐

A	Sachsen-Anhalt
M	Mecklenburg
P	Provinz Pommern
S	Provinz Sachsen

Regierungsbezirk
Potsdam

Kreisstädte

An	Angermünde
Be	Beeskow
Bel	Belzig
Fr	Freienwalde
Fü	Fürstenwalde
Jü	Jüterbog
Kö	Königsberg/N.
Kü	Küstrin
Lü	Lübben
Mi	Mittenwalde
Na	Nauen
Ne	Neuruppin
Or	Oranienburg
Pr	Prenzlau
Te	Templin

Landesplanungs-
Gebiet

munalen Verbandes gehöre". Aus der Formulierung darf man weiter schließen, daß die Intervention von seiten dieses „übergeordneten Verbandes", also der Provinzialverwaltung, kam. Landesdirektor von Winterfeldt hatte auch eben erst vom Provinzialausschuß „die Beteiligung der Provinz an der sehr wichtigen Aufgabe der Landesplanung" beschließen lassen und sich damit die notwendige Rückendeckung für einen eigenen Vorstoß in dieser Angelegenheit verschafft[20].

Im Verlauf der Besprechung wurden die Kreisvertreter aufgefordert, die Probleme und die für notwendig erachteten bzw. die inzwischen ergriffenen Maßnahmen in ihrem Verwaltungsbereich zu schildern. Dabei wurden die Akzente unterschiedlich gesetzt. Wie für Schlemminger/Niederbarnim stand auch für Bohne/Zauch-Belzig und für Siering/Oberbarnim das Ausufern behelfsmäßiger Siedlungen obenan auf der Sorgenliste. Vordringlich erschien ihnen entsprechend die Aufstellung von Bebauungsplänen – eine Aufgabe, welche die Kreisverwaltungen zunehmend für betroffene Gemeinden zu übernehmen hatten, die dazu selbst nicht in der Lage waren. Eine Zusammenarbeit über die Kreisgrenzen hinweg drängte sich dabei nicht auf, doch waren sich die Sprecher des Umstandes bewußt, daß jeder einzelne Bebauungsplan auch übergreifende Strukturmerkmale tangierte und daß es daher sinnvoll wäre, allen diesen Einzelplänen eine Gesamtplanung zugrunde zu legen. Allerdings wurde von zwei anderen Landräten – von Achenbach/Teltow und Wiskott/Beeskow-Storkow – die Meinung vertreten, man solle erst einmal das Städtebaugesetz abwarten, da man von diesem Gesetz Richtlinien für das Vorgehen in Sachen Landesplanung erwarten könne.

Der Anspruch der Provinzialverwaltung auf Federführung war in dieser Besprechung noch verschlüsselt formuliert. Der Oberpräsident betonte die gemeinsame Aufgabenstellung der beteiligten Kommunalverbände gegenüber Berlin; er verwies auf das Bestreben der Stadt, sich noch weiter auszudehnen, und auf die Notwendigkeit, diesem Bestreben in wirksamer Form zu begegnen. Die besonderen Verhältnisse im Regierungsbezirk Potsdam, die von der Einwirkung Berlins auf die Nachbargebiete herrührten, machten eine Landesplanung dringlich. Berlin sei zu der heutigen Sitzung noch nicht hinzugezogen worden, weil sich nach seiner Auffassung die Nachbargebiete Berlins erst untereinander über das Vorgehen einig werden sollten. Hieraus war zu folgern, daß es in erster Linie um den Aufbau einer Abwehrfront gegen Berlin gehen sollte. Hier bot die Provinz Brandenburg dem Anliegen den geeigneten Rückhalt, da sie mit ihrem Wirtschaftsgebiet den Berliner Ambitionen einen eigenen zielbewußten und kräftigen Kommunalwillen entgegenzusetzen vermochte. Das Provinzialinteresse sei demnach mit dem Interesse der Kreise identisch, führte er weiterhin aus, es müsse der Beweis erbracht werden, daß auch eine zusammengesetzte kommunale Körperschaft eine positive und einheitliche Wirtschaftspolitik treiben könne.

---

20 Beschluß des Brandenburgischen Provinzialausschusses vom 9. 10. 1928: Einer Beteiligung der Provinz an der Landesplanung des Niederlausitzer Industriegebietes und der Berliner Vororte unter Übernahme anteiliger Kosten wird zugestimmt, in: Staatsarchiv Potsdam, Rep. 55, Landesplanung Niederlausitz, Bd. I.

Bei soviel Unterstützung von seiten des Oberpräsidenten blieb dem Landesdirektor nicht viel mehr zu tun übrig, als die guten Dienste der Provinz „bei der Herstellung einer Einheitsfront" anzubieten. Der Oberpräsident faßte das Ergebnis der Besprechung wie folgt zusammen: Übereinstimmung aller Beteiligten, daß bei der Landesplanung ein enges Zusammenarbeiten zwischen der Provinz und den Vorortkreisen herbeizuführen sei und daß die Provinz ihre Kräfte zur Herstellung einer einheitlichen Landesplanungsarbeit zur Verfügung stellen wolle. Die Provinzialverwaltung wurde aufgefordert, ihre Arbeit in engster Fühlung mit den Kreisen zu beginnen und in erster Linie die Planung für die Berliner Nachbargebiete in Angriff zu nehmen. Aus dieser praktischen Arbeit würden sich sehr bald die richtigen Formen des Zusammenwirkens zwischen Kreisen und Provinz ergeben. Der Oberpräsident behielt sich erneut Erörterungen mit den Beteiligten zu geeigneter Zeit vor – „unter Mitwirkung des Regierungspräsidenten und eventuell der Stadt Berlin".

Vom Regierungspräsidenten war nur am Rande die Rede. Während seine Amtskollegen andernorts in Preußen, wo Landesplanung organisiert wurde, sich als federführende Stelle durchzusetzen wußten, kam der Potsdamer Regierungspräsident Momm trotz seiner „Zuständigkeit" für die Berliner Umlandkreise nicht zum Zuge. Nicht, daß er an einer Landesplanungsorganisation für seinen Regierungsbezirk nicht interessiert gewesen wäre – wie bei anderen Regierungen gab es auch in Potsdam den nötigen Sachverstand und die Vertrautheit mit dem bisher entwickelten Instrumentarium der Landesplanung. Insbesondere wurde das sogenannte ländliche Kommunaldezernat seit 1926 von Dr. Müller-Haccius verwaltet, einem tüchtigen, jungen Dezernenten, der die entstehende Landesplanungsarbeit im Regierungsbezirk Merseburg kennengelernt hatte. Um so auffallender ist es, daß Regierungspräsident Momm bei der Besprechung vom 18. Oktober das Konzept des Oberpräsidenten begrüßte und auch seinerseits lediglich ein Zusammengehen der beteiligten Kommunalverbände – Kreise und Provinz – empfahl, sich selbst aber nicht ins Spiel zu bringen versuchte. Es ist zu vermuten, daß der vom Oberpräsidenten vorgeschlagene Weg einer rein kommunalen Landesplanungsorganisation für das Berliner Umland ministeriell abgesegnet war und der Regierungspräsident das „gängige" Modell deshalb gar nicht erst ins Spiel brachte. Daß ihm die intendierte Federführung bei der Landesplanung durch die Provinzialverwaltung gegen den Strich ging, wurde im Verlauf der Besprechung immerhin deutlich. Momm hielt es nicht für angebracht, der Provinz „von vornherein die Führung bei den Planungsarbeiten" zu überlassen und ihr damit die Möglichkeit zu geben, die Planung der einzelnen Kreise zu beeinflussen. Dies hielt er für einen „ungerechtfertigten Eingriff in die freie Arbeit und die Selbstverwaltung der Kreise". Geschickt griff er damit Vorbehalte auf, die auch von einzelnen Kreisvertretern vorgebracht wurden [21]. Doch der Oberpräsident wußte diese Bedenken offensichtlich wirksam zu zerstreuen.

---

[21] Alle Zitate aus dem Protokoll der Sitzung vom 18. 10. 1928; vgl. Staatsarchiv Potsdam (wie Anm. 14).

Im Zusammenhang mit dem vom Oberpräsidenten unterstützten Vorstoß des Landesdirektors beauftragte der Regierungspräsident jedoch seinen Landesplanungs-experten schleunigst mit der Abfassung einer Denkschrift, in der die neuralgischen Punkte im Stadt-Umland-Bereich zusammengetragen, das Problem Groß-Berlin aus der Sicht der Provinz grundsätzlich abgehandelt sowie die Aufgaben einer Landesplanung für diesen Wirtschaftsraum und ihre denkbare Organisationsform dargelegt werden sollten[22]. Aus den Empfehlungen, die in dieser Denkschrift gegeben wurden, ist deutlich das Bestreben des Regierungspräsidenten herauszulesen, im Gegensatz zu der von den Provinzialbehörden deutlich favorisierten Lösung eine Entscheidung weiterhin offenzuhalten. Vor allem aber wurde anstelle der Organisation ohne bzw. gegen Berlin ein Landesplanungsausschuß gefordert, in dem die Stadt Berlin mit vertreten war – ferner, neben den Landkreisen und der Provinz, auch der Oberpräsident und der Regierungspräsident. Diese Forderung entsprach der Gesamtanlage der Denkschrift, die zwar „vom Standpunkt der Provinz" aus geschrieben war, dennoch der Position Berlins viel Verständnis entgegenbrachte und nicht alle Äußerungen der Stadt über ihr Verhältnis zum Umland als „Großmachtstreben" anprangerte. Die Frage der Federführung bei der Landesplanung sollte, wiederum mit Rücksicht auf eine Beteiligung Berlins, vorerst ausgeklammert werden. In der Denkschrift dominierten im übrigen landesplanerische Überlegungen – im Gegensatz zu dem Charakter der Besprechung vom 18. Oktober beim Oberpräsidenten, bei der verwaltungspolitische Gesichtspunkte im Vordergrund standen. Der fachbezogene Tenor der Denkschrift kam auch in der Forderung nach einem „Städtebauer ersten Ranges" zum Ausdruck, der für die Leitung der Landesplanung im Berliner Raum gewonnen werden sollte.

c) Landesplanung ohne Berlin? Politische Aspekte der Gründung

Die Kardinalfrage lautete also: Landesplanung mit oder ohne Berlin? Aus planerischer Sicht schien es unerläßlich, die Zusammenarbeit mit Berlin zu suchen. Hier traf sich die Denkschrift mit den Überlegungen eben dieser von ihr erwähnten Städtebauer. Insonderheit war es ein in der „Märkischen Arbeitsgemeinschaft der Freien Deutschen Akademie für Städtebau" zusammengeschlossener Personenkreis, der zunehmend landesplanerische Fragen im Berliner Raum diskutierte. Die genannte Akademie war 1922 von Bruno Möhring und Cornelius Gurlitt, zwei führenden Ver-

---

[22] Die 33 Seiten starke Denkschrift, die im Anhang abgedruckt ist, trägt die Überschrift „Das Problem Groß-Berlin, gesehen vom Standpunkt der Provinz Brandenburg" und datiert vom 1.11.1928. *Müller-Haccius* gibt ihr in seiner rückblickenden Betrachtung den Titel „Berlin und Brandenburg. Weltstadt und Provinz" (S. 38), für den sich in den Akten jedoch keinerlei Beleg findet. Wohl aber endet die Denkschrift mit dem Satz „Nicht Weltstadt oder Provinz, sondern Weltstadt und Provinz, Berlin und Brandenburg"; siehe Staatsarchiv Potsdam, Rep. 55, Handakten Landesplanung, Nr. 382.

tretern ihres Fachs, mit der Zielsetzung gegründet worden, sich nicht nur über die baulich-gestalterische Seite des Städtebaus Gedanken zu machen, sondern auch dessen wirtschaftliche Aspekte zu studieren [23]. Damit ergaben sich natürlicherweise thematische Verbindungen zur Landesplanung, deren führende Vertreter auch größtenteils der Akademie angehörten [24]. Eine ihrer ersten regionalen Untergliederungen war die märkische Arbeitsgemeinschaft; in dieser Form der Abgrenzung steckte gleichzeitig ein Stück Programm: nicht die Stadt Berlin in ihren politischen Grenzen, sondern der Wirtschaftsraum Berlin-Brandenburg stand in ihrem Blickfeld. Unter ihren Mitgliedern befanden sich neben freischaffenden Städtebauern auch Beamte aus städtischen und staatlichen Baubehörden, so daß in der Arbeitsgemeinschaft ein fruchtbarer Gedanken- und Erfahrungsaustausch im Spannungsbereich von Planung und Realisierung möglich war [25]. Die Arbeitsgemeinschaft fühlte sich denn auch berufen, als Fachgremium zu politischen Fragen Stellung zu nehmen – etwa zum Städtebaugesetzentwurf, zu einschlägigen Gerichtsentscheidungen oder zu Bau- und Planungsvorhaben der Stadt Berlin.

Die Landesplanung für die Umgebung von Berlin beschäftigte die Märkische Arbeitsgemeinschaft von Mitte der zwanziger Jahre an. Über erste Erfahrungen der Merseburger Landesplanung ließ sie sich bereits 1926 berichten. Ihr Vorsitzender Lehweß kam wenig später in einem Referat über Landesplanung zu dem Schluß, daß es sehr wünschenswert sei, wenn auch die weitere Umgebung von Berlin sich zu gemeinsamem Vorgehen entschließen könnte [26]. Mitglieder, die durch eigene Planungsarbeit für einzelne Städte des Umlandes Einblicke in die Verhältnisse hatten, betonten, wie sehr das Fehlen einer Landesplanung die Arbeit in den Gemeinden und Kreisen erschwerte. Angesichts der verbreiteten Aufgeschlossenheit in der Öffentlichkeit für das Anliegen der Landesplanung beschloß die Märkische Arbeitsgemeinschaft im Frühjahr 1928, in dieser Sache selbst aktiv zu werden, und setzte einen Ausschuß zur Erarbeitung einer Denkschrift über die Möglichkeiten einer Landesplanung für den Berliner Raum ein [27].

Bemerkenswerterweise kooptierte dieser Ausschuß als erstes den Landesbaurat der Brandenburgischen Provinzialverwaltung – mit der Begründung, daß die Provinz den geeigneten Träger für die Landesplanung abgebe [28]. Diese Ausrichtung brachte es

---

[23] Vgl. *Robert Schmidt,* Die Freie Deutsche Akademie für Städtebau, in: Stadtbaukunst, H. 8 (1922). Über die Tätigkeit der Akademie und ihrer einzelnen Arbeitsgemeinschaften informierten regelmäßig die *Mitteilungen der Freien Deutschen Akademie des Städtebaus,* die als Anlage zur Zeitschrift *Stadtbaukunst* erschienen.

[24] So in der nordwestdeutschen Arbeitsgemeinschaft die Landesplaner Schmidt, Hercher und Rappaport.

[25] Aus dem Berliner Stadtplanungsamt Heiligenthal und Koeppen, ferner so bekannte Planer und Architekten wie Hegemann, Paulsen, Salvisberg und Taut oder die Hochschullehrer Brix und Tessenow.

[26] *Mitteilungen der Freien Deutschen Akademie des Städtebaus,* Jg. 1 (1926), H. 8 und 10.

[27] Ebenda, Jg. 3 (1928), H. 11.

[28] Ebenda, H. 1.

allerdings mit sich, daß im Entwurf der Denkschrift dann mehr von der Provinz als von Berlin die Rede war. Dadurch wurde es schwierig, das Interesse Berlins an einer gemeinsamen Planung zu wecken. Ohnehin gab es im Verkehr mit Berlin Probleme. Die Stadtverwaltung setzte ihre Erwartungen in erster Linie in einen Generalbebauungsplan, ein Unternehmen, das zu dieser Zeit auch vom Berliner City-Ausschuß propagiert wurde. Letzteres war von einigem Gewicht, denn in dieser losen Vereinigung von Vertretern der Wirtschaft und des öffentlichen Lebens in Berlin wurde einiges zur Meinungsbildung in Fragen der Stadtpolitik beigetragen[29]. Ihr „Chef-Denker" in Stadtplanungsangelegenheiten war Martin Mächler, ein geachteter Berlin-Experte, der sich ohne Anbindung an irgendeine Dienststelle oder Institution zu Problemen der Weltstadt äußerte[30]. Im City-Ausschuß herrschte wenig Neigung, auf „Randprobleme" – wie man in doppeltem Wortsinn meinte – einzugehen.

Demgegenüber hielt man in der Märkischen Arbeitsgemeinschaft gerade im Hinblick auf einen vom City-Ausschuß propagierten Wettbewerb für einen Generalbebauungsplan den engen Zusammenhang aller Fragen der Berliner City mit denen der Landesplanung im weiteren Umkreis von Berlin für gegeben. Deshalb auch sollten die Arbeiten für eine allgemeine Landesplanung einem auf Berlin begrenzten Plan vorausgehen. Da man sich aber jedenfalls um eine Zusammenarbeit mit dem City-Ausschuß bemühen wollte, beschloß man, von einer öffentlich bekanntzugebenden Entschließung – und damit Festlegung – vorerst abzusehen und zu versuchen, mit dem City-Ausschuß vertraulich Kontakt aufzunehmen. Stadt und Provinz sollten über die Erörterungen aber informiert werden. Dieser Beschluß wurde im Mai 1928 gefaßt. Als die Märkische Arbeitsgemeinschaft nach langer Sommerpause wieder zusammentrat, war bekannt, daß sich bereits die Behörden in der Provinz mit der Sache beschäftigten. Andererseits war der Versuch, den City-Ausschuß für eine gemeinsame Arbeit an einer Landesplanung für Berlin und Umgebung zu interessieren, ohne konkretes Ergebnis geblieben. Wollte die Arbeitsgemeinschaft auf die Ausgestaltung der Landesplanung noch Einfluß nehmen, so war Eile geboten. Die alsbald bereinigte „Denkschrift betreffend eine Landesplanung für die weitere Umgebung von Berlin" wurde Anfang Januar 1929 an den Oberpräsidenten geschickt[31]. In ihr wurde diese Landesplanung als gemeinsame Aufgabe von Berlin und den betroffenen Umlandkörperschaften dargestellt. Dabei wurde von der Stadt ein gewisses Umdenken gefordert: nicht Stadterweiterung, sondern Stadtentlastung sollte der leitende Gesichtspunkt aller vorausschauenden Überlegungen sein. Als

---

29 Vgl. etwa *Vossische Zeitung* vom 31. 5. 1929, in der der City-Ausschuß als eine Art Nebenregierung für die Berliner City apostrophiert wird; siehe auch die Selbstdarstellung bei *Max Osborn*, Berlins Aufstieg zur Weltstadt, Berlin 1929, ferner Hinweise bei *Scarpa*.

30 Vgl. seine vielzitierte und -beachtete Denkschrift über Groß-Berlin aus dem Jahre 1920; siehe auch die Würdigung seines Wirkens durch *Ilse Balg*, Martin Mächler: „Es geht um Berlin". Warnung und Vermächtnis, in: Bauwelt, 1959, S. 240 ff.

31 Die Denkschrift wurde in der nächsten Ausgabe der *Mitteilungen der Freien Deutschen Akademie des Städtebaus*, Jg. 4 (1929), H. 10 und 11, veröffentlicht.

wichtigster Programmpunkt war die Festlegung von Flächennutzungen herausgestellt: für Land- und Forstwirtschaft, für Industrie, Verkehr, Wohnen und Erholung. Die Erarbeitung des geforderten Flächenaufteilungsplanes war deutlich getrennt von der Realisierung dieser Planung, die späterer Sorge überlassen werden sollte – in der sicher richtigen Einschätzung; daß eine Konstruktion vergleichbar derjenigen des Ruhrsiedlungsverbandes nicht zustande kommen würde. Vorgeschlagen wurde vielmehr die Zusammenarbeit aller Beteiligten in einem Ausschuß unter Vorsitz des Oberpräsidenten, der in seiner Doppel-Zuständigkeit für Berlin und die Provinz „als die geeignete Klammer und neutrale Instanz" angesehen wurde. Im Ausschuß vertreten sein sollten Berlin, die Provinz, die Stadt- und Landkreise, daneben staatliche Behörden und Wirtschaftsverbände.

Die Denkschrift der Städtebauer lag damit sowohl hinsichtlich der grundsätzlichen Forderung nach Zusammenarbeit zwischen Berlin und Provinz als auch hinsichtlich des organisatorischen Modells eines Landesplanungsausschusses, in dem Berlin vertreten sein sollte, auf derselben Linie wie die kurz zuvor fertiggestellte Denkschrift aus dem Regierungspräsidium in Potsdam. Doch auch sie vermochte bei den maßgeblichen Instanzen, dem Oberpräsidenten und dem Landesdirektor, keinen Sinneswandel mehr herbeizuführen. Von einer Besprechung beim Oberpräsidenten, um die Vertreter der Arbeitsgemeinschaft zur Erläuterung ihrer Denkschrift nachgesucht hatten, kamen sie mit dem Bescheid zurück, daß die Gründung einer Landesplanungsgemeinschaft für die Umgebung von Berlin bereits beschlossen sei[32]. Dies traf zwar formal nicht zu, wohl aber hinsichtlich der grundsätzlichen Meinungsbildung und Entscheidung der Beteiligten.

Die Entscheidung war gegen eine Beteiligung Berlins gefallen. Mit dem Argument, es sei sinnvoll, zunächst mit dem leichteren, mit einer Bestandsaufnahme im Umlandbereich, zu beginnen, wurde die in der Tat schwer zu bewerkstelligende organisatorische Zusammenarbeit zumindest auf eine spätere Zukunft verschoben. Damit wurde gleichzeitig der Weg freigemacht für die intendierte Federführung durch die Provinzialverwaltung. Denn es war ausgeschlossen, daß sich die Reichshauptstadt freiwillig an einem Verband unter Führung der Provinz beteiligt hätte. Rückendeckung fand der Landesdirektor mit seiner Politik, wie erwähnt, nicht nur beim Oberpräsidenten, sondern auch generell von seiten der provinzialen Selbstverwaltung. Die Dezernenten für Landesplanung im Verband der Preußischen Provinzen hatten eben erst bei einer Zusammenkunft festgestellt, „es käme entscheidend darauf an, daß sich die Provinzen schon vor dem eventuellen Zustandekommen eines Städtebaugesetzes auf dem Gebiet der Landesplanung die ihnen gebührende Stellung" zu verschaffen wüßten[33]. Dies hieß im Klartext, Vorsitz und Geschäftsführung von Lan-

---

[32] Über die Besprechung beim Oberpräsidenten wurde auf der Sitzung vom 7.3.1929 berichtet, siehe ebenda, H. 12.

[33] Niederschrift über die Sitzung vom 11.12.1928, in: Staatsarchiv Potsdam, Rep. 55, II/751, Zusammenarbeit der Brandenburgischen Heimstätten mit den Kleinsiedlungsgesellschaften, 1931–1932.

desplanungsorganisationen sollten bei der Provinzialverwaltung angesiedelt sein. Um dieses Konzept verwirklichen zu können, mußte die Provinz nach den Erfahrungen der Landesplanungsdezernenten sich nicht zuletzt darum bemühen, die Land- und Stadtkreise als Verbündete zu gewinnen.

Dies war der brandenburgischen Provinzialverwaltung nicht schwergefallen. Wie sich herausstellte, waren auch die Kreisverwaltungen mehrheitlich der Ansicht, ihre Interessen in einem Planungsverbund ohne Berlin besser zur Geltung bringen zu können. Aber auch der Vorschlag, die Landesplanung als freiwillige Selbstverwaltungsangelegenheit der beteiligten kommunalen Gebietskörperschaften zu betreiben und sie nicht mit staatlichen Aufsichts- und Genehmigungsfunktion zu vermengen, fand bei ihnen ein offenes Ohr[34]. So erklärten sämtliche anwesenden Kreisvertreter ihr grundsätzliches Einverständnis zum Beitritt, nachdem der Landesdirektor anläßlich einer zweiten Besprechung am 19. Dezember 1928 in Gegenwart des Oberpräsidenten den interessierten Landräten und dem Potsdamer Oberbürgermeister seinen Plan einer losen Arbeitsgemeinschaft zwischen der Provinz und den Randkreisen von Berlin und einer von dieser Arbeitsgemeinschaft zu betreibenden Geschäftsstelle erläutert hatte. Noch in derselben Sitzung wurde ein Arbeitsausschuß eingesetzt, der sich mit den Einzelheiten der Gründung beschäftigen sollte[35].

Die allgemeine Zustimmung gründete sich dabei allerdings mehr auf den Willen zu gemeinsamem Vorgehen gegenüber Berlin als auf die Einsicht in die Dringlichkeit der Landesplanung. Dies geht aus Stellungnahmen zu der Denkschrift von Müller-Haccius hervor, die der Regierungspräsident von Potsdam von allen Kreisverwaltungen erbeten hatte und in der, wie erwähnt, einem Planungsverbund mit Berlin das Wort geredet wurde. So sah etwa der Landrat des Kreises Beeskow-Storkow, Wiskott, für den Fall einer Einbeziehung Berlins voraus, daß dessen faktisches Übergewicht dann durch keinen noch so ausgeklügelten Vertretungsschlüssel auszugleichen wäre. Die Provinz und die Vorortkreise müßten daher „notgedrungen in der Landesplanung zunächst allein vorgehen und ihr Programm sorgfältig ausarbeiten. Erst wenn es feststeht, kann mit Berlin Fühlung aufgenommen werden, um entweder durch Vereinbarung oder im Kampf mit der Stadt die Interessen der Provinz zu wahren"[36].

---

34 Für das Niederlausitzer Industriegebiet hatte man sich inzwischen auf eine Landesplanungsorganisation unter Einbeziehung des Regierungspräsidenten verständigt. Der Provinzialverband gehörte ihr an, aber nicht als besonders hervorgehobenes Mitglied; der Vorsitz wurde vom Oberpräsidenten nach einigem Zögern dem Regierungspräsidenten in Frankfurt/Oder zugestanden; Staatsarchiv Potsdam Rep. 55, Landesplanung Niederlausitz, Bd. I, Erlaß des Oberpräsidenten vom 2. 10. 1928.

35 Ihm gehörten der Landesdirektor, Oberbürgermeister Rauscher, Potsdam, und die Landräte von Achenbach, Bohne und Wiskott an. Niederschrift der Besprechung in: Staatsarchiv Potsdam, Rep. 55, Handakten Landesplanung, Nr. 382.

36 Seine „Bemerkungen" schickte Wiskott mit Brief vom 1. 1. 1929 an den Regierungspräsidenten; eine Abschrift am 18. 5. 1929 an den Landesdirektor; Staatsarchiv Potsdam, Rep. 6 c, Landesplanung, Bd. 1 (1928–1930).

Durchgängig kritisch äußerte sich der Landrat des Kreises Teltow, von Achenbach. Als streitbarer Gegner von Groß-Berlin, dessen Werden er ähnlich lange wie von Winterfeldt, nämlich seit 1908, als Landrat eines der beiden am stärksten betroffenen Vorortkreise miterlebt hatte, widersprach er dem Grundtenor der Denkschrift vom unaufhaltsamen Weiterwachsen der Reichshauptstadt. Von Achenbach hielt es in dieser Frage mit vielen anderen Sachkundigen, welche es als Herausforderung ansahen, die Großstadt zu begrenzen, die Riesenstadt Berlin in der bestehenden Form jedenfalls als ein „untragbar verschwenderisches Gebilde" zu bekämpfen. Gegen die Dringlichkeit einer Landesplanung für den Berliner Raum führte er an, daß „alles, was neuerdings geplant und gesprochen wird, bereits vor 25 Jahren und länger vorher Gegenstand nicht nur eifriger Erörterungen, sondern auch von Taten gewesen" sei, die in den Maßnahmen des Zweckverbandes ihren völlig ausreichenden Ausdruck gefunden hätten. Der beabsichtigten Landesplanung maß er keinerlei praktische Bedeutung bei. Wenn er sich trotzdem an einer gemeinsamen Landesplanung vom Umlandkreisen und Provinz beteilige, so allein aus dem taktischen Grunde, daß sie – vielleicht – den Städten generell und Berlin im besonderen „das Wasser für ihre Agitationsmühlen abgraben" helfen könnte [37].

In wesentlich positiverer Form nahm Landrat Schlemminger für den Kreis Niederbarnim zu der Denkschrift Stellung. Auch er teilte zwar nicht die Wachstumserwartungen bezüglich Groß-Berlin; hingegen war sein Kreis wohl am stärksten durch die Nachbarschaft zu Berlin geprägt und den Umarmungen dieses Siedlungsriesen ausgeliefert. Und dies nicht nur zu ihrem Nachteil. So versorgten etwa die Berliner Elektrizitäts- und Gaswerke weite Teile des Kreisgebietes. Landrat Schlemminger war sich der Abhängigkeit seines Kreises von Berlin bewußt – und der Gefahr, die dies auf lange Sicht für die Selbstständigkeit des Kreises bedeutete. Hilfe durch die Nachbarkreise und vor allem durch die Provinz war ihm deshalb im Prinzip sehr willkommen. Allerdings durfte sie sich nicht auf ideelle Unterstützung beschränken. Die Entscheidung, eine Landesplanungsgemeinschaft mit der Provinz in bewußter Abwehrstellung gegen Berlin zu schaffen, konnte Landrat Schlemminger nur mittragen, wenn unter den Beteiligten gleichzeitig Einmütigkeit darüber bestand, „daß die gesamte moralische und finanzielle Kraft der Provinz zunächst im Interesse der am meisten gefährdeten Kreise zur Anwendung" kommen sollte. Die Gefährdung bestand seiner Ansicht nach nicht zuletzt darin, daß die Stadt Berlin vielen Gemeinden und weiten Bevölkerungsteilen die Erfüllung von Wünschen in Aussicht stellen und damit Eingemeindungsbestrebungen unter der Einwohnerschaft des Kreises auslösen konnte [38].

---

[37] Von Achenbachs Rückantwort datiert vom 2. 1. 1929, die Abschrift für den Landesdirektor vom 28. 4. 1929, in: Staatsarchiv Potsdam, Rep. 55, Handakten Landesplanung, Nr. 382.

[38] Am 4. 7. 1929 traf auch die Stellungnahme von Schlemminger in Abschrift beim Landesdirektor ein; ebenda.

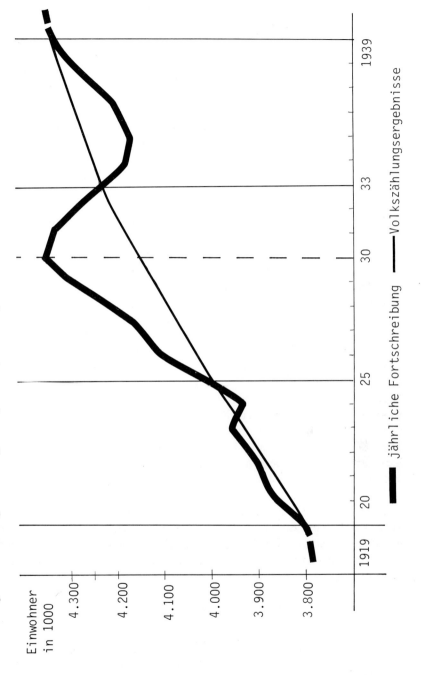

Abbildung 2 – *Bevölkerungsentwicklung in Groß-Berlin (1919–1939)*

d) Verbandsgründung im Jahre 1929: Fachliche Zielsetzung und politische Bewertung

Für alle Kreise stand die Organisation einer Einheitsfront gegenüber Berlin im Vordergrund, als sie sich mit der Provinz über die zweckmäßige Ausgestaltung der Landesplanung in der Umgebung von Berlin berieten. Es paßt in dieses politische Konzept, daß sie sich entgegen dem Rat der Planungsfachleute bei der Wahl des verantwortlichen Leiters für die zu gründende Landesplanungsgemeinschaft nicht für einen „Städtebauer ersten Ranges" entschieden, wie es in der Denkschrift von Müller-Haccius noch für selbstverständlich gehalten worden war. Dabei hätte ein solcher Fachmann zur Verfügung gestanden: Hermann Jansen, weit über die Grenzen Berlins hinaus bekannter Architekt und Stadtplaner, hatte sein Interesse an dieser Aufgabe zu erkennen gegeben. Wie wenige andere war er mit den Problemen des Berliner Umlandes vertraut. Bereits 1910 hatte er zu den ersten Preisträgern des städtebaulichen Wettbewerbs „Groß-Berlin" gehört[39]. Seither war er als Experte mit der Erstellung und Begutachtung von Bebauungs- bzw. Ansiedlungsplänen befaßt, nicht zum wenigsten in den Gemeinden der näheren Umgebung Berlins. Die Aufgabe, im Rahmen einer Landesplanung nun einen Generalsiedlungsplan für den Gesamtraum zu entwickeln, kam geradezu einer Synthese seiner bisherigen Tätigkeit gleich. Als Jansen von entsprechenden Plänen hörte, wandte er sich deshalb an den Oberpräsidenten Dr. Maier, um sein Interesse an der anstehenden Aufgabe zu bekunden[40].

Jedoch die beteiligten Behördenleiter entschieden sich für einen Verwaltungsfachmann, für Dr. Rudolf Krohne, Reichsverkehrsminister a. D. Dieser hatte die übliche Karriere eines Verwaltungsjuristen im Preußischen Staatsdienst durchlaufen, zuletzt (ab 1917) im Ministerium für Öffentliche Arbeiten und (ab 1921) im Handelsministerium. 1923 war er vorübergehend als Staatssekretär im Reichsverkehrsministerium tätig gewesen, in das ihn dann 1925 Reichskanzler Luther als einen der nicht parteigebundenen sogenannten Fachminister seines Kabinetts zurückholte. Krohne leitete das Reichsverkehrsministerium bis Anfang 1927, als Reichskanzler Marx für sein – viertes – Kabinett wieder Parteiexponenten an die Spitze aller Ministerien berief. Krohne hatte sich durch diese Laufbahn gewiß ein hohes Maß an Sachkunde in allgemeinen volkswirtschaftlichen und Planungsfragen erworben, insbesondere natürlich auf dem Gebiet des Verkehrswesens, einem der wichtigsten Aufgabenbereiche der Landesplanung. Mit den Problemen des Berliner Umlandes war er jedoch nur in ganz allgemeiner Form vertraut. Daran änderte sich offensichtlich auch nichts, als er nach seinem Ausscheiden aus dem Ministeramt als Experte und in ehrenamtlichen Funktionen im Bereich des Verkehrswesens tätig blieb. So wurde er 1929 zum Leiter

---

[39] Vgl. *Beurteilung der zum Wettbewerb „Groß-Berlin" eingereichten 27 Entwürfe durch das Preisgericht,* o. O. o. J.

[40] Nach Angabe Jansens am 16. 10. 1928; vgl. seinen Brief vom 14. 4. 1930 an Landesdirektor Swart, in: Staatsarchiv Potsdam (wie Anm. 37).

des Stettiner Hafens berufen, an dem Preußen und die Stadt Stettin zu gleichen Teilen beteiligt waren[41].

Im Hinblick auf seine Berufung ist hier lediglich ein Vortrag zu vermerken, den er im April 1928 vor der Märkischen Arbeitsgemeinschaft über den „Luftschutz unserer Städte und seine Auswirkungen auf den Städtebau" hielt[42]. Dies war zwar kein originär städtebauliches Thema, aber doch eines, bei dem sich identische Forderungen feststellen ließen – nach Dezentralisation und nach Trennung von Wohn- und Industriegebieten. Ob aus diesem Kontakt mit Berliner Planungsfachleuten eine nähere Beschäftigung Krohnes mit Berliner Stadt-Umland-Fragen erwuchs, ist nicht ersichtlich. In der Märkischen Arbeitsgemeinschaft der Freien Deutschen Akademie des Städtebaus jedenfalls kritisierte man nicht nur die beabsichtigte Anbindung der Landesplanung an die Provinzialverwaltung und die damit unvermeidbare Frontstellung gegen Berlin, sondern wunderte sich auch über die Personalentscheidung[43]. Es wurde beschlossen, im Preußischen Wohlfahrtsministerium zu sondieren, wie weit es sich hier bereits um unumstößliche Fakten handelte[44].

Doch stand, wie bereits ausgeführt, für die Träger der Landesplanung bei der Suche nach der geeigneten Persönlichkeit nicht der Aspekt landesplanerischer Sachkunde im Vordergrund; den Beteiligten erschien es viel wichtiger, jemanden zu verpflichten, der über entsprechende Einflußmöglichkeiten bei den Ministerien des Reiches und Preußens, bei den Parlamentariern, der Presse und der Wirtschaft verfügte und auf diese Weise die Interessen der Provinz bzw. des Berliner Umlandes in landesplanerischen Fragen wirksam vertreten konnte[45]. Offensichtlich ging man davon aus, daß sich Krohne in dieses Konzept einbinden lasse, als man ihm im Frühjahr 1929 die Leitung der Landesplanung antrug, deren genaue Form erst noch bestimmt werden mußte. Von den Bedingungen, an die Krohne seine Zusage knüpfte, lautete die eine, daß es sich um eine Angelegenheit auf lange Sicht handeln müsse. Mit Mißfallen konstatierte er, daß im Zuge der Konkretisierung die Landesplanung für die Umgebung von Berlin „zunächst auf eine beschränkte Anzahl von Jahren" gegründet werden sollte[46].

---

41 Vgl. *Handbuch über den Preußischen Staat für das Jahr 1931*, S. 178.

42 Sitzungsbericht hierüber in *Mitteilungen der Freien Deutschen Akademie des Städtebaus*, Jg. 3 (1928), H. 1, S. 15.

43 Anläßlich einer Sitzung am 7. 11. 1929; vgl. dazu den Bericht ebenda, Jg. 4 (1929), H. 7, S. 240 f.

44 Auch Hermann Jansen hielt die Personalentscheidung offensichtlich noch nicht für endgültig; jedenfalls bewarb er sich erneut um die Leitung der Landesplanung, diesmal mit Schreiben vom 14. 4. 1930 an den bereits gewählten, aber noch nicht amtierenden neuen Landesdirektor Dr. Swart.

45 Diese Begründung findet sich auch in dem ersten Rechenschaftsbericht vom 3. 6. 1930 von *Müller-Haccius*, Kurzer Überblick über Vorgeschichte, Entstehung, bisherige Tätigkeit, Organisation, Kostenfrage und allgemeine Bedeutung des Landesplanungsverbandes Brandenburg-Mitte, in: Staatsarchiv Potsdam, Rep. 55, Landesplanung Brandenburg-Mitte, Organisation 1928-1930, Nr. 804.

46 Schreiben von Krohne an den Landesdirektor vom 21. 10. 1929, mit Abschriften für den Oberpräsidenten und die Landräte, ebenda.

Noch mehr Unmut sammelte sich bei ihm jedoch an, als er feststellen mußte, daß ihm die Leitung der Landesplanungsorganisation vom Landesdirektor streitig gemacht wurde. Der Konflikt lag in der gewählten Konstruktion begründet. In fast allen preußischen Landesplanungsgemeinschaften oder -ausschüssen führten der Regierungspräsident oder der Landeshauptmann den Vorsitz; unterhalb der Vertreter- bzw. Beschlußebene arbeitete eine Geschäftsstelle oder ein Geschäftsführer nach Weisung. Hier in Brandenburg-Mitte aber sollte nun eine hochkarätige Persönlichkeit zwischen den beiden Ebenen angesiedelt werden. Was gab es für den Herrn Reichsverkehrsminister a. D. noch zu leiten, wenn nicht nur die Mitgliederversammlung, sondern auch der in Aussicht genommene Arbeitsausschuß vom Landesdirektor präsidiert werden sollte, wie er aus einem ihm im Oktober 1929 übersandten Satzungsentwurf entnehmen mußte? Krohnes energischer Protest, der mit dem deutlichen Hinweis gekopppelt war, daß er sich unter diesen „neuen" Voraussetzungen nicht in der Lage sehe, die Leitung der Landesplanung zu übernehmen, verfehlte nicht seine Wirkung[47]. Nach der endgültigen Satzung wurde der Landesplanungsverband nun immerhin „auf zunächst 12 Jahre" gebildet (§ 4), und der Vorsitz im Arbeitsausschuß, der die laufenden Geschäfte des Verbandes führen sollte, lag beim Leiter der Geschäftsstelle (§ 10). Der Arbeitsausschuß wurde, wie sich in der Folge zeigen sollte, das eigentlich wichtige Forum des Verbandes, in dem über die Arbeit beraten und entschieden wurde. Er wurde etwa vierteljährlich einberufen; bei den Sitzungen waren meist alle Verbandsmitglieder vertreten, nicht nur die satzungsgemäß gewählten vier Delegierten. Damit konnte sich Krohne – zumindest bis 1933 – als der tatsächliche Leiter der Landesplanung in Brandenburg-Mitte fühlen. Den Vorsitz in der Mitgliederversammlung – sie bestand aus den Bevollmächtigten der im Landesplanungsverband zusammengeschlossenen Kommunen und Kommunalverbände – mußte er dieser Konstruktion zufolge allerdings dem Landesdirektor als dem Vertreter der Provinz überlassen[48].

Auf eine Satzung, die seine Stellung beeinträchtigte, hätte Krohne gerne verzichtet; Provinz und Kreise hielten jedoch eine Festlegung ihrer Rechte und Pflichten für unerläßlich. Im Unterschied zu anderen Landesplanungsgemeinschaften sollte hier eine unabhängige Geschäftsstelle eingerichtet werden, deren Ausgaben von den Beschlußorganen der beteiligten Gebietskörperschaften bewilligt werden mußten. Schon allein hierfür war ein Mindestmaß an Rechtsetzung nötig. Auch die vorgesehene Anstellung eines Geschäftsführers verlangte nach einer förmlichen Rechtsgrundlage des Verbandes. Ein qualifizierter Fachmann, der womöglich aus gesicherter Anstellung ausschied, um in den Dienst des Landesplanungsverbandes zu treten, brauchte einen kalkulierbaren Vertragspartner.

Dieser Fachmann wurde Dr. Otto Müller-Haccius, der Verfasser der erwähnten Denkschrift aus dem Regierungspräsidium in Potsdam. Für die von ihm für unab-

---

[47] Ebenda.
[48] Vgl. S. 83, Übersicht 3, sowie § 9 der Satzung im Anhang S. 149.

Übersicht 3 – *Organisation des Landesplanungsverbandes Brandenburg-Mitte (1929–1936)*

Mitgliederversammlung[1]	(Vorsitz: Provinzialverband/Landesdirektor)						
Brandenburgischer Provinzialverband (mit 2 Stimmen)[2]	Landkreis Beeskow-Storkow	Landkreis Niederbarnim	Landkreis Oberbarnim	Landkreis Ost-havelland	Landkreis Teltow	Landkreis Zauch-Belzig	Stadtkreis Potsdam

Arbeitsausschuß[3]

4 Vertreter der Mitglieder (darunter Landesdirektor)
Vorsitz: Leiter der Geschäftsstelle

Geschäftsstelle[4]

Leiter[5]
Geschäftsführer[6]
Mitarbeiter

1 Mitglieder jeweils vertreten durch den Verwaltungsleiter (Landesdirektor/Landrat/Oberbürgermeister); zu den Mitgliederversammlungen waren der Oberpräsident und der Regierungspräsident zu laden.
2 Der Provinzialverband trug 50 % der Kosten der Geschäftsstelle; die an Berlin grenzenden Landkreise Niederbarnim, Osthavelland und Teltow je 10 %, die restlichen Mitglieder je 5 %.
3 Die satzungsmäßige Konstruktion wurde in der Regel nicht praktiziert; zumeist nahmen Vertreter aller Mitglieder an den Arbeitsausschußsitzungen teil.
4 Geschäftsstelle am Sitz des Brandenburgischen Provinzialverbandes in Berlin.
5 Die (ehrenamtliche) Leitung lag für den gesamten Zeitraum bei Reichsverkehrsminister a. D. Dr. Krohne.
6 Hauptberuflicher Geschäftsführer war bis 1933 Dr. Müller-Haccius, zuletzt (1936) Dr. Pfannschmidt.

dingbar gehaltene Zusammenarbeit zwischen Berlin und dem Umland bot der eingeschlagene Weg zwar erst einmal wenig Chancen; immerhin war nicht ausgeschlossen,
daß der Landesplanungsverband Gelegenheit bekommen würde, die koordinierten
Umland-Interessen mit Berlin abzustimmen. In dem Umstand, daß man ihn trotz
seines in der Denkschrift zum Ausdruck gebrachten großen Verständnisses des Berliner Standpunkts für den Provinzial-Planungsverband gewinnen wollte, mochte er
ein Indiz für Wirkungsmöglichkeiten auch in Richtung auf die Reichshauptstadt
sehen. Seine fachliche Qualifikation war aus der Sicht der Verwaltungsleiter gegeben.
Eine Ausbildung zum Planer gab es damals noch nicht – schon gar nicht zum Landesplaner. Während die Stadtplanung Domäne der Architekten und Ingenieure war, fanden zur Landesplanung häufig juristisch oder wirtschaftswissenschaftlich vorgebil-
dete Beamte ihren Weg. Die besondere Aufgabe der Landesplanung verlangte nicht
in erster Linie den Techniker oder Baufachmann, sondern den Generalisten, der in
der Lage war, die einzelnen Ausprägungen der Siedlungsentwicklung zu einer
Gesamtschau zusammenzufügen. Hierfür war Müller-Haccius gut vorbereitet; in der
von ihm verfaßten Denkschrift spiegelten sich ja, wie erwähnt, bereits zwei Jahre
Bekanntschaft mit Problemen der Berliner Umlandkreise in dem von ihm betreuten
„ländlichen Kommunaldezernat" beim Potsdamer Regierungspräsidenten, außerdem seine Lehrzeit im Landratsamt von Weissenfels, die ihm Gelegenheit geboten
hatte, die Merseburger Landesplanungsarbeit von Stephan Prager kennenzuler-
nen [49].

Nachdem der zwischenzeitlich aufgetretene Dissens zwischen Krohne und von Winterfeldt soweit bereinigt werden konnte, daß ersterer sich bereit erklärte, weiterhin
bestehende Bedenken zurückzustellen und „zunächst einmal an die Arbeit zu gehen",
konnte der Provinzialausschuß am 22. Oktober 1929 endlich den Beschluß über die
Einrichtung eines Landesplanungsverbandes Brandenburg-Mitte fassen [50]. Die übrigen Mitglieder zogen nach – es waren die sechs Landkreise Beeskow-Storkow, Niederbarnim, Oberbarnim, Osthavelland, Teltow und Zauch-Belzig sowie der Stadtkreis
Potsdam, deren Vertreter sich alle schon vor Jahresfrist beim Oberpräsidenten
zusammengefunden hatten. Zwischenzeitlich war allerdings ein gewisses Desinter-
esse des Kreises Oberbarnim deutlich geworden. Unter Zugrundelegung landesplanerischer, das heißt wirtschaftsräumlicher Kriterien gehörte Oberbarnim jedoch
zweifellos zu dem von Berlin noch stark beeinflußten Umlandbereich – sein Gebiet
lag überwiegend innerhalb des gedachten 50-Kilometer-Ringes um Berlin. Man
wollte deshalb nicht akzeptieren, daß dieser Kreis aus der für sinnvoll erachteten
Begrenzung ausbrach, nur weil der zuständige Landrat sich für die Landesplanung

---

[49] Inzwischen (1929) war Müller-Haccius zur Regierung nach Breslau versetzt worden; vgl.
      Vorlage des Landesdirektors betr. Landesplanung für die Sitzung des Provinzialausschus-
      ses am 9. 8. 1929, in: Staatsarchiv Potsdam (wie Anm. 45).
[50] Nach Rechenschaftsbericht Müller-Haccius; für die Kreise siehe z. B. Beschluß vom
      23. 11. 1929 des Kreisausschusses Beeskow-Storkow, den vom Landrat erklärten Beitritt
      zum Landesplanungsverband nachträglich gutzuheißen, in: Staatsarchiv Potsdam,
      Rep. 6 c, Landesplanung, Bd. 1 (1928–1930).

nicht erwärmen wollte[51]. Beim letztlich erfolgreichen Bemühen, Oberbarnim zum Mitmachen zu bewegen, dürfte eine Rolle gespielt haben, daß die finanzielle Belastung für die Kreise gegenüber dem ursprünglichen Ansatz durch das Entgegenkommen der Provinz noch reduziert – und differenziert – werden konnte. Die für die Geschäftsführung des Landesplanungsverbandes entstehenden Kosten übernahm jetzt zur Hälfte der Provinzialverband, je zehn Prozent finanzierten die drei am stärksten betroffenen Berlin-Anrainer Teltow, Niederbarnim und Ost-Havelland, und die restlichen vier Mitglieder, die Kreise Oberbarnim, Zauch-Belzig, Beeskow-Storkow und der Stadtkreis Potsdam, hatten noch je fünf Prozent zu tragen[52].

Die Öffentlichkeit nahm von der Gründung des Landesplanungsverbandes Brandenburg-Mitte und der Einrichtung einer Geschäftsstelle, welche am 1. November 1929 offiziell ihre Arbeit aufnahm, kaum Notiz. Dies läßt sich aus der Beiläufigkeit erkennen, mit der dieser Tagesordnungspunkt im Brandenburgischen Provinziallandtag „abgehakt" wurde. In diesem Parlament war in den Jahren bis 1920 Groß-Berlin ein beherrschendes Thema gewesen – entsprechend dem vor der Eingemeindung das Geschehen in der Provinz bestimmenden Charakter der Reichshauptstadt. In den Sessionen des Landtages nach 1920, die jeweils im Frühjahr stattfanden, kam Berlin dagegen bald nur noch am Rande vor. Den einzigen „Aufhänger" bildeten die durch Berlin verursachte übermäßige Zunahme des Straßenverkehrs und die daraus der Provinz erwachsenden Belastungen[53]. Straßenverkehr und Straßenbau waren auch die einzigen landesplanerischen Probleme des Berliner Umlandes, die im Plenum des Provinziallandtages regelmäßig zur Sprache kamen – dies aber vorwiegend in Gestalt von Beschwerden und Wünschen zu einzelnen Streckenabschnitten.

Obwohl zum Zeitpunkt der Sitzungsperiode 1929 die Vorbereitungen für die Gründung eines Landesplanungsverbandes für das Berliner Umland schon weit gediehen waren und in den entsprechenden Landtagsausschüssen auch darüber berichtet wurde, kam im Plenum von keiner Seite eine entsprechende Nachfrage, und der Lan-

---

51   Landrat Mengel hatte sich bis dahin immer vertreten lassen; siehe hierzu den Brief von Krohne an von Winterfeldt vom 3. 8. 1929, in: Staatsarchiv Potsdam (wie Anm. 45). Auf dem Verteiler, mit dem der Landesdirektor zu einer Besprechung in Sachen Landesplanung auf den 12. 7. 1929 einlud, fehlte neben Oberbarnim auch Ost-Havelland – ein Hinweis darauf, daß zu diesem Zeitpunkt möglicherweise vorübergehend auch dieser Kreis an einem Beitritt nicht mehr interessiert war; vgl. Brief vom 5. 7. 1929, ebenda.

52   Im Haushalt 1930 des Provinzialverbandes ging man von 50.000 RM Kosten für die Geschäftsstelle aus (vgl. *Verhandlungen des Brandenburgischen Provinziallandtages*, 1930, Sitzung vom 5. 3. 1930, S. 115). Entsprechend dem Schlüssel entfielen somit auf die Provinzialverwaltung 25.000 RM, während die übrigen Mitglieder rund 5.000 RM bzw. 2.500 RM beizusteuern hatten. Die tatsächlichen Aufwendungen betrugen im Geschäftsjahr 1931 44.000 RM. Nach dem ursprünglich vorgesehenen Schlüssel sollte die Provinz entsprechend ihren zwei Stimmen in der Mitgliederversammlung zwei Kostenanteile, die übrigen sieben Mitglieder sollten je einen Anteil übernehmen; vgl. Vorlage Landesdirektor für die Mitgliederversammlung am 18. 3. 1932, in: Staatsarchiv Potsdam, Rep. 6 c, Landesplanung, Bd. 3.

53   Siehe hierzu die Hinweise auf S. 49 und 65.

desdirektor hielt es auch nicht für angezeigt, von sich aus für das Vorhaben zu werben[54]. Im Jahr darauf, als im Provinzialhaushalt erstmals ein Betrag für den Unterhalt der Geschäftsstelle eingesetzt war, gab der Titel bei den Beratungen dann allerdings zu ein paar kritischen Bemerkungen Anlaß[55]. Dabei wurde jedoch von keinem Redner über inhaltliche Probleme der Landesplanung gesprochen; es stand vielmehr die Frage im Raum, ob es denn wirklich nötig sei, zur Lösung der – nicht bestrittenen – Probleme gleich eine neue Organisation und eine gesonderte Geschäftsstelle zu gründen. Konnte das nicht in herkömmlicher Weise von den fachlich zuständigen Stellen der Kreis- und Provinzialverwaltungen geleistet werden? Der Sprecher der Sozialdemokraten, der größten Fraktion im Landtag, der diese seine Bedenken bereits im Provinzialausschuß angemeldet hatte, wurde unterstützt von dem Vertreter der Wirtschaftspartei, die aus prinzipiellen Gründen gegen jegliche Ausweitung behördlicher Tätigkeit war. Von den Demokraten wurde, vermutlich inspiriert durch die traditionell Groß-Berlin-freundliche Haltung ihrer Parteigänger in der Reichshauptstadt, der Finger auf die Wunde der eigenartigen Konstruktion der Landesplanung Brandenburg-Mitte gelegt, mit der Frage nämlich, ob denn der Verband „um Berlin herum" richtig aufgezogen sei; es fehlte auch nicht der Hinweis, daß man natürlich davon ausgehe, „daß dieser Landesplanungsverband nicht einen Kampf gegen Berlin aufnehmen will, wie man z. T. befürchtet".

Zur Entkräftung dieser deutlich formulierten Zweifel begrüßte der Sprecher der anderen großen Fraktion, der rechtsbürgerlichen Heimatliste, die Landesplanung als eine Einrichtung, die sich durch die Verhältnisse geradezu aufdränge, und auch die Deutsche Volkspartei zeigte sich erleichtert, „daß es nach fast eineinhalbjähriger Vorbereitung" gelungen sei, den Landesplanungsverband Brandenburg endlich auf die Füße zu stellen. Mit diesen wenigen Einlassungen hatte es aber sein Bewenden, Anträge in Verbindung mit dem entsprechenden Haushaltitel wurden nicht gestellt – auch nicht bei der Schlußabstimmung am 1. März 1930, als der Gesamthaushalt verabschiedet wurde. Und nachdem der Landesplanungsverband auf diese Weise endgültig abgesegnet war, beschäftigte er das Landtagsplenum nicht mehr, weder

---

[54] Ein einziger Hinweis auf die laufenden Landesplanungsverhandlungen findet sich in einem Debattenbeitrag über ein vom Landesdirektor eingereichtes Gesuch um vorzeitige Versetzung in den Ruhestand aus Gesundheitsgründen. Hierzu betonte ein Sprecher, daß ein neuer, voll leistungsfähiger Mann „gerade jetzt" dringend benötigt werde, „wo wichtige Verhandlungen mit Berlin wegen einer Landesplanungsgemeinschaft und ähnliche Dinge anstehen, die vielleicht schon wegen der Krankheit des Landesdirektors etwas zurückgestellt wurden" (siehe *Verhandlungen des Brandenburgischen Provinziallandtages*, 1929, Sitzung vom 7. 3. 1929, S. 194). Bei der Wahl des Nachfolgers für von Winterfeldt im darauffolgenden Jahr unterlag der Kandidat der Heimatliste (DNVP); eine Wahlabsprache von DVP, SPD und Block der Mitte (ehemals DDP) verhalf Dr. Hugo Swart (DVP), dem Landrat von Lebus und Vorsitzenden des Provinzialausschusses mit 44 : 43 Stimmen zum Erfolg; mit demselben Resultat wurde als Erster Landrat (Vertreter des Landesdirektors) Dr. Simon (SPD) gewählt; siehe zu den beiden Wahlen *Verhandlungen*, 1930, Sitzung vom 12. 3. 1930, S. 258.

[55] Ebenda, Sitzung vom 5. 3. 1930, S. 115.

1931 noch 1932. Die mit der Kritik verbundene Ankündigung, man werde die Arbeit des Verbandes, die bislang lediglich auf dem Papier stehe, kritisch verfolgen, wurde im Provinzialausschuß, dem Gremium, das die Geschäfte der Provinzialverwaltung führte, wahrgemacht.

Hier waren auch Skepsis und Kritik gegenüber der vom Landesdirektor vorangetriebenen Konstruktion sehr viel deutlicher geäußert, der Landesplanungsverband teilweise als eine ganz und gar überflüssige Gründung angesprochen worden [56]. Konnte ein vom Verband inzwischen als Hauptziel avisierter Generalsiedlungsplan überhaupt noch etwas bewirken, konnte er mehr sein als eine Beschreibung der historisch gewachsenen Situation? Waren nicht die Verkehrsflächen bereits weitestgehend festgelegt? Lagen nicht die einzig noch zu treffenden Entscheidungen und damit die Planungen im kleinräumigen Bereich, in der Zuständigkeit von Gemeinden und Kreisen also? Die geäußerten Zweifel und Bedenken veranlaßten den Landesdirektor – ungeachtet der inzwischen erfolgten Gründung –, von dritter Seite nochmals eine gutachterliche Stellungnahme einzuholen [57].

Dieses Gutachten hielt – in seiner Analyse sicher zutreffend – die Aufstellung eines Generalsiedlungsplanes für dringlich, da man, so hieß es, keineswegs von einer abgeschlossenen Entwicklung ausgehen dürfe, vielmehr von einer, die noch im Fluß befindlich, also beeinflußbar sei. Die Übertragung der Planungsarbeiten an einen besonderen Planungsverband liege im Interesse aller Beteiligten; mit ihr könne einseitiger Interessenwahrung am besten vorgebeugt werden. Allerdings wurde in dem Gutachten kritisiert, daß sich der Landesplanungsverband über die Verwirklichung der Planungsziele ausgeschwiegen und sich lediglich die Sammlung und Sichtung der notwendigen Plandaten zur Aufgabe gesetzt habe. Diese ganze Arbeit sei nutzlos, solange nicht gleichzeitig der einheitliche, verwaltungspolitische Willensträger in Sicht sei, der die einmal aufgestellten Ziele eines Generalsiedlungsplanes in praktische Maßnahmen umsetze. Hierzu aber sei „der Landesplanungsverband weder in der jetzigen Zusammensetzung und Rechtsform noch auch nach Eintreten Groß-Berlins als Mitglied" in der Lage.

In seiner Einschätzung der Wirkungsmöglichkeiten, die der Landesplanung in der für das Berliner Umland gewählten Form gegeben waren – eine Form, die reichsweit in zahlreichen freiwilligen Verbänden erprobt wurde –, lag das Gutachten damit auf der Linie des Berliner Standpunktes. Der Unterschied war lediglich, daß Gutachter Wedow es aus der Sicht des Umlandes bedauerte, daß Provinz und Landkreise keiner-

---

56 Zu entnehmen einem Schreiben von Winterfeldts an Wedow vom 4. 3. 1930 (vgl. Anm. 57); ebenso einem Schreiben von Müller-Haccius an Dr. Wiskott vom 4. 6. 1930, in dem davon die Rede war, daß das Schicksal des Landesplanungsverbandes „auf des Messers Schneide" stehe; vgl. Staatsarchiv Potsdam (wie Anm. 50).

57 Die gutachterliche Stellungnahme wurde erstellt von Regierungs- und Baurat Wedow vom Regierungspräsidium Potsdam, der zu dieser Zeit zur Geschäftsführung bei der Siedlungsgesellschaft Brandenburg abgestellt war. Sie erfolgte in zwei Teilen mit Datum vom 21. 3. 1930; Gutachten und zugehörige Anfrage von Winterfeldts, in: Staatsarchiv Potsdam, Rep. 55, Handakten Landesplanung, Nr. 382.

lei Versuche unternahmen, ihren Landesplanungsverband zu einem Hoheitsträger auszubauen, der mit besonderen Befugnissen auf dem Gebiet der Siedlungspolitik ausgestattet war, während man sich in Berlin gerade über diesen Umstand beruhigen konnte: solange im Berliner Umland nur gezählt und gezeichnet wurde, waren Berliner Interessen nicht tangiert, konnte man den Dingen ruhig ihren Lauf lassen. So kann es auch nicht verwundern, daß weder die Berliner Stadtverwaltung im allgemeinen noch das Stadtplanungsamt im besonderen die „Umklammerung" durch den Landesplanungsverband Brandenburg-Mitte als Bedrohung empfand. Verwaltungsinterne Bemühungen, ihn zu verhindern, sind nicht bekannt. Zweifellos hat die Stadt nicht versäumt, höheren Orts ihre Haltung gegenüber dem aus rein planerischer Sicht völlig verfehlten Konzept zu präzisieren, eine Umlandplanung ohne Abstimmung mit dem Kerngebiet in die Wege zu leiten. Dies aber doch nur, um den Anspruch Berlins auf Beteiligung an siedlungspolitischen Maßnahmen im Einflußbereich der Stadt anzumelden, nicht etwa, um Mitglied im Landesplanungsverband zu werden[58].

Zusammenfassend ist festzustellen, daß die Gründung des Landesplanungsverbandes Brandenburg-Mitte in der Fachwelt überwiegend skeptisch beurteilt wurde. Selbst die Verbandsmitglieder im engeren Sinn, die beteiligten Provinzial- und Kreisverwaltungen, setzten keine besonderen Erwartungen in die landesplanerische Verbandstätigkeit. Ihnen war es bei der Gründung mehr darum zu tun gewesen, eine günstige Ausgangsposition für den Fall zu schaffen, daß grenzüberschreitende Zusammenarbeit dereinst von Gesetzes wegen verordnet werden sollte. Vor allem aber verstanden sie den Verband als ein Instrument zur Stärkung des Widerstandes gegen die ungewissen Expansionsbestrebungen Groß-Berlins. Nachdem der Landesplanungsverband aber einmal da und ihm nach § 1 der Satzung die Aufgabe gestellt war, für das von seinen Mitgliedskörperschaften umschlossene Gebiet „die Landesplanung gemeinsam zu bearbeiten", konnte er möglicherweise eine gewisse Eigendynamik entwickeln, die ihn dann vielleicht doch in die Lage versetzen würde, die Verhältnisse im Berliner Umland zu beeinflussen. Die Darstellung der Tätigkeit des Landesplanungsverbandes in den ersten Jahren seines Bestehens wird darüber Auskunft geben, ob eine solche Entwicklung zu beobachten war.

---

58 So fällt z. B. auf, daß in einem Erlaß des Preußischen Ministers für Volkswohlfahrt vom 14. 11. 1930 betr. Landesplanung in der Umgebung von Berlin, in dem die Konstruktion des Verbandes mißbilligt wird, dieser nicht etwa aufgefordert wird, Berlin in irgendeiner Weise an seiner Arbeit zu beteiligen – ein entsprechendes Verlangen seitens der Stadt also doch wohl nicht bestand – , sondern „an Berlin zwecks gemeinsamer Arbeit heranzutreten"; Staatsarchiv Potsdam, Rep. 6 c, Landesplanung, Bd. 2 (1930–1931).

Kapitel IV
Die Tätigkeit des Landesplanungsverbandes

a) Politische und organisatorische Entwicklung des Verbandes

Der 1929 gegründete Landesplanungsverband Brandenburg-Mitte bestand in dieser Form bis 1936. Dann brachte die eingangs erwähnte Durchsetzung einer reichseinheitlichen und flächendeckenden Organisation der Landesplanung entscheidende Veränderungen mit sich [1]. Neuer Träger wurde eine Landesplanungsgemeinschaft für die – gesamte – Provinz Brandenburg. Die Arbeit für das Gebiet des alten Landesplanungsverbandes Brandenburg-Mitte wurde – unter Anleitung durch die Provinz-Organisation – von einer Bezirksstelle Potsdam übernommen. Somit kann über sieben Jahre Tätigkeit des Verbandes berichtet werden, eine Zeitspanne, die es erlaubte, über programmatische Forderungen hinaus ein gutes Stück Arbeit zu leisten und am Ende Ergebnisse vorzuweisen; die Zeitspanne erscheint auch ausreichend für den Versuch, im nachhinein sein Wirken zu beurteilen.

Allerdings fällt mitten in die Berichtzeit die nationalsozialistische Machtergreifung und damit ein tiefgreifender politischer Umschwung, der sich natürlich auch auf die Tätigkeit des Landesplanungsverbandes ausgewirkt hat. Dabei ist davon auszugehen, daß die verschiedenen Versatzstücke der NS-Ideologie mit landesplanerischen Grundpositionen relativ leicht in Übereinstimmung zu bringen waren. Dies hatte zur Folge, daß die in den zwanziger Jahren entstehende Landesplanungsbewegung nun nicht etwa als ein politisches Instrument aus der sogenannten Systemzeit denunziert wurde, sondern sich im Gegenteil besonderer Wertschätzung im neuen Staat erfreuen konnte – allerdings unter gleichzeitiger Indienstnahme für die NS-Ideologie und unter Eingliederung in das neue System einer reichsweiten flächendeckenden Raumordnung [2]. Hinzu kam, daß der totalitäre Staat die Einschränkung individueller bürgerlicher Rechte und Freiheiten mit dem Ausbau dirigistischer Staatstätigkeit verknüpfte; dies führte zwangsläufig zu einer Erweiterung des Planungsinstrumentariums und damit ebenfalls zu einem Bedeutungszuwachs für die Landesplanung.

Vor diesem Hintergrund ist der 1937 veröffentlichte „Haupttätigkeitsbericht des Landesplanungsverbandes Brandenburg-Mitte von seiner Gründung bis zur Überleitung in die Landesplanungsgemeinschaft Brandenburg (1929–1937)" zu beurteilen [3]. Er stellt ein eindrucksvolles Zeugnis der geleisteten Arbeit des Verbandes dar. Wegen sei-

---

[1] Siehe S. 32 f.
[2] Vgl. etwa die programmatischen Artikel der neuen Zeitschrift *Raumforschung und Raumordnung*, Jg. 1 (1936/37).
[3] *Sieben Jahre Landesplanungsverband Brandenburg-Mitte.*

nes Bildmaterials, seiner zahlreichen Tabellen, vor allem aber wegen seiner thematischen Karten zum Umland von Berlin ist er besonders wertvoll. Er wird darin nur noch vom Merseburger Planungsatlas übertroffen, bei dem jedoch der zugehörige Kommentarteil fehlt[4]. Der Tätigkeitsbericht hat daneben als Produkt seiner Zeit auch erkennbare Schwächen. Diese liegen in erster Linie in der aufgeführten Bewertung der politischen Rahmenbedingungen vor und nach 1933. Überdeutlich ist die Tendenz zur polemischen Auseinandersetzung mit der „Systemzeit" und zur Harmonisierung der landesplanerischen Arbeit im neuen Staat. Die Anlehnung an die NS-Sprachregelung irritiert; Sachverhalte sind teilweise anfechtbar, im Einzelfall auch unzutreffend dargestellt.

Insgesamt bietet es sich aber dennoch an, den sorgfältig aufgemachten Tätigkeitsbericht als Grundlage für die Beschreibung der Arbeit des Landesplanungsverbandes Brandenburg-Mitte heranzuziehen und ihn lediglich jeweils nach Bedarf zu kommentieren bzw. zu korrigieren oder zu ergänzen. Dabei liegt eine gewisse Schwierigkeit darin, daß der spezielle Teil des Berichtes nicht chronologisch vorgeht, sondern die im Laufe der sieben Jahre geleistete Arbeit jeweils zusammengefaßt darstellt. Da sich die Akteneinsicht des Verfassers im wesentlichen auf den Zeitraum bis 1933 beschränkte, bedeutet dies, daß nur die erste Hälfte der Landesplanungsarbeit aus den Akten erschlossen und mit dem Tätigkeitsbericht verglichen werden kann. Für die personellen und organisatorischen Veränderungen und zur generellen Entwicklung des Landesplanungsverbandes in der NS-Zeit stehen jedoch zahlreiche zusätzliche Informationsquellen zur Verfügung, so insbesondere die bereits mehrfach erwähnte Darstellung dreier ehemaliger Geschäftsführer des Verbandes aus dem Jahre 1971[5]. Der Tätigkeitsbericht beschreibt in seinem Hauptteil „die Gestaltung des Siedlungsraumes durch Landesplanung". Vorangestellt ist eine Darstellung der Strukturmerkmale des Siedlungsraumes. Neben diesen fachlichen Teilen enthält der Bericht einleitende Abschnitte, in denen einerseits die Zielsetzungen der Landesplanung, des Landesplanungsverbandes und des Tätigkeitsberichtes benannt, andererseits Organisation und Arbeitsweise dargestellt werden. Diese Teile bedürfen in besonderem Maße der Kommentierung. Auf sie soll nachstehend als erstes eingegangen werden.

Das Geleitwort des Berichtes verantwortete der Landesdirektor. Bekanntlich war dies – 1937 – nicht mehr von Winterfeldt, dessen Zielstrebigkeit das Zustandekommen des Landesplanungsverbandes Brandenburg-Mitte in erster Linie zu verdanken war; er war 1930 in den Ruhestand getreten. Es war jedoch auch nicht sein Nachfolger Dr. Swart, der seinerzeit vom Provinziallandtag mit knapper Mehrheit gewählt worden war[6]. Als Vertreter der „Systemzeit" – die Sozialdemokraten hatten ihn mitgewählt – gab es für ihn keine Chance, die nationalsozialistische Machtergreifung im

---

[4] Siehe S. 28.
[5] *Pfannschmidt / Müller-Haccius u. a.*
[6] Siehe S. 86, Anm. 54.

Amt zu überstehen. Auf der Eröffnungssitzung des Provinzialausschusses, in dessen Zusammensetzung sich das Ergebnis der Neuwahlen zum Provinziallandtag vom 12. 3. 1933 widerspiegelte[7], gab ein Vertreter des Oberpräsidenten die Beurlaubung von Swart und gleichzeitig die Ernennung Detlefs von Arnim zum neuen, vorerst kommissarischen Landesdirektor bekannt[8]. Von Arnim, ein konservativer Gutsbesitzer, war 1919 aus seinem Amt als Landrat des märkischen Kreises Jüterbog-Luckenwalde und gleichzeitig aus dem preußischen Staatsdienst ausgeschieden, weil er dem neuen republikanisch-demokratischen Staat keine Loyalität zu bezeugen vermochte. Wie viele andere Vertreter des preußischen Adels erhoffte er sich von der nationalsozialistischen Bewegung eine Rückkehr zum Ständestaat und übersah – oder tolerierte – deren inhumane Züge. Von Arnim trat der NSDAP bei und zeigte sich willens, den vermeintlichen nationalen Neubau des Staates mitzugestalten. Seine kommissarische Bestellung, die im Einvernehmen mit dem ruppigen Gauleiter und neuen Oberpräsidenten Kube erfolgt war, wurde alsbald in eine definitive umgewandelt. Von Arnim amtierte als Landeshauptmann – die Amtsbezeichnung wurde dem in den anderen preußischen Provinzen üblichen Wortlaut angeglichen – bis 1944[9]. Weitere personelle und organisatorische Veränderungen waren für die Arbeit des Landesplanungsverbandes von Bedeutung. Zahlreiche engagierte Kommunalpolitiker, die bis dahin an der Arbeit des Verbandes Anteil genommen hatten, wurden als Angehörige der „Systemparteien" aus ihren Ämtern entlassen; andere verloren dadurch den Kontakt zum Verband, daß Provinziallandtag und Provinzialausschuß ihrer Funktion entleert und alsbald aufgelöst wurden. Die sechs Landräte insbesondere, die ihre Kreise in den Landesplanungsverband geführt hatten, waren teilweise schon vor 1933 ausgeschieden oder traten jetzt ab[10]: Von Achenbach/Teltow war 1931 nach einer 23 Jahre währenden Tätigkeit an der Spitze der Kreisverwaltung altershalber in den Ruhestand getreten. 1932 folgten Wiskott/Beeskow-Storkow, Mengel/Oberbarnim und Siering/Osthavelland, die letzten beiden nach dreizehn bzw. sechs Jahren Amtszeit als Landräte, während Wiskott auf 19 Jahre Dienst in „seinem" Kreis zurückblicken konnte[11]. Schlemminger/Niederbarnim schließlich wurde 1933 als SPD-

---

7 Die NSDAP erreichte mit 52 (von 96) Mandaten die absolute Mehrheit. Die Kampffront Schwarz-Weiß-Rot erhielt 15 Mandate zugesprochen; die SPD fiel auf 21 Mandate zurück. Die acht KPD-Abgeordneten blieben von der Eröffnungssitzung des Landtages am 10. 4. 1933 ausgeschlossen. In der am selben Tage anberaumten Eröffnungssitzung des Provinzialausschusses wurde auf Antrag des Vorsitzenden, des NSDAP-Abgeordneten Krüger, die Zusammenarbeit mit den Sozialdemokraten mehrheitlich abgelehnt; die drei SPD-Vertreter verließen daraufhin die Sitzung.

8 Zu den Eröffnungssitzungen von Provinziallandtag und -ausschuß siehe Staatsarchiv Potsdam, Rep. 1: Oberpräsident, Bde. 1675 und 1677.

9 Vgl. hierzu die Einschätzungen Arnims bei *Barth*, S. 36 ff., 49 f.

10 Vgl. hierzu die biographischen Angaben in *Grundriß zur deutschen Verwaltungsgeschichte*. Reihe A, Bd. 5: Brandenburg, bearb. von Werner Vogel, Marburg 1975.

11 Landrat Mengel wurde im Zusammenhang mit dem „Preußenschlag" befördert: vorübergehend zum Oberpräsidium Magdeburg, dann als Vizepräsident zum Oberpräsidium

Fortsetzung der Anm. S. 92

Mann seines Amtes enthoben – er hatte es seit 1920 innegehabt. Ebenso erging es dem Potsdamer Oberbürgermeister Rauscher, der seit 1923 amtierte. Eine Ära der Kontinuität und stark personenbezogener Verwaltungtradition ging auf diese Weise zu Ende, die Gesicht und die Zielrichtung der Landesplanungsorganisation in ihrer Anfangsphase stark geprägt hatte.

Doch nicht nur die Personalstruktur änderte sich grundlegend, sondern nun, unter der Herrschaft des Prinzips von Führung und Gefolgschaft, auch die Organisation des Verbandes. Landesplanung als bisher freiwillige Selbstverwaltungsaufgabe wandelte sich zu staatlich verordneter Tätigkeit. Eine Beschlüsse fassende Mitgliederversammlung konnte es nach 1933 nicht mehr geben, und auch der Arbeitsausschuß, der bis zur NS-Machtergreifung das initiative Lenkungsgremium darstellte, das regelmäßig vierteljährlich zusammentrat, verlor an Bedeutung. Bereits vor Gründung der reichseinheitlichen Landesplanungsgemeinschaften in den Jahren 1936/37 wurde Landesplanung zu einer Behördenangelegenheit und fiel damit in die Zuständigkeit der jeweils federführenden Stelle, welche gleichzeitig die Territorialhoheit über das Planungsgebiet innehatte. Für Brandenburg-Mitte war dies der Landeshauptmann, der allerdings seinerseits in dem Maße gegenüber dem Oberpräsidenten an Handlungsspielraum einbüßte, wie die provinziale Selbstverwaltung an Eigenständigkeit verlor. Zudem unterstand der Landesplanungsverband Brandenburg-Mitte hinsichtlich der Durchführung der nun gesetzlich vorgeschriebenen Planungsaufgaben im Siedlungswesen direkt dem Reichsarbeitsminister[12].

Die Geschäftsstelle des Landesplanungsverbandes Brandenburg-Mitte geriet zu einer Dienststelle der Provinzialverwaltung; sie büßte ihre Selbständigkeit ein, aus der heraus sie bis dahin den direkten Verkehr mit den Kreisen, den staatlichen Stellen und den Berliner städtischen Behörden und Verbänden hatte pflegen können. Die Geschäftsführung verlor an Attraktivität. Müller-Haccius, der in den ersten drei Jahren die Verbandstätigkeit in Schwung gebracht hatte, ergriff die nächstgünstige Gelegenheit, die Stellung zu wechseln. Sie bot sich ihm, nachdem im Frühjahr 1933 neben dem Landesdirektor auch dessen Stellvertreter aus dem Amt gedrängt wurde[13]. Es spricht für die fachliche Qualifikation von Müller-Haccius, daß er als Nachfolger in die Position eines Ersten Landesrates in der Provinzialverwaltung aufrücken konnte – dies erlaubt allerdings auch Rückschlüsse auf seinen politischen Standort[14].

---

von Berlin/Brandenburg; Landrat Siering dagegen wurde aus demselben Anlaß von seinem Amt suspendiert und in den Ruhestand versetzt. Dr. Wiskott schließlich, den deutschnationale Kreise 1929 als Nachfolger für Landesdirektor von Winterfeldt lanciert hatten (vgl. hierzu Kap. III, Anm. 54), wurde zum 1. 1. 1933 als Staatssekretär ins Preußische Landwirtschaftsministerium berufen (Ministerialblatt für die preußische innere Verwaltung, 1932, passim).

[12] Vgl. Anweisung des Reichsarbeitsministers vom 28. 1. 1935 für den Landesplanungsverband, in: Landesarchiv Berlin, Rep. 57 (Stadtpräsident der Reichshauptstadt Berlin), Nr. 356; Landesplanungsgemeinschaft Berlin.

[13] Vgl. hierzu *Barth*, S. 48 f.

[14] Müller-Haccius war bis 1939 in der brandenburgischen Provinzialverwaltung tätig; danach amtierte er als Regierungspräsident von Kärnten/Ostmark in Graz.

Für Müller-Haccius wurde kein hauptberuflicher Geschäftsführer mehr eingestellt, sondern eine kleinere Lösung gesucht. Nachfolger wurde von Schmeling, bis 1933 Beigeordneter beim Deutschen Landkreistag, dann nach erfolgter Gleichschaltung der kommunalen Spitzenverbände Referent beim Deutschen Gemeindetag mit fachlich gleichbleibender Zuständigkeit für Wohnungs- und Siedlungswesen. Die Geschäftsführung des Landesplanungsverbandes sollte er nebenamtlich besorgen. Bereits nach einem Jahr ließ er sich jedoch von dieser Aufgabe wieder entbinden. Daraufhin übernahm ein Dezernent der Provinzialverwaltung, Landesrat von Pfuhlstein, die Geschäftsführung. Bemerkenswerterweise wies ihn keine besondere fachliche Zuständigkeit für diese Aufgabe aus. Die schwindende Bedeutung der Landesplanungsorganisation läßt sich weiter daran ablesen, daß Krohne 1935 die ehrenamtliche Leitung des Verbandes niederlegte [15] und hierauf Landeshauptmann von Arnim diese Funktion an sich zog. Schließlich wurde von Pfuhlstein die Landesplanungsarbeit nach kurzer Zeit wieder abgenommen und zum 1. 1. 1936 Martin Pfannschmidt übertragen, einem Planungsexperten, der bereits früher für den Landesplanungsverband tätig geworden war. Ihm wurde im Hinblick auf die sich anbahnende grundsätzliche Neuregelung der Landesplanungsorganisation insbesondere die Aufgabe gestellt, die Materialien, welche die Verbandsgeschäftsstelle in den zurückliegenden Jahren auf den verschiedensten Teilgebieten gesammelt hatte, zu einem Gesamtüberblick zusammenzuführen und so die Arbeit des Landesplanungsverbandes Brandenburg-Mitte zu einem gewissen Abschluß zu bringen [16]. Frucht dieses Bemühens wurde der 1937 vorgelegte Haupttätigkeitsbericht.

Formal bestand der Verband bis 1937. Als kommunale Interessengemeinschaft aber, die vom Willen ihrer Mitglieder getragen wurde, lebte er nur bis 1933. So wird denn auch im Tätigkeitsbericht zutreffend festgestellt, daß die nationalsozialistische Machtergreifung die Tätigkeit des Landesverbandes in zwei Abschnitte teilte. Weniger zutreffend ist allerdings die Erläuterung, die hierzu gegeben wird. Da ist von einem zähen, aufreibenden Kampf des Verbandes gegen die liberalistische und marxistische Siedlungspolitik vor 1933 die Rede und von der aufbauenden Politik nationalsozialistischer Raumordnung und Landesplanung, die den Verband nun instand gesetzt habe, die Ordnung seines Planungsgebietes in Angriff zu nehmen [17]. Die Realität sah anders aus. In derselben verallgemeinernden Weise kann man feststellen, daß sich Landesplanung in der Weimarer Zeit frei entfalten konnte, gefördert von Staat und Gemeinden und von einer in der Öffentlichkeit wachsenden Einsicht in die Notwendigkeit regulativer Maßnahmen im Bereich der Siedlungsentwicklung. Der NS-Staat führte die Anstrengungen auf dem Gebiet der Planung fort – und verstärkte sie allenfalls –, ohne daß diese jedoch sogleich ihren Niederschlag in konkreten Maßnahmen gefunden hätten. In jedem Fall aber wurde die Verbesserung des Pla-

---

[15]   Siehe *Pfannschmidt/Müller-Haccius u. a.*, Landesplanung Berlin – Brandenburg-Mitte, S. 42. Die näheren Umstände der Amtsniederlegung waren nicht zu ermitteln.

[16]   Ebenda, S. 41.

[17]   *Sieben Jahre Landesplanungsverband Brandenburg-Mitte*, S. 9.

nungsinstrumentariums konterkariert durch organisatorische Fehlleistungen der NS-Bürokratie, die gerade im Berliner Raum besonders kraß zutage traten.

An anderer Stelle wird behauptet, im Brandenburgischen Provinziallandtag sei die Bildung des Landesplanungsverbandes „bezeichnenderweise von den Sozialdemokraten abgelehnt (worden), während sich die Nationalsozialisten von Anfang an für ihn einsetzten"[18]. Beides ist unwahr. Die Nationalsozialisten waren an der Gründung gar nicht beteiligt. Im Provinziallandtag waren sie erstmals 1930 vertreten[19]. Als bei den entsprechenden Haushaltsberatungen kurz über die bereits vollzogene Gründung debattiert wurde, meldete sich hierzu kein NS-Landtagsabgeordneter zu Wort. Für die sozialdemokratische Fraktion äußerte ihr Sprecher bei dieser Gelegenheit zwar Bedenken gegenüber der gewählten Organisationsform; die grundsätzliche Bedeutung der Landesplanung wurde aber gerade für das Umland von Berlin ausdrücklich unterstrichen. Den im Haushalt für den Verband vorgesehenen Aufwendungen stimmten die Sozialdemokraten zu[20].

Diese Aufwendungen waren – und blieben – bescheiden. Die Geschäftsstelle des Verbandes leitete Minister a. D. Krohne in Nebentätigkeit. Die Anstellung von Dr. Müller-Haccius als Geschäftsführer schlug im Etat in erster Linie zu Buche, daneben die bereits auf der ersten Mitgliederversammlung im Frühjahr 1930 beschlossene Verpflichtung vonn Gustav Langen, Regierungsbaumeister a. D. und Leiter des Archivs für Siedlungswesen, als Technischen Berater[21]. Angesichts der zahlreichen bau- und vermessungstechnischen Fragen sowie der für die landesplanerische Arbeit typischen kartographischen Bestandsaufnahme brauchte das Büro einen entsprechend geschulten Sachbearbeiter. In Langen wurde jedoch ein Mitarbeiter verpflichtet, der darüber hinaus ein eigenständiges Konzept zur Gesundung des Stadt-Land-Verhältnisses einbrachte. Sein reformerischer Ansatz, für den er in eigenen Schriften warb, zielte auf eine ganzheitliche Betrachtung aller Probleme des deutschen Lebensraumes[22]. In ihr waren romantisch-konservative Vorstellungen einer Versöhnung von Stadt und Land verknüpft mit Verständnis für die herrschenden raumwirksamen Kräfte und mit Forderungen nach Rationalisierung in Wirtschaft und Gesellschaft. Langen war damit ein charakteristischer Vertreter jener ersten Generation von Lan-

---

18 Ebenda, S. 12.

19 Mit 6 Abgeordneten. Aufgrund der erreichten Mandatzahl erhielten sie auch einen Sitz im Provinzialausschuß zugesprochen.

20 Siehe hierzu S. 85 ff.

21 Zur Geschäftsstelle gehörte ferner von Anfang an eine Sekretariatskraft sowie, ab 1931, ein weiterer Sachbearbeiter. Zeitweilig wurden für befristete Aufgaben weitere Hilfssachbearbeiter beschäftigt; vgl. Geschäftsbericht für die Zeit vom 1. 4. 1932 bis 31. 3. 1933 – III. Geschäftsjahr, in: Staatsarchiv Potsdam, Rep. 6 c, Landesplanung, Bd. 3. Als Sachbearbeiter für die Wirtschaftspläne ab 1934 wird im Haupttätigkeitsbericht (S. 13) Regierungsbaumeister a. D. Karl Pries genannt; vgl. hierzu *Pfannschmidt/Müller-Haccius u. a.*, Landesplanung Berlin – Brandenburg-Mitte, S. 32.

22 So *Gustav Langen*, Deutscher Lebensraum. Ein Beitrag zur deutschen Raumwirtschaft und zur Gesamtrationalisierung in Wirtschaft, Siedlung und Volksleben, Berlin 1929.

desplanern, welche ihr Metier nicht lediglich als ein Partikel im Räderwerk der öffentlichen Verwaltung verstanden, sondern als einen Ausdruck einer neuen Qualität von Staatspolitik. Lebensraum – Raumnutzung – Raumordnung: dies waren die Schlüsselbegriffe seines landesplanerischen Verständnisses; von dieser Grundposition aus wirkte er innerhalb und außerhalb des Verbandes – formal war er nur mit einer halben, ab 1933 mit einer Zweidrittel-Stelle verpflichtet, so daß er daneben sein Archiv für Siedlungswesen weiterführen konnte[23]. Da 1933 keinerlei persönlichen Gründe einer Weiterbeschäftigung entgegenstanden, blieb er bis 1936 im Dienst des Landesplanungsverbandes. Angesichts der nach der NS-Machtergreifung zahlreichen personellen Veränderungen im Verband verkörperte er für diesen das eigentliche kontinuierliche Element, auf dessen Konto ein Großteil der Arbeitsergebnisse zurückzuführen ist. Dies insbesondere unter Berücksichtigung des Umstandes, daß die Geschäftsstelle in der Nachfolge von Müller-Haccius ab 1933 nur noch nebenamtlich geleitet wurde. Aus dem offiziellen Tätigkeitsbericht geht der besondere Anteil von Gustav Langen an der Arbeit des Landesplanungsverbandes nicht deutlich genug hervor[24].

Angesichts der beschränkten personellen Ausstattung legte die Geschäftsstelle ihr Augenmerk verstärkt auf die beratende, gutachterliche, vermittelnde und anregende Tätigkeit und betrachtete die Zusammenarbeit mit all denjenigen Behörden, Institutionen und Organisationen, die an der Gestaltung des Wirtschaftsraumes mitbeteiligt waren, als eine Hauptaufgabe. Ihre Anlaufstellen waren z. B. die zuständigen Reichs- und preußischen Ministerien, Statistisches Reichsamt und Statistisches Landesamt, Berg(-bau)verwaltung, Landeskulturbehörden, Geologische Landesanstalt, Landesämter für Gewässerkunde und für Wasser-, Boden- und Lufthygiene, Gewerbeaufsichtsämter, Industrie- und Handelskammer, Landwirtschaftskammer, City-Ausschuß-Berlin und Verbände der Architekten und Ingenieure.

Den letzteren war an Kontakten mit dem Landesplanungsverband besonders gelegen, tangierte die Festlegung von Flächennutzungen doch in hohem Maße ihre eigenen Bau- und Erschließungsplanungen. Denn auch wenn die vom Landesplanungsverband erarbeiteten Zielvorgaben noch keine Rechtsverbindlichkeit besaßen, so spielte sich doch eine Art Abstimmungsverfahren ein, wonach die staatlichen und kommunalen Instanzen vor ihren Entscheidungen bzw. Auflagen im Baubewilligungsverfahren die Meinung des Verbandes einholten. Berufsständische Interessenvertretung der Architekten- und Ingenieurverbände und Landesplanungsverband einigten sich auf die Einrichtung eines gemeinsamen Ausschusses, der es ersteren ermöglichen sollte, beratend an der Landesplanung mitzuwirken. Der Verband hoffte dabei einerseits, sich die Erfahrung von Fachleuten zunutze machen zu kön-

---

23 Nach Geschäftsbericht für das III. Geschäftsjahr.
24 Vgl. dagegen *Pfannschmidt/Müller-Haccius u. a.*, Landesplanung Berlin – Brandenburg-Mitte, S. 42 f.

nen, die sich teilweise seit Jahrzehnten mit den vielseitigen Fragen der Berliner Siedlungsgestaltung beschäftigten[25].

b) Landesplanungsverband und Berlin

Die Betonung des Gegensatzes zwischen Umland und Berlin im Tätigkeitsbericht ist legitim. Ihn dadurch ideologisch zu überhöhen, daß von der marxistisch geleiteten Reichshauptstadt gesprochen wird, der man dann die Schuld an der Siedlungsentwicklung in Stadt und Umland anlasten könne, ist dagegen ein durchsichtiges Manöver[26]. Es ist außerdem nicht korrekt. Berlin war zu keiner Zeit „marxistisch" geleitet. Oberbürgermeister war von 1921 bis 1930 Gustav Böß, DDP, danach folgte Heinrich Sahm, DNVP[27]. Eine handlungsfähige sozialistische Mehrheit gab es weder in der Stadtverordnetenversammlung noch im Magistrat, da die Sozialdemokraten durchgängig nicht mit den Kommunisten, sondern mit der bürgerlichen Mitte koalierten. Der sozialistischen Ideen verpflichtete Stadtbaurat Martin Wagner, der die gelegentlich polemisch geführte Diskussion zwischen Berlin und der Provinz mit eigenen Beiträgen anreicherte, besaß in der Stadtverwaltung keinen allzu großen Rückhalt; er war jedenfalls nicht in der Lage, die Politik Berlins gegenüber dem Umland maßgeblich zu bestimmen[28].
In bezug auf das Verhältnis zwischen Provinz Brandenburg und Reichshauptstadt bedarf auch die Darstellung der Präzisierung, der Landesplanungsverband Brandenburg-Mitte habe „seit seiner Gründung immer wieder versucht, mit Berlin zu einer Gemeinschaftsarbeit zu gelangen, Berlin aber habe diese Gemeinschaftsarbeit bis 1933 aus wechselnden Gründen abgelehnt"[29]. Sicher war die Geschäftsstelle des Verbandes an Kontakten mit Berliner Stellen interessiert. Müller-Haccius betonte dies bei Gelegenheit der Vorstellung der Ziele und Aufgaben des Landesplanungsverbandes in zahlreichen Beiträgen in Fachzeitschriften und in Vorträgen, so etwa 1930 vor der märkischen Arbeitsgemeinschaft der Freien Deutschen Akademie für Städtebau, 1931 vor dem City-Ausschuß Berlin oder vor dem in Berlin stattfindenden Internationalen Kongreß für Städtebau und Wohnungswesen[30]. Bereits 1928 hatte er in seiner

---

[25]   Vortragsmanuskript Müller-Haccius über Organisation und Arbeitsweise des Verbandes, gehalten vor dem Internationalen Kongreß für Städtebau und Wohnungswesen 1931 in Berlin, in: Staatsarchiv Potsdam, Rep. 6 c, Landesplanung, Bd. 2 (1930/31).

[26]   *Sieben Jahre Landesplanungsverband Brandenburg-Mitte*, S. 10.

[27]   Siehe hierzu die Biographien von *Christian Engeli*, Gustav Böß. Oberbürgermeister von Berlin 1921–1930, Stuttgart u. a. 1971 (Schriftenreihe des Vereins für Kommunalwissenschaften, Bd. 31), und von *Heinrich Sprenger*, Heinrich Sahm. Kommunalpolitiker und Staatsmann, Köln und Berlin 1969.

[28]   So zutreffend *Scarpa*, S. 52 ff.

[29]   *Sieben Jahre Landesplanungsverband Brandenburg-Mitte*, S. 12.

[30]   Vgl. die Berichterstattung über die Sitzung der märkischen Arbeitsgemeinschaft vom 6. 2. 1930, in: *Stadtbaukunst*, 1930, S. 317 f.; zum letztgenannten vgl. Anm. 25.

Denkschrift ein gemeinsames Vorgehen von Umlandgebietskörperschaften und Berlin als eine unabdingbare Voraussetzung für eine sinnvolle Planungstätigkeit bezeichnet[31]. Eine institutionalisierte Zusammenarbeit war jedoch zu seinem Leidwesen Desiderat geblieben und mußte sein landesplanerisches Gewissen fortdauernd „belasten". Auch der Leiter des Landesplanungsverbandes Krohne war mit seinem vorherrschend technisch bestimmten Interesse an raumwirtschaftlichen Ordnungsmaßnahmen auf eine Koordinierung von Stadt und Umland aus. Bereits auf der ersten Mitgliederversammlung des Verbandes im Frühjahr 1930 berichtete er über die Entwicklung der Beziehungen zu Berlin[32]. In schriftlicher und mündlicher Form hatte er zu diesem Zeitpunkt den Berliner Bürgermeister Scholtz über die Ziele des Landesplanungsverbandes unterrichtet und dabei vor allem darauf hingewiesen, „daß es sich nicht um eine Kampforganisation gegen Berlin handele". Gleichzeitig wurden in dem Gespräch die Bereiche angesprochen, „bei denen sich ein Zusammengehen mit Berlin vollziehen müsse".

Doch neben der Geschäftsstelle gab es die Mitglieder, die ihren Verband sehr viel stärker politisch als planungstechnisch verstanden und die über die Dringlichkeit der Zusammenarbeit anders dachten. Deutlich trat dies im Herbst 1930 zutage, als der Landesplanungsverband auf einen Erlaß des Preußischen Ministers für Volkswohlfahrt zu reagieren hatte, in dem dieser die mangelnde Gesprächsbereitschaft des Verbandes der Stadt Berlin gegenüber mißbilligte. Als Beispiel wurde eine Untersuchung des Verbandes über Parzellierungsvorgänge in den Berliner Randkreisen angeführt, welche, da sie die Stadt unmittelbar berührten, „nicht ohne die Beteiligung von Vertretern Berlins in Angriff genommen werden sollten"[33]. Die Reaktion der Verbandsmitglieder auf diesen Erlaß war zwiespältig. Landesdirektor Swart verwies auf die anhaltende Unfreundlichkeit der Berliner Stadtverwaltung, die gerade eben wieder in dem neu erschienenen Buch „Das steinerne Berlin" von Werner Hegemann zum Ausdruck gebracht worden sei, das sich die bekannten Thesen von Stadtbaurat Wagner zu eigen mache; Landrat Schlemminger hielt dafür, daß es Berlin vor allem darauf ankomme, wieder einmal entscheidenden Einfluß zu gewinnen; Landrat Wiskott befand, man solle sich zwar der Zusammenarbeit nicht grundsätzlich entgegenstellen, diese jedoch weiterhin ohne „übertriebene Eile" in Aussicht nehmen. Minister Krohne faßte das Ergebnis der Aussprache dahingehend zusammen, daß mit Berlin Fühlung aufgenommen werden solle, aber unter Betonung der Notwendigkeit der

---

31 Die Denkschrift ist im Anhang, S. 131 ff., abgedruckt; der entsprechende Hinweis dort auf S. 138 ff.

32 Staatsarchiv Potsdam, Rep. 6 c, Landesplanung, Bd. 1 (1928–1930). Auf dieser Jahresversammlung wurde allerdings auch über eine an den Verband herangetragene Anregung von Martin Mächler berichtet, die Probleme der Landesplanung in einem Gremium von Sachverständigen zu besprechen, wobei Krohne vorschlug, sich gegenüber dieser Anregung „vorläufig ablehnend zu verhalten, bis die Arbeit des Landesplanungsverbandes weiter geklärt sei". Dem stimmte die Versammlung zu: man wollte sich nicht hineinreden lassen.

33 Erlaß des Ministers für Volkswohlfahrt vom 14. 11. 1930 betr. Landesplanung in der Umgebung von Berlin, in: Staatsarchiv Potsdam, Rep. 6 c, Landesplanung, Bd. 2 (1930/31).

Wahrung der eigenen Interessen und der Tatsache, daß eine Reihe von Fragen innere Angelegenheiten des Landesplanungsverbandes seien[34].

Es ist offensichtlich, daß die gegensätzlichen Auffassungen über das Verhältnis von Berlin und Provinz in den Verwaltungen beider Seiten einer gedeihlichen Zusammenarbeit im Wege standen. In der Berliner Verwaltung war man stets versucht, das Umland als „Garten der City", als Reserveraum und Manövriermasse für die Stadtplanung anzusehen und zu behandeln. Wenn dieses Umland nun seinerseits zum Ausdruck brachte, daß es sich durchaus als eigenständigen Faktor begriff, so fiel es in Berlin offensichtlich schwer, darauf gelassen zu reagieren.

Im Dezember 1930 stellte die sozialdemokratische Fraktion in der Stadtverordnetenversammlung einen Antrag auf Wahrung der Interessen Berlins gegenüber dem Landesplanungsverband Brandenburg-Mitte. In ihrer Begründung hieß es, nach dem, was bisher über die Ziele des Verbandes an die Öffentlichkeit gedrungen sei, müsse man leider annehmen, „daß dieser Verband seine Aufgaben nicht darin erblickt, die Dezentralisierung Berlins ... im Einvernehmen mit der Großgemeinde Berlin zu regeln, sondern möglichst unter Ausschaltung Berlins". Demgegenüber hielt man es für erforderlich, daß alle zur Regelung anstehenden Fragen „nicht gesondert, d. h. nur allein vom Interessenstandpunkt der beteiligten Nachbarkreise behandelt werden, sondern gemeinschaftlich mit der Stadt Berlin". Letzterem war von der Sache her wenig entgegenzuhalten. Jedoch zu einer „Ausschaltung Berlins" fehlte dem Landesplanungsverband nicht nur die Kraft, sondern auch die Absicht. Die Kritik war überzogen. In der Stadtverordnetenversammlung setzte sich Dr. Steiniger (DNVP), der frühere Direktor des Zweckverbandes Berlin, für eine Versachlichung der Diskussion ein[35].

Von besonderer Bedeutung aber war für das beiderseitige Verhältnis, wie sich die Berliner Stadtplanung im engeren Sinne zu dem Landesplanungsverband stellte. Solange ein so ideenreicher Mann wie Martin Wagner dem Stadtplanungsamt vorstand und die Perspektiven der Stadt formulierte, konnte sich die Situation schwerlich zum Besseren wenden. Die Verbandsgeschäftsstelle erlebte es in der Tat, daß ihr gelegentliches Bemühen, zu Absprachen zu gelangen, von der Gegenseite nicht honoriert wurde und daß auch der Versuch, über den Oberpräsidenten Einfluß zu nehmen, erfolglos blieb. Doch gab es hierfür auch Gegenbeispiele – etwa in der Frage einer südwestlichen Ausfallstraße oder der von Berlin angeregten Freihaltung von Uferwegen im Naherholungsbereich der Stadt[36]. Von Bedeutung war denn auch

---

34 Alle Stellungnahmen in: Niederschrift über die Sitzung des Arbeitsausschusses des Landesplanungsverbandes vom 25. 11. 1930, ebenda.

35 Der Antrag wurde in der Sitzung vom 4. 12. 1930 begründet und nach dem genannten Votum der DNVP zur Beratung an den Städtebauausschuß überwiesen; vgl. Stenographische Berichte der Stadtverordnetenversammlung, 1930, S. 1241 f. Eine erneute Verhandlung im Plenum erfolgte nicht mehr.

36 So Müller-Haccius vor der Märkischen Arbeitsgemeinschaft (vgl. auch Anm. 30 und 25). Zum Projekt einer südwestlichen Ausfallstraße und zur Zusammenarbeit in dieser Sache zwischen Landesplanungsverband und Berlin vgl. den Schriftwechsel 1929–1933, in: Landesarchiv Berlin, Rep. 57, Nr. 355, Landesplanungsgemeinschaft Berlin.

weniger der Einzelfall als die prinzipielle Kooperationsbereitschaft, an der es in Berlin zu fehlen schien.

Das erwähnte, viel beachtete Buch von Hegemann, das zum Zeitpunkt der zögerlichen Annäherungsbemühungen des Verbandes erschien, bestätigte den Argwohn auf seiten der Berlin-Anrainer. Hegemann führte Wagner mit eindeutig die Provinzinteressen tangierenden Forderungen an und pries diesen gleichzeitig als den einflußreichen Berlin-Experten, der die Notlage der Stadt begreife und auf Anwendung der notwendigen Abhilfmittel dränge. Die „Gutgesinnten aller Parteien" sollten nunmehr zusammenwirken, damit Stadtbaurat Wagner Erfolg beschieden sei[37]. Was aber waren Wagners notwendigen „Abhilfmittel" im Hinblick auf das Umland? Abgeholfen werden sollte dem Zustand, mit Berliner Mitteln in der Provinz Wohnungen zu bauen, indem das Berliner Aufkommen an der Hauszinssteuer zur Hälfte an die Provinz abgeführt wurde. Das Wasser abgegraben werden sollte ferner der freien Siedlungstätigkeit im Vorland von Berlin, die zur Folge hatte, daß „sicherlich nicht die schlechtesten Bürger der Stadt Berlin den Rücken kehrten und ihr erspartes Kapital und ihre Steuern den Landgemeinden zuführten". Unhaltbar war seiner Ansicht nach schließlich „die willkürlich viel zu eng gegriffene heutige Weichbildgrenze Berlins"[38]. Starke und deutliche Worte in der Tat! Kein Wunder, daß man sie als Kampfansage an das Umland verstand.

Wagner blieb diesem Kurs treu. 1932 veröffentlichte er „24 Thesen zu einem Neubau des Wirtschaftsraumes von Berlin"[39]. Sie bildeten die Quintessenz einer umfangreichen Studie, deren Veröffentlichung ebenfalls geplant war, die dann jedoch vor 1933, vor seiner Entlassung, Kaltstellung und schließlich Emigration, nicht mehr zustande kam[40]. Studie und Thesen mündeten in die Forderung nach einer Neuorganisation des Berliner Wirtschaftsraumes, das heißt von Berlin und Umgebung. Sie forderten die Vereinigung aller zuständigen Instanzen von Berlin, der kleineren Gemeinden und Kreise, Provinz, Staat und Reich zu einer einzigen planwirtschaftlichen Organisation, oder, noch eindeutiger „die Vereinigung von Stadt und Land zu einem größeren regionalen Wirtschaftsraum". Das Vorwort zu seiner – ungedruckten – Studie beschloß er mit der Sentenz: „Berlin ist tot. Es lebe Brandenburg!" Gemeint war damit allerdings nicht die Unterwerfung Berlins unter die Provinz, sondern eine einem einheitlichen Gestaltungswillen unterworfene Gesamtplanung[41]. Die letzte seiner

---

[37] *Werner Hegemann*, Das steinerne Berlin. Geschichte der größten Mietskasernenstadt der Welt, Berlin 1930, S. 476.

[38] Ebenda, S. 472, S. 476 f.

[39] Vgl. *Der Städtebau*, Jg. 16 (1931), S. 453 f.

[40] Ein maschinengeschriebenes Manuskript der Studie, die den Titel „Das neue Berlin" tragen sollte, befindet sich im Nachlaß Wagner der Akademie der Künste Berlin; vgl. auch weitere Literaturhinweise bei *Frank Werner*, Stadtplanung Berlin, Berlin 1976, S. 295.

[41] Nach *Pfannschmidt/Müller-Haccius u. a.*, Landesplanung Berlin – Brandenburg-Mitte, S. 43, schwebte Wagner ein Zweckverband für Berlin und Brandenburg unter dem Vorsitz des Oberbürgermeisters von Berlin vor.

Thesen propagierte hierzu einen Fünfjahresplan, der von einem bevollmächtigten regionalen Wirtschaftsrat durchgesetzt werden sollte – nach Abstimmung mit einem nationalen Wirtschaftsplan. Dieses stark sozialistisch geprägte planwirtschaftliche Modell weist verblüffende Parallelen zu der unter nationalsozialistischer Herrschaft durchgesetzten wirtschaftsräumlichen Gliederung des Reichsgebietes in Planungsregionen auf. Nichts vermag allerdings deutlicher zu machen, wie groß die Diskrepanz zwischen planerischen Wunschvorstellungen und kommunalpolitischer Realität im Berliner Raum war, als die Tatsache, daß auch das sehr viel planungsfreudigere Dritte Reich keinerlei Stadt-Umland-Verbund zustande brachte.

Erst recht nicht, so wird man rückblickend feststellen, konnte dies vor 1933 geschehen, solange nämlich die kommunale Selbstverwaltung vom Staat noch respektiert wurde. Damit aber war die Landesplanungs-Geschäftsstelle im Landeshaus der Provinzialverwaltung in Berlin-Tiergarten auf Dauer mit der unbefriedigenden Lage konfrontiert, nicht zu den Wurzeln, den Ursachen vieler der von ihr aufgezeigten Probleme im Berliner Umland vordringen zu können. An der Wende zur sich ankündigenden „neuen Zeit" und bereits mit deutlich schielendem Blick auf die „veränderte Gesamtlage" wurde im Jahresbericht 1932/33 abschließend festgestellt, daß für die Zusammenarbeit mit der Stadt Berlin auch das verflossene Geschäftsjahr keine befriedigende Lösung gebracht habe, daß aber begründete Aussicht bestehe, in Kürze eine den sachlichen Bedürfnissen entsprechende Form des Zusammengehens zu finden und damit zugleich das tiefgreifende Siedlungsproblem Berlin-Brandenburg der gebotenen Klärung entgegenzuführen[42]. Doch die „begründete Aussicht" und die Hoffnung erfüllten sich nicht, und dies obwohl die vermeintlichen ideologischen und personengebundenen Hemmnisse im Zuge der Machtergreifung aus dem Weg geräumt wurden.

Ein vielversprechender Ansatz schien sich dabei 1934 im Zusammenhang mit dem Erlaß eines Gesetzes über die Aufschließung von Wohnsiedlungsgebieten (Wohnsiedlungsgesetz) aufzutun[43]. Dieses Gesetz schrieb zwingend die Aufstellung von „Wirtschaftsplänen", das heißt von Flächennutzungsplänen für Gebiete vor, in denen rege Siedlungstätigkeit bestand oder zu erwarten war. Das Wohnsiedlungsgesetz war nicht zuletzt im Hinblick auf die Verhältnisse im Berliner Umland und unter Berücksichtigung von Materialien des Landesplanungsverbandes bei der Vorbereitung des Gesetzes zustande gekommen[44]. Auch wenn die Landesplanung im Gesetz nicht expressis verbis erwähnt wurde, bestand doch Übereinstimmung darin, daß es sich bei der Aufstellung von Wirtschaftsplänen um eine zentrale landesplanerische Aufgabe handelte, bei der die bestehenden Landesplanungsorganisationen gefordert waren. Die formelle Zuständigkeit lag allerdings bei der obersten Landesbehörde. Dies war in Berlin von besonderer Bedeutung. Denn wenn es im Gesetz hieß, ein

---

42 Geschäftsbericht für das III. Geschäftsjahr.
43 Siehe S. 110, Anm. 76.
44 Vgl. hierzu ebenda, S. 110.

jeder Wirtschaftsplan müsse „mit den entsprechenden Plänen der angrenzenden Gebiete in Einklang stehen", so bedeutete dies, daß eine Abstimmung zwischen der Stadt Berlin und den angrenzenden Gebietskörperschaften zwingend erforderlich war. Die förmlich festzulegenden Wohnsiedlungsgebiete grenzten ja zum Teil unmittelbar an das Berliner Stadtgebiet an.

Diese Abstimmung wurde vom Reichs- und Preußischen Minister für Wirtschaft und Arbeit noch 1933 eingeleitet. Doch kam die Sache, obwohl für dringlich erachtet, nicht sogleich voran. Der Auftrag war an die Landesbehörden gerichtet, also an den Staatskommissar für die Reichshauptstadt Berlin und an den Oberpräsidenten bzw. an den Regierungspräsidenten von Potsdam. Schon nach kurzer Zeit kam die mangelnde Kooperationsbereitschaft der Berliner Stadtverwaltung zur Sprache[45]. Der Staatskommissar, der hier für Abhilfe sorgen sollte, verlangte im Gegenzug, daß der Landesplanungsverband Brandenburg-Mitte ausgeschaltet werden sollte. Berlin fürchtete offensichtlich, daß sonst die Festlegungen in den Wirtschaftsplänen der Randgemeinden und die Abstimmung mit der Reichshauptstadt nicht ausreichend Berlin-bezogen ausfallen würden. Diese Mißachtung der Tätigkeit des Landesplanungsverbandes veranlaßte den Landesdirektor, seinerseits die Arbeit am Wirtschaftsplan zu sabotieren. Erst in einem nach Jahresfrist vom selben Ministerium ausgehenden zweiten Anlauf, bei dem nun auch die kommunale Ebene berücksichtigt wurde (Provinzialverwaltung mit Landesplanungsgemeinschaft bzw. Oberbürgermeister von Berlin mit Stadtplanungsamt), gelang es, die beiderseitig zuständigen Fachverwaltungen auf den Austausch von Materialien und zur Zusammenarbeit zu verpflichten.

Eine erste Zusammenkunft aller genannten Beteiligten galt der Beratung der notwendigen organisatorischen Vorbedingungen „für die Aufstellung eines Wirtschaftsplanes für die Wohnsiedlungsgebiete Berlin-Brandenburg/Mitte". Das Ergebnis dieser Besprechung wurde unter dem Stichwort „Landesplanung Berlin-Brandenburg-Mitte" protokolliert[46]. Über die zweite Sitzung dieses Landesplanungsausschusses existieren zwei Fassungen aus verschiedener Hand. Im Protokoll des Provinzialverbandes wird das Gremium als „Landesplanungsausschuß Berlin-Brandenburg-Mitte" bezeichnet, im Protokoll der Stadt Berlin dagegen als „erweiterter Fachausschuß Wirtschaftsplan Berlin – Potsdam"[47]. Man kann daraus schließen, daß Berlin eine Gleichstellung von Stadtplanung und Landesplanung Brandenburg-Mitte weiterhin nicht akzeptieren wollte. Der vom Reichswirtschaftsminister eingesetzte Landesplanungsausschuß Berlin-Brandenburg-Mitte hatte sich auch nur mit der besonderen Aufgabe der Abstimmung der beiden Wirtschaftspläne zu befassen; eine darüber

---

[45] Vgl. Landesarchiv Berlin, Rep. 57 (Stadtpräsident der Reichshauptstadt Berlin) Nr. 811: Wohnsiedlungsgebiete – Wirtschaftsplan, mit Niederschriften über eine Reihe von Besprechungen.

[46] Landesarchiv Berlin, Rep. 57, Nr. 356, Landesplanungsgemeinschaft Berlin, darin Einladungsschreiben vom 10. 10. 1934 und Vermerk über die Besprechung am 22. 10. 1934 nebest Anwesenheitsliste.

[47] Beide Protokolle zur Sitzung vom 24. 10. 1934 im Landesarchiv Berlin, ebenda.

hinausgehende Integration der beiden Planungsorganisationen war nicht beabsichtigt. Im Tätigkeitsbereich des Landesplanungsverbandes ist nachzulesen, daß dem Gremium kein Erfolg beschieden war[48]. Zu einer Angleichung der Wirtschaftspläne kam es nicht; die Stadt Berlin kam mit dem ihren – im Gegensatz zu Brandenburg-Mitte – nicht zum Abschluß[49]. Dennoch hat dieser Ausschuß als der einzige jemals zustande gekommene Ansatz zu einem Planungsverbund zwischen Reichshauptstadt und Provinz zu gelten.

Die verordnete Angleichung der Wirtschaftspläne im Stadt-Umland-Grenzbereich führte zu einem gelegentlichen Informationsaustausch zwischen der Geschäftsstelle des Landesplanungsverbandes und dem Berliner Stadtplanungsamt. 1936 wurde sogar ein gemeinsam verantworteter Verkehrsstraßenplan für Berlin-Brandenburg vorgelegt. Er beruhte auf Vorarbeiten, welche teilweise schon vor 1933 in Abstimmungsverfahren zwischen diesen beiden Stellen und beteiligten Kommunalverwaltungen und staatlichen Behörden getätigt worden waren. Der Verkehrsstraßenplan Berlin-Brandenburg war jedoch nicht mit dem zu diesem Zeitpunkt bereits agierenden Generalbauinspektor für die Reichshauptstadt abgestimmt. Speer, der sich mit seinen ehrgeizigen und bekanntlich von höchster Seite autorisierten Vorhaben durch die Existenz anderer Planungsstellen in seinem Verfügungsspielraum behindert sah, erwirkte – nach deren eigenem Bekunden – die Suspendierung der beiden verantwortlichen Planer, Döscher und Pfannschmidt[50].

Die Einrichtung reichseinheitlicher regionaler Planungsgemeinschaften zementierte die Trennung Berlins vom Umland in Planungsfragen. Dabei verstieß die Gründung einer Landesplanungsgemeinschaft Berlin nicht nur gegen die sachlich begründete planerische Zusammenfassung des Wirtschaftsraumes, sondern sie war auch wegen ihres mit der bereits bestehenden Stadtplanung Berlin identischen Gebietsbezuges wenig sinnvoll, da es eine stichhaltige Trennung von stadtplanerischen und landesplanerischen Aufgaben für das Stadtgebiet von Groß-Berlin nicht geben konnte. Erst recht aber gerieten beide, Stadt- und Landesplanung, ins Hintertreffen gegenüber dem mit Sondervollmachten operierenden Generalbauinspektor Speer. Insbesondere die Landesplanungsgemeinschaft Berlin sah sich von Anfang an der Gefahr ausgesetzt, „leeres Stroh zu dreschen"[51]. Wie ausgehöhlt ihr Wirkungsbereich war, wird

[48] *Sieben Jahre Landesplanungsverband Brandenburg-Mitte*, S. 13.
[49] Mit Datum vom 11. 3. 1937 antwortete der Stadtpräsident Berlin auf drängende Anfrage des Regierungspräsidenten Potsdam, der ihm zur Genehmigung vorliegende Wirtschaftsplan der Stadt könne wegen der durch den Generalbauinspektor Speer geschaffenen neuen Lage nicht vorankommen, vgl. Landesarchiv Berlin, Rep. 57, Nr. 811.
[50] Siehe hierzu *Pfannschmidt/Müller-Haccius u. a.*, Landesplanungsverband Berlin – Brandenburg-Mitte, S. 43 f.
[51] So in einem Gutachten über die Landesplanungsbehörde der Reichshauptstadt Berlin vom 23. 5. 1939, erstellt im Stadtpräsidium von Berlin (vgl. Anm. 53). Zu Speer vgl. *Werner*, S. 43 ff., insbesondere sein Schema zur Stadt- und Landesplanung in und um Berlin, das den organisatorischen Wirrwarr an Behörden und Instanzen veranschaulicht.

deutlich, wenn ein Beteiligter in der Rückschau zu dem Urteil gelangt, sie sei gar nicht in Erscheinung getreten[52].

Eine Landesplanungsgemeinschaft Berlin hat es zweifellos gegeben[53]. Sie hat aber sicher nicht zu einer gedeihlichen Zusammenarbeit mit der Nachbarplanungsgemeinschaft Brandenburg geführt. Deren Leiter, Landesplaner Niemeyer, konstatierte 1939, daß die Stadt Berlin „nach wie vor im Gebiet der Provinz Mark Brandenburg ohne irgendeine Fühlungnahme mit der Provinz bzw. mit der bekanntlich nicht zuletzt gerade für eine planvolle Landbeschaffungspolitik verantwortlichen Landesplanungsgemeinschaft" Grundstückspolitik auf eigene Faust und über die Beziehungen zwischen der Stadt und der Provinz in einer recht einseitigen und unklaren Weise Pressepolitik betreibe[54]. Dies war eine – gemessen an der Zeit – sehr deutliche Sprache. Der Zweckoptimismus des Tätigkeitsberichtes von 1937, der bereits „den verbundenen Einsatz der Landesplanungsgemeinschaften von Berlin und Brandenburg" in Aussicht stellte[55], bewahrheitete sich nicht. Groß-Berlin und Umland blieben unverbunden. Die staatlich verordnete Neuorganisation bedeutete keine Verbesserung gegenüber dem Landesplanungsverband Brandenburg-Mitte. Auch sie vermochte die 1929 gewählte Begrenzung nicht zu überwinden.

Der Landesplanungsverband von 1929 war übrigens nicht nur hinsichtlich der fehlenden Mitgliedschaft des Kerngebietes ohne zwingende Gestalt; auch seine äußere Abgrenzung war unter dem Gesichtspunkt der bestehenden raumwirtschaftlichen Verflechtung mit Berlin einigermaßen willkürlich. Die dezentrale Siedlungsbewegung reichte an einigen Stellen bereits deutlich über das von den Mitgliedskreisen abgedeckte Gebiet hinaus, so am Scharmützelsee und an der Ruppiner Seenplatte. In diesem Zusammenhang stellte Müller-Haccius fest, daß der angesprochene Landkreis Ruppin „noch nicht" dem Landesplanungsverband angehöre[56]. Insbesondere aber gab es die an das Verbandsgebiet unmittelbar angrenzenden kreisfreien Städte Brandenburg (mit 60 000 Einwohnern) und Eberswalde (mit 30 000 Einwohnern), die in mancherlei Beziehung noch als Trabantenstädte der Reichshauptstadt gelten konnten[57]. Der Tätigkeitsbericht vermerkt, daß diese beiden Städte sowie der Landkreis Westhavelland sich 1936 „der Beratung des Landesplanungsverbandes" anschlossen[58]. Reguläre Mitglieder wurden sie angesichts der zu diesem Zeitpunkt

52 *Pries*, S. 47.
53 Vgl. den Aktenband „Einrichtung und Zuständigkeit der Landesplanungsgemeinschaft Berlin", 1939, mit Satzung und Niederschriften über die erste und zweite Beiratssitzung vom 5. 11. 1937 und – erst wieder – 18. 4. 1939, in: Landesarchiv Berlin, Rep. 57, Nr. 7.
54 So in einem Brief an den Berliner Stadtpräsidenten Lippert vom 28. 8. 1939, in dem er sich dafür rechtfertigte, daß er auf die Bitte um Überlassung von Material der Landesplanungsgemeinschaft Brandenburg an die Landesplanungsgemeinschaft Berlin offensichtlich zurückhaltend reagiert hatte (Landesarchiv Berlin, ebenda).
55 *Sieben Jahre Landesplanungsverband Brandenburg-Mitte*, S. 11.
56 Vgl. Geschäftsbericht für das zweite Geschäftsjahr (1931/32) in: Staatsarchiv Potsdam, Rep. 6 c, Landesplanung, Bd. 2 (1930–1931).
57 Vgl. S. 70, Karte 8.
58 *Sieben Jahre Landesplanungsverband Brandenburg-Mitte*, S. 13.

bereits abzusehenden Auflösung bzw. Umwandlung des Verbandes offensichtlich nicht mehr.

Für die Stadt Brandenburg, die im Westen an den Mitgliedskreis Zauch-Belzig angrenzte und die insbesondere bei den Verkehrsverbindungen Berlins in westlicher Richtung eine Rolle spielte, hatte die Mitgliedschaft im Landesplanungsverband von Anfang an zur Diskussion gestanden. Zwar war sie an den Gründungsverhandlungen nicht beteiligt gewesen, jedoch lag bereits auf der ersten Mitgliederversammlung ein entsprechender Aufnahmeantrag der Stadt vor. Damals hatte unter den Mitgliedern auch Einverständnis darüber bestanden, daß Brandenburg noch dem Einflußbereich Berlins zuzurechnen sei. Man beschloß jedoch im Hinblick auf die gerade erst begonnene Arbeit, eine Entscheidung über die Aufnahme zu vertagen [59]. Diese erfolgte dann auf erneuten Antrag der Stadt hin im Jahre 1932. Jedenfalls weisen dies die entsprechenden Akten aus [60]. Auffälligerweise gibt es jedoch in den nachfolgenden Protokollen und Sachakten keinerlei Hinweise auf das neue Mitglied mehr, so daß – nicht zuletzt auch in Berücksichtigung der in diesem Punkt sicher zutreffenden Angabe im Tätigkeitsbereich – wohl davon auszugehen ist, daß die städtischen Körperschaften von Brandenburg entgegen dem ursprünglichen Antrag den von ihrem Oberbürgermeister eingeleiteten Beitritt zum Landesplanungsverband im Jahre 1932 nicht ratifizierten.

c) Das Arbeitsprogramm des Verbandes

In der Systematik landesplanerischer Arbeit wurde zwischen allgemeiner und spezieller Landesplanung unterschieden. Entsprechend ist der Haupttätigkeitsbericht des Landesplanungsverbandes Brandenburg-Mitte gegliedert. Die „allgemeine" Landesplanung, das heißt die Betrachtung der großräumigen Zusammenhänge und Entwicklungen, wird darin zuerst dargestellt; sie beansprucht gegenüber der „speziellen" Landesplanung, das heißt gegenüber den technischen Einzelplanungen und den räumlichen Teilplanungen, auch den überwiegenden Teil der Berichterstattung [61]. Dies ist verständlich, handelte es sich doch bei der Veröffentlichung weniger um einen Rechenschaftsbericht über die geleistete Arbeit als um die Zusammenfügung der im Laufe der Jahre erarbeiteten Daten und Materialien zu einem Generalsiedlungsplan, der, wenn auch nicht offiziell als solcher benannt und anerkannt, nach

---

[59]   Vgl. Niederschrift über die erste Mitgliederversammlung am 27. 3. 1930, in: Staatsarchiv Potsdam, Rep. 6 c, Landesplanung, Bd. 1 (1928–1930).

[60]   Vgl. Niederschrift über die dritte Mitgliederversammlung am 18. 3. 1932 (ebenda). Gleichzeitig mit der Aufnahme wurde Beschluß über einen neuen Kostenverteilungsschlüssel gefaßt. Die Niederschrift vermerkt, daß das Inkrafttreten des Aufnahmebeschlusses von der Abgabe der rechtsgültigen Erklärung der kommunalen Körperschaften der Stadt Brandenburg abhängig sei.

[61]   Vgl. *Sieben Jahre Landesplanungsverband Brandenburg-Mitte*, S. 28 ff.

dem Verständnis seiner Urheber doch das vornehmste Ziel eines jahrelangen Bemühens gewesen war. Die vielfältige und überwiegende Arbeit im Bereich der speziellen Landesplanung, welche die Geschäftsstelle insbesondere in den ersten Jahren ihres Bestehens geleistet hat, geht dagegen aus dem Haupttätigkeitsbericht nur andeutungsweise hervor. Er soll deshalb nachstehend nach dieser Richtung hin ergänzt werden.

Als die Geschäftsstelle im November 1929 ihre Tätigkeit aufnahm, gab es noch kein Arbeitsprogramm, nach dem sie sich hätten richten können. Dieses zu erstellen und es den Mitgliedern der Landesplanungsgemeinschaft zur Beratung bzw. Genehmigung vorzulegen, war daher die erste und vordringlichste Aufgabe, die Geschäftsführer Müller-Haccius in Angriff nahm. Rechtzeitig zur Verhandlung anläßlich der ersten Mitgliederversammlung im Frühjahr 1930 ging den Beteiligten der Entwurf eines Arbeitsprogramms zu[62]. Dieses Programm sah eine etwas andere Zweiteilung des Aufgabenspektrums vor; es sprach von Maßnahmen im Hinblick auf die Erarbeitung eines Generalsiedlungsplanes (Gruppe 1) und von sonstigen, aus der Nachbarschaft von Berlin erwachsenden kommunalen und interkommunalen Aufgaben, die ohne Aufstellung eines Generalsiedlungsplanes erledigt werden konnten (Gruppe 2). Damit bestand aber auch für Müller-Haccius offensichtlich die Hauptaufgabe in der Erstellung eines Generalsiedlungsplanes für das Verbandsgebiet. Als Verfahrensschritte wurden in dem Exposé aufgezeigt: 1. Vorarbeiten, 2. Aufstellung, 3. Verwirklichung des Generalsiedlungsplanes. Ausführlich beschäftigte sich Müller-Haccius sodann im einzelnen mit den Vorarbeiten: a) Beschaffung des Planmaterials, b) Vorarbeiten für die Festlegung der verschiedenen Flächennutzungen: Erholungsflächen, Verkehrsflächen, Arbeitsflächen (Industriestandorte), Wohnflächen, landwirtschaftliche Flächen.

Die Antwort auf die Frage, in welchem Umfang und in welcher Reihenfolge die einzelnen Arbeitsteile zu erledigen waren, sollte sich aus der Praxis selbst ergeben. So bot sich nach Müller-Haccius ein natürlicher Ausgangspunkt bei der Festlegung der Erholungsflächen an; hier hatte der Provinzialausschuß eben erst 500 Quadratkilometer Wald in einer an Groß-Berlin angrenzenden Zone unter Schutz gestellt – übrigens auf Antrag und im Zusammenwirken mit der Berliner Stadtverwaltung. Diese Gebietsteile konnten als Kern eines zu entwickelnden Gesamtplanes betrachtet werden. Aus dem Bereich der „sonstigen" Aufgaben griff Müller-Haccius Probleme des Wohnsiedlungswesens in den Randkreisen auf. Gemeint war hierbei nicht die generelle Festlegung von Siedlungsachsen und -zonen – dies wäre eher Teil der Arbeit an einem Generalsiedlungsplan gewesen –, sondern die Unterstützung der beteiligten Kreis- und Kommunalverwaltungen bei der Handhabung des gebotenen verwaltungspolitischen Instrumentariums, daneben auch etwa Überlegungen zur Verbesse-

---

62 Exposé: Erörterungen über das Arbeitsprogramm des Landesplanungsverbandes vom 12. 2. 1930, in: Staatsarchiv Potsdam, Rep. 55, Handakten Landesdirektor betr. Landesplanung, Bd. 2 (1930–1932).

rung der bestehenden Rechtslage. Als eine weitere wichtige Aufgabe der Geschäftsstelle nannte er die Öffentlichkeitsarbeit; als Beispiel führte er die Notwendigkeit an, ungerechtfertigten Berliner Angriffen aufklärend entgegenzuwirken. Wenn der Berliner Stadtbaurat – wie geschehen – über „Schmarotzersiedlungen in den Randkreisen" herzog, so durfte dies nach Ansicht von Müller-Haccius nicht unwidersprochen bleiben[63].

In der Mitgliederversammlung des Landesplanungsverbandes wurden die Akzente aber anders gesetzt[64]. Der auf die systematische Erarbeitung eines Generalsiedlungsplanes abzielende erste Teil des Programmentwurfs der Geschäftsstelle erhielt von den versammelten Verwaltungspraktikern einen deutlich geringeren Stellenwert zugewiesen. Ja, von Landrat Wiskott wurde sogar der Berliner Stadtbaurat Wagner zum Kronzeugen für die Auffassung zitiert, daß Generalsiedlungspläne Wunschbilder seien, dazu verurteilt, in Schubladen liegenzubleiben, da die ungezählten Wirtschaftsfaktoren eine Festlegung der wirtschaftlichen Entwicklung auf weite Sicht im voraus nicht gestatteten. Die Mitglieder sprachen sich für einen stärkeren Bezug der Arbeit der Geschäftsstelle zu den aktuellen Problemen im Verbandsgebiet aus. Hierbei wurde das von Müller-Haccius bereits eingebrachte „Sorgenkind", das Wohnsiedlungswesen, übereinstimmend mit höchster Dringlichkeit versehen. Es hatte schließlich auch den Grund für die Bildung des Landesplanungsverbandes Brandenburg-Mitte abgegeben[65]. Von der Geschäftsstelle erwartete man die Erarbeitung einheitlicher Gesichtspunkte für Verwaltungsmaßnahmen, insbesondere durch die Ausarbeitung von Musterverträgen, in Einzelfällen möglicherweise auch Beratung bei der Planung einzelner Siedlungen, da sich viele betroffene Gemeinden bei dieser Arbeit überfordert fühlten. Auch der Oberpräsident, der satzungsmäßig zur Mitgliederversammlung geladen war, sprach sich dafür aus, daß die Landesplanung von den örtlichen Bedürfnissen und örtlichen Planungen ausgehen solle. Der Vorsitzende, Landesdirektor von Winterfeldt, stellte als Ergebnis der Diskussion fest, daß die von Müller-Haccius entwickelte allgemeine landesplanerische Zielsetzung zwar grundsätzlich gebilligt werde, daß aber Einigkeit darüber bestehe, daß die aktuellen Fragen der Praxis in der Bearbeitung voranzustellen seien.

---

[63] Vgl. *Wagner*, Städtebaugesetzentwurf, Anhang: Schmarotzersiedlungen und Parzellenschlächterei, S. 27 ff. Wagner nahm darin einzelne Streusiedlungen im engeren Umland von Berlin aufs Korn, die von der Nachbarschaft zur Großstadt profitierten (Schule, Arbeitsstätte, Krankenhaus), ohne zu deren Kosten beizutragen. In der Verallgemeinerung wurde damit jedoch die gesamte Vorortsiedlung diskreditiert. Der Landesplanungsverband konnte leicht den Spieß umdrehen und auf die vielen erwerbslosen Berliner hinweisen, die zu den billigen Siedlerstellen ins Umland abwanderten und dort der gemeindlichen und Kreisfürsorge zur Last fielen; vgl. hierzu ausführlich den Bericht über das zweite Geschäftsjahr, in: Staatsarchiv Potsdam, ebenda.

[64] Vgl. hierzu das Protokoll, in: Staatsarchiv Potsdam, Rep. 6 c, Landesplanung, Bd. 1 (1928–1930).

[65] So Müller-Haccius in einem Vortrag am 30. 11. 1932 über „Die Industriesiedlung in der Umgebung von Berlin" vor dem City-Ausschuß Berlin, in: Staatsarchiv Potsdam, ebenda, Bd. 3.

Der nach Jahresfrist erstattete Bericht über „Die Arbeit des Landesplanungsverbandes Brandenburg-Mitte im ersten Geschäftsjahr" liefert die Bestätigung dafür, daß dem Wunsche der Mitglieder entsprochen wurde[66]. In völliger Abkehr von „doktrinärer Auslegung des in Praxis und Theorie umstrittenen Begriffs Landesplanung" verstand es der Verband nun als seine Aufgabe, „zusammenfassend an der Erforschung und Lösung solcher Verwaltungs- und technischer Probleme mitzuwirken, die sich für die angeschlossenen Kommunalverbände sowohl aus ihrem Eigenleben wie auch aus der Nachbarschaft der Reichshauptstadt mehr oder weniger gleichartig" ergaben. Natürlich verlor die Geschäftsstelle dabei das landesplanerische Endziel nicht aus den Augen; wenn sie sich um den Aufbau einer Plankammer bemühte oder die Bestandsaufnahme in über 100 Gemeinden anhand eines umfangreichen Fragebogens vornahm, in dem alle siedlungstechnisch erheblichen Belange festgehalten wurden, so sah sie darin nicht nur ein Hilfsmittel für ihre beratende Tätigkeit, sondern auch „die Grundlage für einen etwa später aufzustellenden Generalsiedlungsplan". Doch machte die gewählte Formulierung deutlich, daß dieses Ziel für die Beteiligten zu jener Zeit in die Ferne gerückt schien.

d) Planungshilfe im Verbandsgebiet

Fast ausschließlich hatten sich Müller-Haccius und sein Technischer Berater Langen in der ersten Zeit mit Wohnsiedlungsproblemen beschäftigt. Sie hatten dabei ermittelt, daß im Zuge der Stadt-Land-Bewegung von 1924 bis 1929 mindestens 60 000 Parzellen aus ursprünglich land- oder forstwirtschaftlichem Besitz in Einzelhand übergegangen waren. Nach Art der Bebauung bzw. der vorgesehenen Bebauung entstand hierbei überwiegend halbländliche Kleinsiedlung mit Gartennutzung. In Übereinstimmung mit den betroffenen Gemeinden und Kreisen bewertete man diese Siedlungsbewegung als im Kern gesund und sozialpolitisch wie volkswirtschaftlich gleichermaßen erwünscht. Das Reichsarbeitsministerium machte sich diese positive Bewertung zu eigen und bezeichnete die Berliner Umsiedlungsbewegung auch für andere Städte als erstrebenswert[67]. Es stellte in Aussicht, öffentliche Mittel für die Rückwanderung aus den Städten und für den Wohnungsbau in der Umgebung der Städte bereitzustellen[68].

---

[66] Der erste Geschäftsbericht wurde als Referat des Geschäftsführers in einer gedruckten Fassung vorgelegt; vgl. Staatsarchiv Potsdam, ebenda, Bd. 3.
[67] *Otto Wölz*, Reichsgrundsätze für den Kleinwohnungsbau, in: Reichsarbeitsblatt, 1931, Tl. II, S. 24 ff., insbesondere S. 29.
[68] In den Reichsgrundsätzen für den Kleinwohnungsbau vom 10. 1. 1931 heißt es über die Verteilung der Mittel: „Zur Entlastung der innerstädtischen Wohngebiete ist der Wohnungsbau in den Randgebieten und in der Umgebung der Städte besonders zu fördern" (RGBl. S. 9); vgl. auch S. 113, Anm. 84.

Die Landesplanungsgeschäftsstelle warnte aber gleichzeitig vor übertriebenen Erwartungen in die weitere Entwicklung. Die von ihr ermittelten besiedlungsfähigen Flächen boten Platz für ein Vielfaches des in der Tendenz bereits rückläufigen Bevölkerungszustromes. Allein die bereits registrierten Parzellierungsflächen und Siedlungspläne in den Umlandgemeinden boten Platz für mehr als zwei Millionen Menschen – dagegen stand ein prognostizierter Zuwachs für die nächsten zehn Jahre von höchstens einer Million Menschen. Hieraus ergab sich für sämtliche Verwaltungen ein Hinweis, über weitere Parzellierungsabsichten zurückhaltend zu entscheiden. Die Geschäftsstelle wies auf den Zwiespalt hin, in den die Gemeinden gerieten, wenn sie durch vorsorgliche Erstellung von Bebauungs- und Fluchtlinienplänen Bauerwartungsland schufen und damit selbst den Anstoß zu weiteren Parzellierungsgeschäften gaben.

Trotz grundsätzlich gebotener Zurückhaltung gegenüber der Aufschließung weiterer Wohnsiedlungsgebiete stand jedoch die Verbesserung des verwaltungsmäßigen Instrumentariums zur Regelung der Parzellierungsvorgänge im Vordergrund der Bemühungen der Geschäftsstelle. Dabei konnte hier in zwei Richtungen etwas getan werden: zum einen in der Propagierung von Verbesserungen bei den Rechts- und Verfahrensvorschriften, zum anderen in einer optimalen Anwendung der bestehenden Instrumente der am Verfahren beteiligten Instanzen. Das erstere, die Verbesserung der Einwirkungsmöglichkeiten insbesondere der betroffenen Gemeinden, in deren Gebietsbereich sich Parzellierung und Ansiedlung abspielte, lag natürlich weder in der Kompetenz der Gemeinden und Kreise noch gar in der der Landesplanungsgeschäftsstelle. Wohl aber konnte diese durch eine fundierte Darstellung der Probleme und sachkundige Präsentation von Verbesserungsvorschlägen die Basis für neue Rechtsinstrumente bereiten helfen. So gehörte eine genaue Analyse der bestehenden Verwaltungspraxis zu ihren sogleich aufgenommenen Arbeiten.

Auf einen kurzen Nenner gebracht, ging es um die Frage: Wie konnte der Parzellierungsunternehmer nach geltendem Recht gezwungen werden, seine Grundstücke nur in der Weise zu veräußern, daß sowohl die kommunalen und siedlungstechnischen Belange als auch die Lebensinteressen der Siedler gewahrt blieben[69]? Einschlägige Bestimmungen fanden sich im wesentlichen an drei Orten: im Ansiedlungsgesetz von 1904[70], im Fluchtliniengesetz von 1875, in der sich aus dem Wohnungsgesetz von 1918 ergebenden Fassung[71] sowie in einer Bundesratsbekanntmachung über den Verkehr mit landwirtschaftlichen Grundstücken, ebenfalls aus dem Jahre 1918[72]. § 13 des Ansiedlungsgesetzes sah eine Genehmigungspflicht für denjenigen vor, der außerhalb einer im Zusammenhang gebauten Ortschaft ein Wohnhaus errichten

---

[69] Das Folgende nach der umfangreichen „Erörterung über die Regelung des Wohnsiedlungswesens in den Berliner Randkreisen" von Müller-Haccius, in: Staatsarchiv Potsdam, Rep. 55, Handakten betr. Landesplanung, Bd. 2.
[70] PrGS. S. 227.
[71] PrGS. S. 23.
[72] RGBl. S. 123.

wollte, sofern sich der Bauplatz nicht in den Grenzen eines festgestellten Bebauungsplanes befand. Diese Bestimmung griff leider in der Mehrzahl der Fälle nicht, da der Parzellierungsunternehmer selbst nicht als Bauherr auftrat. Und genau hier lag das Kardinalproblem. Ihm gegenüber als dem wirtschaftlich stärksten Partner im Parzellierungsgeschäft mußten die öffentlichen Interessen geltend gemacht werden; er spekulierte auf Gewinn, er konnte mit sehr viel mehr Aussicht auf Erfolg zu Leistungen herangezogen werden als der Erwerber einer kleinen Parzelle, bei dem nicht viel zu holen war – der aus sozialpolitischen Erwägungen auch gar nicht belastet werden sollte.

Auch die §§ 12 und 15 des Fluchtliniengesetzes, die Bauverbot bzw. Heranziehung zu Straßenbaukosten vorsahen, waren nur auf den Bauherrn anzuwenden, nicht auf den Parzellierungsunternehmer. Somit blieb die Bundesratsbekanntmachung mit ihrem Genehmigungszwang für die Veräußerung landwirtschaftlich genutzten Bodens als einzige Handhabe, an die richtige Adresse zu gelangen. Jedoch bestand Genehmigungszwang nur bei Arealen mit einer Mindestgröße von fünf Hektar, so daß auch diese Bestimmung wiederum in einer Vielzahl von Fällen nicht griff. Als Desiderat an den Gesetzgeber formulierte man in der Landesplanungsgeschäftsstelle eine in jedem Falle anwendbare Aufteilungsgenehmigung. Diese sollte Hauptbestandteil eines neuzufassenden Ansiedlungsgesetzes werden. Im Zusammenwirken mit der Geschäftsstelle wurde die gesamte Rechtsproblematik des „Vorortproblems" von einem früheren Mitarbeiter des Landratsamtes Niederbarnim öffentlich gemacht[73] und gleichzeitig dem zuständigen Landwirtschaftsministerium zugeleitet.

Entgegen erster günstiger Anzeichen kam es so schnell nicht zu der erhofften Novelle des Ansiedlungsgesetzes. Noch im dritten Geschäftsbericht vom Frühjahr 1933 war von dem unmöglichen und verbitternden Zustand die Rede, „daß die verantwortlichen Verwaltungsstellen noch immer mit gebundenen Händen zusehen müssen, wie Siedlungen auf sterilem Sandboden, in feuchte Wiesenniederungen oder als unwirtschaftliche, hoffnungslose Splittersiedlung fernab geschlossener Ortslagen und unter Mißachtung der übergemeindlichen Planungsziele entstehen und sich damit die Umgebung der Reichshauptstadt in ein städtebauliches und kommunalwirtschaftliches Trümmerfeld verwandelt ... Der Gesetzgeber hätte hier längst eingreifen müssen"[74]. 1932 waren vom Landesplanungsverband erneut Vorschläge formuliert und mit ausführlicher Begründung und Darstellung der Verhältnisse im Umland von Berlin dem Wohnungsausschuß des Deutschen Reichstages übergeben worden, schließlich Anfang 1933 auch dem Reichsarbeitsminister, der federführenden Stelle

---

[73] *Reuscher*, Das Vorortproblem mit besonderer Berücksichtigung der kommunalrechtlichen Stellung der großstädtischen Vorortgemeinden. Ein Beitrag zur Frage der Auflockerung der Großstädte, in: Verwaltungsarchiv, Bd. 35 (1930), S. 137 ff.
[74] Staatsarchiv Potsdam, Rep. 6 c, Landesplanung, Bd. 3.

für die Novellierung der Siedlungsgesetzgebung[75]. Die lange angestrebte Verbesserung war dann endlich im Herbst 1933 mit dem erwähnten Erlaß des Reichsgesetzes über die Aufschließung von Wohnsiedlungsgebieten erreicht[76].

Der Landesplanungsverband konnte es sich nicht nur als Verdienst anrechnen, zur Begründung dieses Gesetzes wesentlich beigetragen zu haben – es wurde außerhalb Berlins wohl verschiedentlich als „lex Berlin" apostrophiert[77] –, sondern er war aufgrund der Vorarbeiten auch in der Lage, für die alsbald festgelegten Wohnsiedlungsgebiete in der näheren Umgebung von Berlin die nach dem Wortlaut des Gesetzes geforderten Wirtschaftspläne – nach heutigem Sprachgebrauch: Flächennutzungspläne – vorzulegen[78]. Die insgesamt weit über hundert Pläne wurden überwiegend für Gemeinden in unmittelbarer Nachbarschaft von Groß-Berlin erstellt[79]. Hier war

---

[75] So in *Sieben Jahre Landesplanungsverband Brandenburg-Mitte*, S. 44. Im Bericht über das Geschäftsjahr 1932/33 heißt es: „Mit eingehender Begründung wurden den Zentralinstanzen des Reiches und Preußens 1932 näher ausgearbeitete Vorschläge unterbreitet 1. betr. Einführung einer Aufteilungsgenehmigung zur Bekämpfung der wilden Parzellierung, 2. betr. Mitwirkung der Kreise an der Festsetzung der Fluchtlinien- und Siedlungspläne" – wobei der erstere als der dringendste Vorschlag bezeichnet wurde; ebenda.

[76] Vom 22. September 1933 (RGBl. I, S. 659):

§ 1

Die oberste Landesbehörde kann Gebiete, in denen eine starke Wohnsiedlungstätigkeit besteht oder zu erwarten ist, zu Wohnsiedlungsgebieten erklären, wenn anzunehmen ist, daß ohne besondere Ordnung der Besiedlung das allgemeine Interesse oder das Wohl der Siedler beeinträchtigt würde

§ 2

Wird ein Gebiet zum Wohnsiedlungsgebiet erklärt, so muß ein Plan aufgestellt werden, der die geordnete Nutzung des Bodens, insbesondere im Hinblick auf die Erfordernisse der Land- und Forstwirtschaft und der Industrie, des Verkehrs, der Bebauung, des Luftschutzes, der Erholung und des Schutzes des Heimatbildes, in den Grundzügen regelt (Wirtschaftsplan). Der Wirtschaftsplan muß mit den entsprechenden Plänen der angrenzenden Gebiete in Einklang stehen. . . .

§ 4

Die Teilung eines Grundstücks, die Auflassung eines Grundstücks oder Grundstücksteiles sowie jede Vereinbarung, durch die einem Anderen ein Recht zur Nutzung oder Bebauung eines Grundstücks oder Grundstücksteiles eingeräumt wird, bedarf zu ihrer Wirksamkeit der Genehmigung der zuständigen Behörde. . . .

Vgl. den Artikel *Wohnsiedlungsgesetz*, in: Handwörterbuch des Städtebaus, Wohnungs- und Siedlungswesens, Bd. 3, Stuttgart 1959.

[77] Nach *Sieben Jahren Landesplanungsverband Brandenburg-Mitte*, S. 44; siehe hierzu auch *Fünf Jahre Aufbauarbeit im Kreis Niederbarnim* (Verwaltungsbericht 1933–1938), S. 221 ff.

[78] Als erste Wohnsiedlungsgebiete wurden vom Preußischen Staatsministerium neben großen Teilen der Stadtgemeinde Berlin und Teilen des Regierungsbezirks Schleswig sämtliche Kreise des Landesplanungsverbandes Brandenburg-Mitte ausgewiesen (ferner die angrenzenden Stadtkreise Brandenburg, Eberswalde, Rathenow und Wittenberge); vgl. die Erste Verordnung über Wohnsiedlungsgebiete vom 4. 11. 1933 (PrGS. S. 394).

[79] Vgl. hierzu *Sieben Jahre Landesplanungsverband Brandenburg-Mitte*, Karte 32; der Verwaltungsbericht Niederbarnim stellt fest, daß in 71 von insgesamt 86 Gemeinden des Kreises Wirtschaftspläne aufgestellt wurden (S. 240).

der Siedlungsdruck am größten, wie auch aus der Verteilung der Neuzugänge an Parzellen im Jahre 1932 hervorging: von den insgesamt rund 7000 Parzellen lagen über 90 Prozent in Gemeinden der an Berlin angrenzenden Landkreise[80].

Ausgangspunkt für die vorstehende Skizzierung der Wirtschaftsplanbearbeitung waren die Bemühungen der Geschäftsstelle um eine Verbesserung der gesetzlichen Grundlagen für eine geordnete Siedlungsentwicklung. Im Gegensatz zu dem hierbei nur mittelbar zu verzeichnenden Erfolg konnte sie mit der Beratung der Kreis- und Gemeindeverwaltungen im Verbandsgebiet unmittelbaren Nutzen stiften. Wegen der Bedeutung dieses Tätigkeitsbereichs soll an ihm die Arbeit des Landesplanungsverbandes ebenfalls beispielhaft aufgezeigt werden.

Trotz fehlender gesetzlicher Grundlagen hatten Gemeinden vielfach versucht, bei der Genehmigung von Grundstücksverkäufen „Parzellierungsauflagen" zu machen. Man verlangte kostenlose Übereignung von Straßenland und Freiflächen oder die Anlage von Straßen. Auch wurde Grundstückshändlern, die beim Bodenerwerb aus naheliegenden Gründen jegliche Parzellierungsabsicht in Abrede stellten, die land- oder forstwirtschaftliche Weiternutzung ihres Besitzes auferlegt. Doch hatte sich in einer Vielzahl von Fällen herausgestellt, daß die Erzwingung solcher rechtlich nicht abgesicherter Auflagen zweifelhaft blieb. Das am ehesten Erfolg versprechende Verfahren bestand aller Erfahrung nach im Abschluß eines privatrechtlichen Vertrages zwischen Gemeinde und Parzellierungsunternehmer, in dem die einschlägigen öffentlichen Interessen geregelt wurden.

Die Chancen, den Grundstückshändler zum Abschluß eines solchen Vertrages bewegen zu können, beurteilte man bei der Geschäftsstelle optimistisch. Letztlich wollte der Unternehmer seinen Preis für ein Baugrundstück, nicht für ein Landgrundstück erzielen. Dem Kaufinteressierten gegenüber mußte er den Nachweis führen, daß die angebotene Parzelle „baureif", das heißt erschlossen, war. Der Käufer seinerseits war aufgrund der in der Öffentlichkeit diskutierten unliebsamen Vorfälle und der von Behörden und gemeinnützigen Institutionen angebotenen Beratung inzwischen soweit aufgeklärt, sich vor Abschluß des Kaufvertrages nach der Baureife der Parzelle zu erkundigen[81]. Der solide Parzellierungsunternehmer – ein Attribut, das nach dem Bemerken von Müller-Haccius freilich auf die „auf dem Grundstücksmarkt in der Berliner Umgebung tätigen Elemente nicht immer" zutraf – ein solider Unternehmer also mußte interessiert daran sein, sich vor Vertragsabschluß mit der Gemeinde über die Baureife seines Parzellierungsobjektes zu verständigen.

In Verhandlungen mit dem Parzellierungsunternehmer war somit auf privatvertraglichem Wege ein Bebauungsplan abzuschließen, der die wünschenswerten Ansied-

---

80 Nach III. Geschäftsbericht, Staatsarchiv Potsdam, Rep. 6 c, Landesplanung, Bd. 3.
81 Der Landesplanungsverband betrieb selbst ebenfalls „Aufklärung über Siedlung und Grundstückskauf in der Berliner Umgebung" – so ein Merkblatt in: Staatsarchiv Potsdam, ebenda, Bd. 2; vgl. auch das Manuskript eines Rundfunkvortrages von Müller-Haccius über „Planmäßige und planlose Siedlung – Tatsachen und Probleme", abgeschlossen im Februar 1933, ebenda, Bd. 3.

lungsauflagen enthielt, soweit sie nach Gesetzgebung, Verwaltung und Rechtsprechung als von der Sache her vertretbar gelten konnten. Hierzu zählten insbesondere: die kostenlose Auflassung des Straßenlandes, die Überlassung sonstiger Freiflächen, Ersatz für vermehrte Unterhaltungs- und Beleuchtungskosten, Beiträge zu vermehrten Gemeinde- und Schullasten sowie Forderungen im Interesse der Abwehr von Verunstaltungen. Die Geschäftsstelle konstatierte verschiedenenorts eine außerordentlich umsichtige Handhabung dieses Instrumentes, fand allerdings im Rahmen ihrer gutachterlichen Tätigkeit auch vielfach Gelegenheit zu Kritik und zu Verbesserungsvorschlägen. Schon im Mai 1930 legte sie einen eigenen Muster-Aufschließungsvertrag vor, der bald auch außerhalb des Verbandsgebietes Beachtung fand[82]. Wie erfolgreich das Zusammenspiel von Landesplanungsgeschäftsstelle und betroffenen Gemeinden war, erhellt aus einem Vorstoß von Parzellierungsunternehmen, die gegen das vom Landesplanungsverband „raffiniert ausgearbeitete System" Beschwerde führten[83]. Dabei gaben sie sich als Anwalt der Landwirte aus, welche „durch die Not gezwungen zur Veräußerung von Teilen ihres Besitzes schreiten müßten" und nun mittels dieses Instrumentes „zum Abschluß ungünstiger Privatverträge" gezwungen würden. Im Kreis Niederbarnim werde auf Betreiben des Landrates inzwischen eine unentgeltliche Abgabe von 30 Prozent der Verkaufsfläche an die Gemeinde gefordert. Angesichts weiterer Kosten und Belastungen würde dadurch der Verkaufserlös der Landwirte in unzumutbarer Weise geschmälert werden.

Nun wird man die Uneigennützigkeit der Parzellierungsunternehmer bei ihrem Vorstoß nicht allzu hoch einschätzen wollen. Ihre Ausführungen lassen vielmehr erkennen, daß sie selbst nicht daran dachten, sich durch die behördlichen Auflagen ihren eigenen Gewinn aus dem Parzellierungsgeschäft schmälern zu lassen, sondern die sozialen Kosten an Parzellenkäufer und Landverkäufer weitergaben. In Anbetracht des bestehenden Überangebots an Parzellierungs-, das heißt Bauerwartungsland, konnte es sicher nicht Aufgabe der öffentlichen Hand sein, der Landwirtschaft zu besseren Verkaufserlösen auf Kosten fortschrittlicher Siedlungsplanung zu verhelfen. Hingegen wurde die Überwälzung entstehender Bauland-Erschließungskosten auf die Parzellenkäufer als eine sozialpolitisch unerwünschte Begleiterscheinung gesehen, das heißt, es wurde bei den auszuhandelnden Auflagen auf die Art der geplanten Siedlung und die Leistungsfähigkeit der späteren Siedler Rücksicht genommen.

Angesichts der sich ständig verschlechternden wirtschaftlichen Entwicklung erhielt die sogenannte Kleinstsiedlung einen erhöhten Stellenwert, bei der so einfach und billig wie gerade noch vertretbar gebaut wurde. Die Ernennung eines Reichskommissars für die vorstädtische Kleinsiedlung und die Bereitstellung erheblicher Mittel für

---

[82] Nach I. Geschäftsbericht, ebenda, Bd. 3.
[83] Die Beschwerdeführer, der Verband ländlicher Parzellierungsunternehmer, wandten sich mit Schreiben vom 23. 3. 1931 an die Kreislandbund-Organisation der Vorortkreise; sie erhofften sich von den diesen nahestehenden Kreistagsabgeordneten Vorstöße gegen den Landesplanungsverband auf politischer Ebene, ebenda, Bd. 2 (1930–1931).

Kleinstkredite an Siedlungswillige war Ausdruck einer die allgemeine Notlage berücksichtigenden Wohnungspolitik[84]. Der Vorteil der billigen Bodenpreise am Stadtrand sollte nun aber nicht durch die inzwischen eingeführten siedlungstechnischen Standards zunichte gemacht werden. Diesem Gesichtspunkt trug man auch im Bereich des Landesplanungsverbandes Rechnung – allerdings unter Aufrechterhaltung gewisser Minimalforderungen an Straßenführung und -finanzierung.

Auch die Wohnlaube, bislang als Dauerwohnsitz grundsätzlich nicht zugelassen, sondern lediglich fallweise toleriert, wurde jetzt unter dem progagierten Prinzip der Selbsthilfe und Selbstversorgung akzeptiert. Dies war für die Berliner Vorortsiedlung von erheblicher Bedeutung. Nach Schätzungen des Landesplanungsverbandes hatte bei mindestens 95 Prozent aller Parzellen der Erwerber „die Endabsicht, auf seinem Grundstück ein Dauerwohnhaus, wenn auch oft in bescheidenstem Ausmaße und in behelfsmäßiger Bauweise zu errichten" und hier einen neuen Wohnsitz zu begründen[85]. Den Anfang bildete zumeist eine Wohnlaube an der hinteren Grundstücksbegrenzung, vor der dann im Laufe der Jahre ein fester gebautes Wohnhaus entstand[86]. Dieser sich über einen längeren Zeitraum hinziehende Hausbau wurde als gesunde Entwicklung eingeschätzt, die allein es breiteren Schichten ermöglichte, überhaupt zu einem eigenen Heim in gesunder Umgebung zu kommen. Als Übergangsstadium sollte die Wohnlaube deshalb künftig akzeptiert werden. Allerdings war es dann angezeigt, sie auch bereits wie einen festen Wohnplatz zu behandeln. Die bisherige allgemeine Befreiung der Wohnlauben von Ansiedlungsgenehmigung und ortsstatutarischem Bauverbot vertrug sich nicht mit dem Ziel einer geordneten Siedlungsentwicklung. Vom Landesplanungsverband wurde mehrfach – und schließlich mit Erfolg – an die Staatsbehörden appelliert, die entsprechenden Bestimmungen zu ändern.

Ging es bei den vorstehend geschilderten Vorgängen überwiegend um angemessene Reaktion auf private Siedlungstätigkeit, so gab es für die Gemeinden daneben auch die Aufgabe, aktiv, das heißt vorausschauend tätig zu werden, um die Siedlungsentwicklung zu beeinflussen. Das hierfür in vorderster Linie geeignete Instrument

---

[84] Vgl. Dritte (Not-)Verordnung des Reichspräsidenten vom 6. 10. 1931, 4. Teil, Kap. 2, § 9: Um die vorstädtische Kleinsiedlung und die Bereitstellung von Kleingärten für Erwerbslose beschleunigt einzuleiten, wird ein Reichskommissar bestellt (RGBl. S. 552); siehe hierzu auch *Friedrich Schmidt*, Vorstädtische Kleinsiedlung und Eigenheimbau, mit sämtlichen bis Juli 1932 erlassenen Bestimmungen, 2. Aufl. Eberswalde/Berlin 1933, ferner der Beitrag des Reichskommissars *Saaßen*, Die Stadtrandsiedlung, in: Die deutsche Siedlung 1932, Münster 1932, S. 95 ff.

[85] So in einer umfangreichen, vom Oberpräsidenten angeforderten „Stellungnahme zu der künftigen Regelung des Wohnlaubenwesens" vom 12. 8. 1930, in: Staatsarchiv Potsdam, Rep. 6 c, Landesplanung, Bd. 1 (1928–1930).

[86] Vgl. hierzu die Bildtafeln im Haupttätigkeitsbericht *(Sieben Jahre Landesplanungsverband Brandenburg-Mitte)* und die ausführliche, unter Mitarbeit von Langen im Deutschen Archiv für Siedlungswesen entstandene Darstellung *Die private Stadtrandsiedlung*, untersucht am Berliner Beispiel, Berlin 1933.

war der Siedlungsplan – vergleichbar dem heutigen Bebauungsplan. Zu seiner Anfertigung bedienten sich die kleinen Städte und Landgemeinden meist des privaten Sachverstandes von Architekten und Landvermessern. Die Vielzahl von Experten führte zu höchst unterschiedlichen Plänen. Aus der Sicht des Verbandes ließen sie nicht zuletzt die Berücksichtigung übergemeindlicher, landesplanerischer Zusammenhänge vermissen. Für Besserung sollten hier „siedlungstechnische Grundsätze für die Aufstellung und Durchführung von Siedlungsplänen" sorgen, welche von der Geschäftsstelle alsbald entwickelt wurden. Die „Grundsätze" wurden dabei nicht nur von der Mitgliederversammlung abgesegnet, sondern auch vom Gutachterausschuß der Freien Architektenschaft, so daß Aussicht bestand, daß sich die Privatarchitekten bei der Bearbeitung der einzelnen Pläne künftig im Rahmen der allgemeinen Forderungen der Landesplanung bewegen würden[87]. Die Begutachtung einzelner Siedlungs- und Bebauungspläne blieb der Geschäftsstelle allerdings als wichtige Aufgabe erhalten, wobei neben die Durchsicht der neuen Projekte auch die Überprüfung „Hunderter von früheren Siedlungsplänen auf ihre Wertbeständigkeit gegenüber den inzwischen angelegten Maßstäben" trat[88].

Die praxisnahe Arbeit der Geschäftsstelle bewährte sich in den Augen der Mitglieder. Bei der Beratung des ersten Jahres-Geschäftsberichtes gab es keinerlei Kritik. Das eingeschlagene Verfahren bei der Ausarbeitung der genannten und weiterer Richtlinien, Verträge und Satzungen schloß Fehler weitgehend aus[89]. Entwürfe entstanden aufgrund erworbener Kenntnis vor Ort; sie wurden dann den Mitgliedern zugeleitet, oft in Sachbearbeitergremien weiterentwickelt und gegebenenfalls auch zur Stellungnahme an die Regierung in Potsdam geschickt – zu der sich ein bemerkenswert kooperatives Verhältnis entwickelte[90]. Der Arbeitsausschuß des Landesplanungsverbandes erwies sich dabei bis 1933 als gut funktionierendes Lenkungsgremium.

Anklang fanden bei den Mitgliedern auch die Denkschriften ihres Geschäftsführers zu aktuellen siedlungspolitischen Fragen, so etwa zu dem 1931 veröffentlichten Referentenentwurf für ein Reichs-Städtebaugesetz. Müller-Haccius versuchte in diesem

---

[87] Der Landesplanungsverband wollte sich durch dieses Verfahren allerdings nicht etwa in die Hand der freien Planer begeben und stellte ausdrücklich fest, daß ein verbrieftes Recht des Ausschusses der Freien Architektenschaft auf Beteiligung an der Begutachtung der Siedlungspläne nicht geschaffen werden solle; vgl. die Niederschrift über die Arbeitsausschußsitzung vom 18. 3. 1932, in: Staatsarchiv Potsdam, Rep. 6 c, Landesplanung, Bd. 3.

[88] Die Geschäftsstelle wirkte bei der förmlichen Begutachtung – vor Genehmigung durch den Regierungspräsidenten – mit: 1930 bei 35 Siedlungs- und Bebauungsplänen, 1931 bei 79, 1932 bei 92. Im Zusammenhang mit den örtlichen Planaufstellungen führte sie 1932 über 90 lokale Verhandlungen und Besichtigungen durch. Zahlen nach III. Geschäftsbericht, ebenda; vgl. auch etwa *Verwaltungsbericht des Kreises Teltow 1934*, Berlin 1935, S. 50.

[89] Siehe die Zusammenstellung in *Sieben Jahre Landesplanungsverband Brandenburg-Mitte*, S. 43.

[90] „Bemerkenswert", wenn man sich an die Gründungsgeschichte des Verbandes erinnert. Zur reibungslosen Zusammenarbeit trugen jedoch sicher in erster Linie die guten Beziehungen des Geschäftsführers Müller-Haccius zu seiner früheren Dienststelle bei.

Fall deutlich zu machen, daß weniger ein Städtebau-Gesetz als vielmehr ein Planungsgesetz gebraucht werde. Aus der Sicht der Landesplanung fehlten in dem Referentenentwurf dringend benötigte planungsrechtliche Vorschriften – beispielsweise das Instrument der Aufteilungsgenehmigung[91]. Eine andere Stellungnahme galt dem aufsehenerregenden Reichsgerichtsurteil in Sachen Betcke[92]. Dieses drohte auch die Landesplanung in der Umgebung von Berlin zu erschweren, da die öffentliche Hand jetzt bei der Unterschutzstellung und Fluchtlinienfestsetzung, das heißt bei der Belegung von privatem Grundbesitz mit Bauverbot, wegen der Unsicherheit hinsichtlich etwaiger Entschädigungsansprüche noch vorsichtiger vorgehen mußte. Müller-Haccius empfahl den Gemeinden, Straßenfluchtlinien vorerst nur noch neu festzusetzen, wenn gleichzeitig in Aufschließungsverträgen die kostenlose Abtretung von Grundstücksteilen gesichert werden konnte. Die von ihm – und von fast allen Experten gleichermaßen – befürchteten katastrophalen Folgen, die aus dem Urteil für Städtebau und kommunale Finanzen zu erwachsen schienen, stellten sich dann allerdings nicht ein, da mit Hilfe des Notverordnungsrechtes des Reichspräsidenten sehr rasch auf die eingetretene Rechtsunsicherheit reagiert werden konnte: Bereits 1931 wurde in einer Vorschrift betreffend die Enteignung aus städtebaulichen Gründen die Rechtsgrundlage rückwirkend beseitigt, auf die das Reichsgericht sein Urteil aufgebaut hatte[93].

e) Großräumliche Planungsfragen

Wie der erste Rechenschaftsbericht befaßte sich auch der Bericht der Geschäftsstelle über das zweite Geschäftsjahr überwiegend mit der Wohnsiedlungsentwicklung im

---

91 Vgl. Denkschrift und Vorlage für die Arbeitsausschußsitzung am 18. 3. 1932, in: Staatsarchiv Potsdam, Rep. 6 c, Landesplanung, Bd. 2 (1930–1931). Danach war die Geschäftsstelle auch bemüht gewesen, über die kommunalen Spitzenverbände und über die Deutsche Akademie des Städtebaus sowie durch unmittelbare Eingaben an den Reichsarbeitsminister und an den Wohnungsausschuß des Reichstages den Entwurf zu beeinflussen. Das Reichsstädtebaugesetz wurde bis 1933 nicht mehr verabschiedet. In einer Eingabe an den Preußischen Minister für Volkswohlfahrt regte der Landesplanungsverband ohne Erfolg an, die vordringliche Einführung der Aufteilungsgenehmigung durch Notverordnung herbeizuführen; vgl. Schreiben vom 9. 6. 1932, ebenda, Bd. 3; hierzu auch S. 105 f.

92 Einem Eigentümer wurde vom Reichsgericht entgegen bisheriger Praxis eine Entschädigung dafür zugesprochen, daß sein Grundstück im Rahmen eines Fluchtlinienplanverfahrens der möglichen Bebauung entzogen wurde; vgl. hierzu „Einige Bemerkungen zum Reichsgerichtsurteil vom 28. Februar 1930 in Sachen Betcke gegen die Stadt Berlin", in: Staatsarchiv Potsdam, ebenda, Bd. 2 (1930–1931).

93 Die Notverordnung beseitigte den vom Reichsgericht generell aus Art. 153 Abs. 2 Reichsverfassung abgeleiteten Entschädigungsanspruch und ließ nur noch einen durch besonderes Landesrecht begründeten Anspruch zu; vgl. die Zweite (Not-)Verordnung des Reichspräsidenten vom 5. 6. 1931, 6. Tl., Kap. III, § 1 (RGBl. S. 309); siehe auch die Kommentierung des Sachverhalts in *Handbuch des gesamten öffentlichen Grundstücksrechts*, hrsg. von Franz Scholz, Köln 1932, S. 997 ff., S. 1020.

Verbandsgebiet [94]. Allerdings war in ihm auch zu lesen, daß nach dem Verständnis der Bearbeiter die Landesplanung in Brandenburg-Mitte keine isolierte siedlungstechnische Angelegenheit sei und die Geschäftsstelle sich neben der Begutachtung und Unterstützung der lokalen Planungen auch stets mit übergemeindlichen Planungsfragen bzw. mit der planmäßigen Erarbeitung der übergemeindlichen Siedlungsentwicklung zu beschäftigen habe. Hieraus wird zweierlei deutlich: 1. Die Bearbeiter hielten grundsätzlich an einem generellen landesplanerischen Ansatz fest, auch wenn 2. sich ihre praktische Arbeit fast ausschließlich auf Wohnnutzungsangelegenheiten beschränkte. In den anderen Flächennutzungsbereichen – Verkehr, Arbeitsstätten und Freiflächen – tat sich vergleichsweise wenig.

So gab es angesichts der wirtschaftlichen Stagnation praktisch keinerlei Bewegung im Bereich der Industrieansiedlung oder -verlagerung; Lenkungsmaßnahmen waren also kaum erforderlich. Die Landesplanungsgeschäftsstelle mußte ihre Absicht, auf diesem Gebiet dennoch Erhebungen und Untersuchungen anzustellen, gegen Kritik aus den Reihen der Mitglieder verteidigen [95]. Sie tat dies mit Hinweis auf die langfristige Perspektive, welche der Landesplanung nun einmal aufgegeben sei. Auch wenn zur Zeit die Industrie der Vorortkreise „weitgehend stillgelegt" sei, so müsse der Fall eines erneuten Aufschwungs oder aber eines neuen Dezentralisierungsschubes bereits jetzt bedacht werden. Die Geschäftsstelle berief sich dabei auf den City-Ausschuß Berlin, der sich mit ähnlichen Fragen beschäftigte und „dessen Grundeinstellung mit den Auffassungen der Landesplanung gleichgerichtet" sei, sowie auf die Industrie- und Handelskammer von Berlin und Brandenburg [96], die sich ähnlich äußerten.

Die Ergebnisse der von der Verbandsgeschäftsstelle im Laufe der Jahre betriebenen Bestandsaufnahme und Analyse der Industrieansiedlung sind im abschließenden Tätigkeitsbericht auf verschiedenen Karten dargestellt und in einem Kapitel „Der ge-

---

[94] Der Geschäftsbericht diente gleichzeitig als „Kurze Einführung in die Arbeiten und Probleme der Landesplanung Brandenburg-Mitte" in einer besonderen Veranstaltung des Landesplanungsverbandes am 18. 3. 1932 für die Mitglieder des Provinziallandtages; Manuskript in: Staatsarchiv Potsdam, Rep. 6 c, Landesplanung, Bd. 3.

[95] Vgl. die Niederschriften der Arbeitsausschußsitzungen vom 22. 11. 1932 und 24. 1. 1933; in der ersten der beiden Sitzungen berichtete Martin Pfannschmidt über die Ergebnisse seines im Zusammenwirken mit der Geschäftsstelle erstatteten Gutachtens über die Industriesiedlung in der Umgebung von Berlin (*Martin Pfannschmidt*, Die Industriesiedlung in der Umgebung von Berlin, in: Zentralblatt der Bauverwaltung, Jg. 53 [1933], S. 97–108) sowie seine spätere Veröffentlichung über die Industriesiedlung in Berlin und in der Mark Brandenburg, Berlin 1937.

[96] Vgl. Geschäftsbericht für das II. Geschäftsjahr, Staatsarchiv Potsdam, Rep. 6 c, Landesplanung, Bd. 3, und Manuskript „Die Industriesiedlung in der Umgebung von Berlin", Vortrag von Müller-Haccius am 30. 11. 1932 vor dem City-Ausschuß Berlin, ebenda. Ausführungen zur weiteren Dezentralisierung des Industriebereiches im Berliner Raum auch bei *Philipp A. Rappaport*, Industriegestaltung als Großstadtproblem, in: Städtebau, Jg. 24 (1929), S. 167 f.

werbliche Siedlungsraum" konzentriert[97]. Optisch einprägsam ist insbesondere eine Karte „Industriesiedlungen und Mischsiedlungen"[98]; aus ihr läßt sich die charakteristische, bandförmige Ausdehnung der Industriesiedlungen längs der Wasserstraßen und Eisenbahnen ablesen. Diese Entwicklung war genauso als Funktion einer auf Kostenminimierung bedachten Standortwahl zu erklären wie das andere für den Berliner Raum charakteristische Standortphänomen, die sogenannte Randwanderung der Indsutrie, die auf entsprechende Bodenpreis- und Lohnkostengefälle zurückgeführt werden konnte. Für die Zukunft wurde von der Landesplanung empfohlen, die dezentralen Elemente zu stärken und so den Ballungsraum Berlin weiter aufzulockern. Zu dem Bündel von Faktoren, welche in diesem Sinne wirken konnten, zählte die Wohnsiedlungsförderung in Klein- und Mittelstädten einschließlich der Garten- und Nebenerwerbssiedlungen sowie die flächenhafte Verkehrserschließung des Planungsgebietes durch das neue von Berlin ausstrahlende Reichsautobahnnetz und ein verbessertes übriges Straßennetz, schließlich – man schrieb das Jahr 1937 – die Begünstigung einer „verteilten Industrielagerung aus wehrpolitischen Gründen"[99]. Insgesamt umfaßte der Katalog von Standortbedingungen, welche die künftige Entwicklung der gewerblichen Industrien beeinflussen sollte, zehn Punkte. Er spiegelte zu einem Großteil die Erwartung wider, daß die vom NS-Staat propagierte Harmonisierung der Siedlungsentwicklung, insbesondere des Stadt-Land-Gegensatzes, bald in entsprechende konkrete Steuerungsmaßnahmen einmünden würde – in den Worten des Tätigkeitsberichtes: der Häufung von ballenden Kräften in der Vergangenheit (würde) bald eine fast ebenso einseitige Häufung auflockernder Kräfte in der Zukunft gegenüberstehen. Die Energien nationalsozialistischer Planwirtschaft, mit denen eine solche Zielsetzung zumindest hätte angesteuert werden können, wurden in der Praxis jedoch bekanntlich zunehmend in andere Richtung gelenkt.

Im Gegensatz zum Flächennutzungsbereich „Industriesiedlung" war der Bereich „Verkehr" noch während der Tätigkeit des Landesplanungsverbandes einschneidenden und weitreichenden Veränderungen ausgesetzt. Von diesem weder vorausgesehen noch gar vorausgeplant, wurde das Verbandsgebiet binnen kurzem mit zahlreichen Autobahnen bedacht, welche den Berliner Ballungsraum in ein reichsweites Verkehrssystem eingliederten. Die Planung sah sechs Autobahnstrecken vor, die aus den überregionalen Hauptverkehrsrichtungen auf Berlin zugeführt wurden und in einen großdimensionierten Autobahnring mündeten[100]. Die kurzfristige Realisierung des Reichsautobahnbaus war ein in der damaligen Zeit einmaliger und Bewunderung auslösender, jedenfalls Aufsehen erregender Vorgang. Er findet seine Erklärung bekanntlich in der 1933 eingetretenen politischen Konstellation, in der ein mit

---

[97] Siehe *Sieben Jahre Landesplanungsverband Brandenburg-Mitte*, S. 23 ff., und die Karten 5, 10, 14 und 23.

[98] Die Karte wurde von Pfannschmidt bereits für das in Anm. 95 erwähnte Gutachten angefertigt und dabei auch veröffentlicht.

[99] *Sieben Jahre Landesplanungsverband Brandenburg-Mitte*, S. 26.

[100] Vgl. S. 119, Karte 9.

diktatorischen Vollmachten ausgerüsteter Führer und Reichskanzler, Adolf Hitler, ein bislang kaum erprobtes, aber als zukunftsträchtig erkanntes neues Verkehrssystem zum Prestigeobjekt des neuen Staates erklärte und es mit Blick auf dessen arbeitsmarkt-, wirtschafts- und wehrpolitische Bedeutung mit höchster Priorität versah. Gleichzeitig wurde damit auch die seit langem als dringlich erkannte Anpassung des Straßennetzes an den Kraftfahrzeugverkehr entscheidend vorangetrieben. Die Notwendigkeit eines Ausbaus von Hauptverkehrsstrecken wurde auch im Landesplanungsverband gesehen. In der Geschäftsstelle war man dabei aber bis 1933 der Auffassung, daß die Aufgabe darin bestehe, ein – vorhandenes – Netz von Hauptdurchgangsstraßen auszuweisen und daran im Einzelfall Verbesserungen vorzunehmen [101]. Ähnlich argumentierten die Verfasser einer von der Freien Akademie für Städtebau angeregten Studie „Berlin im Überlandverkehr", über die 1932 berichtet wurde [102]. Auch sie gingen davon aus, daß das bestehende System von Überlandstraßen nur einige wenige Ergänzungen benötige, um den Anforderungen des Automobilverkehrs auch in Zukunft gewachsen zu sein. Ihr Vorschlag wies einen inneren und einen äußeren Straßenverbund aus; in dem dazwischen liegenden Gebiet sollte sich verstärkt die künftige, Berlin entlastende Siedlungstätigkeit abspielen. Die Verfasser forderten abschließend eine planmäßige Zusammenarbeit der Stadt Berlin mit den umliegenden Gemeinden und schlugen den Landesplanungsverband Brandenburg-Mitte als geeignete, ausbaufähige Organisation vor, die notwendige Koordinierungsarbeit zu leisten.

Man sieht: die Idee eines neuen, auf grüner Wiese geplanten Straßenzuges, der ringförmig um Berlin herumgeführt werden sollte, wurde bis zu diesem Zeitpunkt nicht diskutiert – und ebenso nicht das neue Prinzip der Autobahn. Dies war erstaunlich, nicht nur aus dem Grunde, daß in früheren Zeiten verkehrstechnische Innovationen von dem Ballungsraum Berlin ausgegangen waren, sondern auch deswegen, weil es in Berlin bereits die Versuchsstrecke der „Avus" (Automobil-Verkehrs- und Übungsstraße) gab [103]. Verkehrsstatistiken aus dieser Zeit weisen andererseits aus, daß die Belastung der Straßen durch den Gütervertrieb in anderen Teilen des Reiches – etwa im Ruhr- oder im Rhein-Main-Gebiet – bereits weiter fortgeschritten war als im Berliner Raum. Tatsache ist jedenfalls, daß der Landesplanungsverband in keiner Weise auf das 1933 beschlossene Reichs-Autobahnkonzept vorbereitet war.

Die zuständige Sektion II Berlin-Ostsee der im August 1933 geschaffenen Planungsorganisation Gesellschaft zur Vorbereitung der Reichsautobahnen (GEZUVOR) ging bei der Gestaltung des Autobahnnetzes um Berlin von folgenden Gesichtspunkten aus: der größere Teil des Verkehrs, der Berlin direkt betraf, erforderte ein radiales Liniensystem. Aber die Reichshauptstadt war nicht nur Mittelpunkt im ostelbischen

---

[101] So im Geschäftsbericht für das III. Geschäftsjahr – 1932/33 –, der das Datum 25. 4. 1933 trägt und in dem das Stichwort „Autobahn" nicht vorkommt.

[102] *Berlin im Überlandverkehr*, in: Städtebau, Jg. 27 (1932), S. 55.

[103] Hierzu und zum Folgenden *Kurt Kaftan*, Der Kampf um die Autobahnen. Geschichte und Entwicklung des Autobahngedankens in Deutschland von 1907 bis 1935, Berlin 1935.

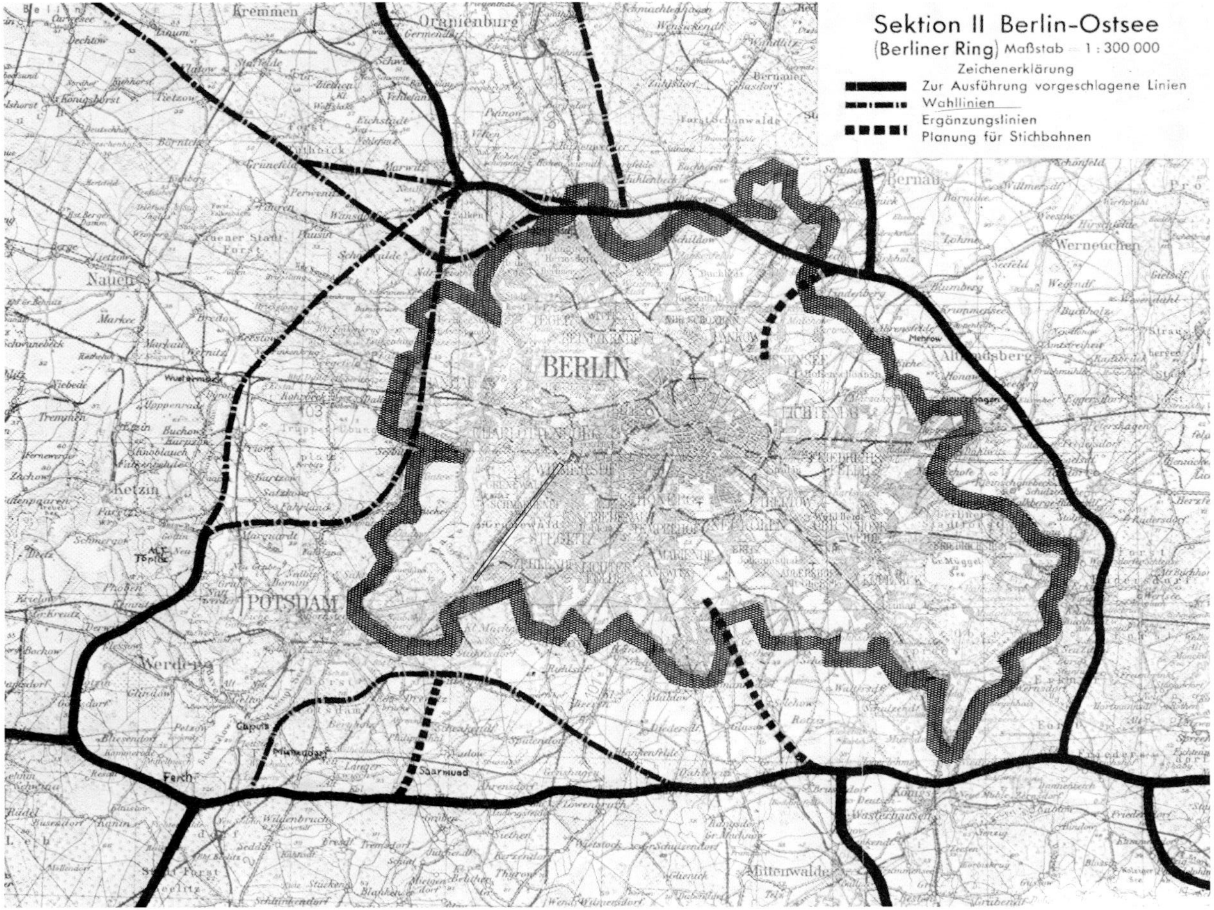

Sektion II Berlin-Ostsee
(Berliner Ring) Maßstab = 1 : 300 000
Zeichenerklärung
Zur Ausführung vorgeschlagene Linien
Wahllinien
Ergänzungslinien
Planung für Stichbahnen
BERLIN
POTSDAM
Oranienburg
Kremmen
Nauen
Ketzin
Werder
Bernau
Werneuchen
Mittenwalde

Avus — Stadtgrenze

* Quelle: *Die Planungsarbeiten für die Reichsautobahnen.* Zweieinhalb Jahre GEZUVOR, Berlin 1937, S. 55.

Raum, sondern auch Zwischenpunkt im Durchgangsverkehr von Hamburg nach Schlesien, von Mecklenburg und Pommern nach Süddeutschland, von Ostdeutschland nach Ruhr und Rhein. Diesen Durchgangsverkehr durfte Berlin nicht behindern. Die Durchgangsstrecken der Reichsautobahnen mußten daher so an der Hauptstadt vorbeigeführt werden, daß zukünftig jede Störung und Stauung des Verkehrs vermieden wurde. Unter diesem Gesichtspunkt wurde der „Berliner Ring" geplant, der den Durchgangsverkehr tangential an Berlin vorbeiführt [104].

Bei der Festlegung des Ringes waren unterschiedliche Forderungen zu berücksichtigen. Für den Zu- und Abgangsverkehr nach und von Berlin mußte die zeitraubende Fahrt auf den zum Teil unvollkommen ausgebauten Ausfallstraßen mit zahlreichen Ortsdurchfahrten abgekürzt werden. Ebenso sollte der Wert der Reichsautobahnen für den Nah-, Ausflugs- und Erholungsverkehr erhalten bleiben. Beide Gesichtspunkte verlangten, den Verteilerring möglichst nah an die Stadt heranzulegen. Umgekehrt war Rücksicht zu nehmen auf bestehende Siedlungen und wünschenswerte Siedlungsentwicklung, insbesondere auf die Auflockerung der übervölkerten Kerngebiete, schließlich auf die ausgedehnten Erholungsgebiete im Berliner Umland, die durch die Autobahnen leichter erreichbar, dabei aber nicht beeinträchtigt werden sollten. Das Ergebnis war eine Streckenführung, die im Norden und Nordosten relativ stadtnah ausfiel, ansonsten jedoch Entfernungen von 20 bis 30 km von der Stadtmitte aufwies. Um diese ungünstige Anbindung an die Stadt abzumildern, wurden drei Stichbahnen in Richtung Stadtmitte vorgesehen, nach Weißensee, nach Marienfelde und nach Wannsee, die letztere mit der Möglichkeit einer Verbindung zur Avus und damit bis nach Charlottenburg [105].

Zwei Jahre nach Beginn der Planungsarbeiten der Berliner Sektion der GEZUVOR konnte bereits das erste Teilstück des Berliner Autobahnnetzes – ausgehend vom Ring in Richtung Stettin – für den Verkehr freigegeben werden [106]. Dieses Tempo konnte unter anderem deswegen eingeschlagen werden, weil das mit höchster Priorität und entsprechenden Planungskompetenzen vorangetriebene Unternehmen „Reichsautobahnen" auch die bis dahin übliche, langwierige Abstimmungsprozedur mit Beteiligten und Betroffenen außer Kraft setzen bzw. abkürzen konnte. Unter den gegebenen Umständen bestand für den Landesplanungsverband Brandenburg-Mitte keine Chance, sich an der Planung zu beteiligen oder gar auf sie Einfluß zu nehmen. Die im Tätigkeitsbericht wohl aus Prestigegründen genannte „maßgebende Mitwirkung" [107] an der Festlegung der Autobahnstrecken hat es in Wahrheit nicht gegeben.

---

[104] So nach dem offiziellen Tätigkeitsbericht *Die Planungsarbeiten für die Reichsautobahnen*, Zweieinhalb Jahre GEZUVOR (Gesellschaft zur Vorbereitung der Reichsautobahnen), Berin 1937, S. 53 f.

[105] Auf S. 119, Karte 9, sind die drei Stichbahnen als Vorschläge nach dem Planungsstand von Anfang 1937 bereits eingetragen. In einer Darstellung mit Stand vom 1. 6. 1936 fehlen sie dagegen noch; vgl. *Drei Jahre Arbeit an den Straßen Adolf Hitlers*, hrsg. vom Generalinspektor für das deutsche Straßenwesen, Berlin 1936, S. 23.

[106] Eröffnung der 45 km langen Strecke Berlin/Bernau – Joachimstal am 4. 4. 1936.

[107] *Sieben Jahre Landesplanungsverband Brandenburg-Mitte*, S. 31.

Als sich Mitarbeiter der Geschäftsstelle im Herbst 1934 mit Vertretern der Berliner Stadtplanung zur Abstimmung der Wirtschaftspläne zusammenfanden, wurde heftig Klage darüber geführt, daß man nicht einmal recht wüßte, welche Stelle eigentlich für die Autobahn-Planung zuständig sei und seit mehr als einem Jahr lediglich Verschiebungen in der vorgesehenen Linienführung mitgeteilt bekomme [108].

Die Nichtbeteiligung des Landesplanungsverbandes bedeutete jedoch nicht, daß die zentral verfügte Autobahnplanung gegen übergeordnete Ziele des von ihm intendierten Flächennutzungsplanes verstieß. Landesplanerische Grundsätze galten den Autobahnplanern als selbstverständliche Richtlinien. Wie in allen Sektionen der GEZUVOR war auch in der Sektion Berlin-Ostsee die Verbindung zur zuständigen, in diesem Fall zur brandenburgischen Provinzialverwaltung in der Person des Stellvertretenden Leiters institutionalisiert; damit stand der Sachverstand der von der Provinzialverwaltung mitgetragenen Landesplanungsgemeinschaft Brandenburg-Mitte zumindest indirekt zur Verfügung [109]. Nach der im Gesamttätigkeitsbericht der Landesplanungsgeschäftsstelle gegebenen Einschätzung hatten sich denn auch die Chancen für die von ihnen propagierte weitere Auflockerung der Arbeits- und Wohnstättenballung des Berliner Kerngebietes durch den Autobahnbau erhöht [110]. Die außerhalb des projektierten Ringes gelegenen, durch insgesamt sechs Radialen zusätzlich erschlossenen Gebiete waren verkehrspolitisch mit einem Male erheblich aufgewertet. Insbesondere die Leichtindustrie, die nicht an Wasserstraßen und Eisenbahn gebunden war, konnte sich hier nun ohne Standortnachteile verstärkt ansiedeln.

Anders als der Straßenverkehr waren Eisenbahn und Wasserstraßen Bereiche, in denen der Tätigkeitsbericht Bewegung weder diagnostizierte noch prognostizierte. Das ganz auf Berlin ausgerichtete Eisenbahnnetz wies keinerlei Lücken auf und war grundsätzlich nicht korrekturbedürftig. Es gab allerdings auch hier das Problem der durchlaufenden Güter, welche die Berliner Bahnhöfe unnötig belasteten. Die Reichsbahn war langfristig an einer weiträumig geführten Güterumgehungsbahn interessiert; soweit konkrete Vorstellungen bereits bestanden, sorgte der Landesplanungsverband dafür, daß die von der geplanten Streckenführung betroffenen Gemeinden dies in ihren Siedlungsplänen berücksichtigten [111]. Neben den Reichsbahnstrecken gab es im Verbandsgebiet zahlreiche Kleinbahnen – Unternehmen, die zumeist von Provinz und Kreisen mitgetragen wurden. Viele dieser Unternehmen steckten jedoch zunehmend in finanziellen Schwierigkeiten, nicht zuletzt infolge der wachsenden Konkurrenz durch den motorisierten Straßenverkehr. Neubaustrecken waren unter

---

108 Vgl. Protokoll der gemeinsamen Sitzung am 24. 10. 1934, in: Landesarchiv Berlin, Rep. 57, Nr. 356.

109 Stellvertretender Leiter war (Provinzial-)Landesbaurat Kluge. Leiter der Sektion Berlin-Ostsee und gleichzeitig Geschäftsführender Vorstand der GEZUVOR war Walther Blökker; er amtierte bis zu seinem Tod im November 1936 auch als Stellvertretender Leiter der 1935 geschaffenen Reichsstelle für Raumordnung (vgl. hierzu S. 32 f.).

110 *Sieben Jahre Landesplanungsverband Brandenburg-Mitte*, S. 31.

111 Vgl. III. Geschäftsbericht.

diesen Umständen nicht zu planen. Aber auch Kanalbauprojekte, von denen es zwar noch eine ganze Reihe gab, wurden nicht mehr ernsthaft diskutiert. Zu groß waren die dafür benötigten Investitionen im Verhältnis zum vorhandenen Bedarf, nachdem die beiden wichtigsten Verbindungslinien zur Nord- und zur Ostsee einmal geschaffen waren. Die wirtschaftliche Stagnation zu Beginn der Berichtszeit trug das ihre dazu bei; später drängte der Reichsautobahnbau Überlegungen hinsichtlich anderer Verkehrswege in den Hintergrund. Immerhin wurde im Tätigkeitsbericht ein Groß-Projekt weiterhin für aussichtsreich gehalten, und zwar der sogenannte ESO-Kanal (Elbe-Spree-Oder-Kanal), eine Verbindung von der oberen Elbe und damit vom sächsischen Wirtschaftsraum nach Berlin und zur Ostsee. Die Landesplanung erachtete es jedenfalls als ihre Aufgabe, die Linienführung dieses Kanals einstweilen von anderweitiger Verbauung freizuhalten[112].

Blieb als letzter der vier wichtigsten Flächennutzungsbereiche die Freiflächenplanung. Hier sah die Geschäftsstelle ihre Aufgabe darin, im Zusammenwirken mit den Naturschutzbehörden dafür zu sorgen, daß schutzwürdige Gebiete von der Bebauung freigehalten bzw. als Erholungsräume offengehalten wurden. Durch ihre umfangreiche kartographische Bestandsaufnahme im Zusammenhang mit der lokalen Siedlungsentwicklung erhielt die Landesplanungsgeschäftsstelle Überblick über die Grünflächen im Bereich der Baugebiete, für die Gefahr bestand, in absehbarer Zeit ebenfalls der Parzellierung zum Opfer zu fallen. Durch – einvernehmliche – Ausweisung als geschützte Landschaftsteile konnten Waldungen, Niederungen, Gewässer, landwirtschaftlich genutzte Flächen, teilweise auch Wochenendsiedlungen und Kleingartengelände in großer Zahl in ihrem Bestand gesichert werden – dies zusätzlich zu den förmlich festgelegten großflächigen Naturschutzgebieten. Im Bereich der allgemeinen Landesplanung stand der Geschäftsstelle als Ziel die Erstellung eines Gesamtgrünflächenplanes bzw. die Einarbeitung der Grün- und Freiflächen in einen Generalflächennutzungsplan vor Augen[113].

Die dem Haupttätigkeitsbericht beigegebenen Karten zeigen, wie weit die Geschäftsstelle mit der großräumigen Zusammenfassung ihrer Erhebungen bis 1936 insgesamt gekommen war. Alle wichtigen Planungssektoren sind in dem Kartenwerk vertreten. Dagegen reichte die Zeit zu einer Gesamtschau in Gestalt des vielbeschworenen Generalsiedlungsplanes offensichtlich nicht mehr. Bemerkenswerterweise begnügte sich der Herausgeber des Werkes mit der Wiedergabe eines bereits 1933 für Ausstellungszwecke erstellten Schemas eines Gesamtsiedlungsplanes[114]. Der zugehörige Text schweigt sich über diese ursprüngliche und grundsätzliche landesplanerische Zielsetzung gänzlich aus.

Die Akzentverschiebung in der Arbeit der Geschäftsstelle im Laufe des Bestehens des Landesplanungsverbandes wird gleichwohl deutlich. Die Unterstützung der beteilig-

---

[112] *Sieben Jahre Landesplanungsverband Brandenburg-Mitte*, S. 30.
[113] Ebenda, S. 41 ff. und Karte 9.
[114] Ebenda, Karte 23.

ten Verwaltungen in Siedlungsangelegenheiten, die hier bis 1933 als Haupttätigkeit nachgewiesen werden konnte, dürfte zwar weiterhin eine wichtige Rolle gespielt haben. 1934 setzte dann die dringliche Forderung nach Anfertigung von Wirtschaftsplänen für eine Vielzahl von Gemeinden des Verbandsgebiets einen neuen Akzent[115]. Gleichzeitig führten jedoch die geschilderten politischen und personellen Veränderungen zu einem Bedeutungsverlust und schließlich zu Kapazitätseinschränkungen bei der Geschäftsstelle. 1936 stand erklärtermaßen die Erstellung des Haupttätigkeitsberichtes und damit insbesondere des Kartenwerkes im Vordergrund.

Der 1937 veröffentlichte Haupttätigkeitsbericht stellt für die Entwicklung der landesplanerischen Disziplin sicher ein wichtiges Zeugnis dar – dies um so mehr, als keine weiteren Berichte dieser Art entstanden sind. Er trug auch dazu bei, daß Existenz und geleistete Arbeit des Verbandes nicht ganz in Vergessenheit gerieten. Bedeutung erlangte der Bericht darüber hinaus allerdings nur noch als landeskundliche Bestandsaufnahme der Siedlungsverhältnisse im Umland von Berlin[116]; als solcher ist er uns heute noch von Nutzen. Die Einwirkung auf die weitere Entwicklung des beschriebenen Wirtschaftsraumes blieb ihm – und damit auch dem Verband selbst – versagt. Die von der Landesplanungsgemeinschaft Brandenburg fortgeführte Arbeit kam unter den Bedingungen des Krieges bald völlig zum Erliegen. Nach 1945 konnte angesichts veränderter politischer Rahmenbedingungen und Entwicklungstendenzen an Vorarbeiten des Landesplanungsverbandes Brandenburg-Mitte zumindest nicht direkt angeknüpft werden.

---

[115] Siehe S. 110; vgl. auch den Abschnitt „Wirtschaftspläne" in: *Sieben Jahre Landesplanungsverband Brandenburg-Mitte*, S. 44 ff. Der Geschäftsbericht 1934/35 (V. Geschäftsjahr) vermeldete eine gegenüber dem Vorjahr ausgeweitete Tätigkeit der Geschäftsstelle; vgl. den Hinweis in *Reichsplanung*, 1935, S. 241, in einem Bericht über den Landesplanungsverband Brandenburg-Mitte.

[116] Auf den Tätigkeitsbericht wird ausdrücklich in einem Forschungsprogramm verwiesen, das die Arbeitsgemeinschaft für Raumforschung an der Universität Berlin 1938 ankündigte (in: *Volk und Lebensraum. Forschungen im Dienst der Raumordnung und Landesplanung*, hrsg. von Konrad Meyer, Heidelberg u. a. 1938, S. 401 ff.). Darin sind Untersuchungen über die wirtschaftliche, bevölkerungspolitische, soziale, kulturelle und verwaltungspolitische Struktur der Großstadt Berlin und des Raumes Brandenburg genannt. Als vordringlich galt die Fragestellung „Welche verwaltungspolitische Zusammenarbeit ist zwischen Großstadt und Vorortgemeinden möglich?" – ein deutlicher Hinweis auf die von den Planungswissenschaftlern als unbefriedigend angesehenen bestehenden Verhältnisse.

SCHLUSSBEMERKUNGEN

Die eingangs der Darstellung aufgeworfene Frage nach denkbaren paradigmatischen Qualitäten des Landesplanungsverbandes Brandenburg-Mitte für die Entwicklung der Landesplanung ist man am Ende geneigt zu verneinen. Der Verband ist als ein Sonderfall unter den damaligen Landesplanungsorganisationen anzusehen. Entsprechend hat er nicht als Vorbild für andere Landesplanungsverbände dienen können. Damit ist allerdings nicht gesagt, daß er nicht in seiner Weise vorbildlich gewirkt hat. Das Auffälligste an der Konstruktion des Verbandes war gewiß die Aussparung Berlins. Dies widersprach von Grund auf der landesplanerischen, nämlich wirtschaftsräumlichen Betrachtungsweise. Das Verbandsgebiet war in geradezu klassischer Weise auf ein Wirtschaftszentrum ausgerichtet und mit ihm verflochten. Eine großräumige Planungsregion ohne dieses Zentrum zu organisieren, muß daher zumindest auf den ersten Blick als Kuriosum erscheinen.

Wie sich gezeigt hat, war für die Gründung des Verbandes jedoch nicht allein das Interesse an der Landesplanung maßgebend. Die verantwortlichen Verwaltungsleiter benützten die Landesplanungsbewegung in erster Linie als willkommenes Vehikel für die Organisation eines Interessenverbandes gegen das als ständige Bedrohung empfundene Groß-Berlin. In der gefundenen Form sahen die beteiligten Kreis- und Provinzialverwaltungen eine Möglichkeit, ohne Prestigeprobleme und Kompetenzstreitigkeiten ihre wechselseitigen Interessen aufeinander abzustimmen und ihre besonderen Anliegen gegenüber Berlin gemeinsam zu erörtern. Sie empfanden den Verband als Ausdruck der Solidarität zwischen Provinz und Kreisen und als Verstärkung ihres Gewichts gegenüber der Weltstadt Berlin.

Damit ist der Gegensatz zwischen Berlin und dem Umland angesprochen. Das Groß-Berlin-Gesetz von 1920 hatte den Grundkonflikt in radikaler Weise zu bereinigen versucht. Jetzt stand auf der einen Seite das im Prinzip saturierte Berlin, das nun jedoch von einer Position der absoluten Dominanz aus sich über die Gestaltung „seines" Umlandes Gedanken machte; auf der anderen Seite standen Provinz und Randkreise, die sich mit der Abtretung ihrer wirtschaftlich stärksten Teile nach Berlin abgefunden hatten, die aber zu weiteren Konzessionen keinesfalls mehr bereit waren und mißtrauisch auf alle „Einmischungen" aus Berlin reagierten. Die einsetzende Siedlungsbewegung aus Berlin heraus, die Stagnation der Berliner Bevölkerungsentwicklung und der generelle Zeittrend deuteten zudem auf ein Ende des Großstadtwachstums hin und bestärkten die Umlandpolitiker in ihrer selbstbewußten Haltung gegenüber der Millionenstadt. Ein Landesplanungsverband ohne Berlin war demonstrativer Ausdruck ihrer Unabhängigkeit.

Dabei kann kein Zweifel darüber bestehen, daß dieser Verband dem mit dem Etikett „Landesplanungsverband Brandenburg-Mitte" begründeten Anspruch nicht gerecht zu werden vermochte, ja, daß er, gemessen an landesplanerischen Grundsätzen, strenggenommen als eine verfehlte Konstruktion bezeichnet werden muß. Im letztlich vergeblichen Bemühen um eine sinnvolle Ordnung des Groß-Berliner Wirtschaftsraumes, dessen Konturen sich seit Beginn des Jahrhunderts immer deutlicher abzeichneten, stellte der sich 1929 konstituierende Landesplanungsverband allerdings nur eine Episode dar. Bereits bei Gründung des Zweckverbandes Berlin im Jahre 1912 waren eine sachgemäße Gebietsbegrenzung und eine entsprechende Aufgabenstellung versäumt worden; 1920 beließ man es im Zuge der Bildung der neuen Stadtgemeinde Berlin bei einer scharfen Trennungslinie zwischen engerem Ballungszentrum und weiterem Einflußbereich; 1936 schließlich verfügte der NS-Staat bei der Einführung eines reichsweiten Systems von Planungsregionen erneut getrennte Organisationen für Berlin und das brandenburgische Umland.

Die Unzulänglichkeit des Landesplanungsverbandes Brandenburg-Mitte wird dadurch gewiß relativiert. Angesichts der bemerkenswerten Reihung unbefriedigender Lösungen für den Groß-Berliner Wirtschaftsraum erhebt sich allerdings auch die Frage, ob die landesplanerische Forderung nach einheitlicher Gestaltung dieses Raumes überhaupt ausreichend belegt, entsprechendes politisches Handeln dringend erforderlich war. Immerhin ist auffällig, daß zwei andere Weltstädte, mit denen Berlin gerne verglichen wurde, Paris und London, in dieser Hinsicht keineswegs vorbildlicher organisiert waren. In Paris war der überfällige Planungsverbund innerhalb des Seine-Departements erst 1928 eingerichtet worden; dabei umfaßte er aber nur den Kernbereich der région parisienne, für die eine einheitliche Planungsorganisation weiter auf sich warten ließ. Die Londoner Verbandsgemeinde (County of London) deckte ebenfalls nur den Kern des Großraumes ab; ein in den zwanziger Jahren tätig werdendes Greater London Regional Planning Committee beschäftigte sich zwar mit landesplanerischen Aufgaben, jedoch ohne Möglichkeit einer Umsetzung planerischer Erkenntnisse in praktische Politik.

Trotz unterschiedlichster verwaltungsorganisatorischer Konstruktion waren die Verhältnisse in den drei Weltstädten einander in dieser Hinsicht also durchaus ähnlich. Die großräumlichen Zusammenhänge waren erkannt; der Gedanke, daraus Schlußfolgerungen für Verwaltungsorganisation und Verwaltungsvollzug zu ziehen, brach sich jedoch nur langsam Bahn. Solange sie im wesentlichen noch Aufklärungs-und Überzeugungsarbeit zu leisten hatte, konnte die Landesplanung aber ohne normierte Zuständigkeiten auskommen. Für das Funktionieren des Landesplanungsverbandes Brandenburg-Mitte war es denn auch eher von Vorteil, daß er keinerlei hoheitliche Befugnisse, ja nicht einmal irgendwelche von den Mitgliedern an ihn abgetretene satzungsmäßige Kompetenzen wahrzunehmen hatte. So schmälerte nichts von dem, was ihm an die Hand gegeben wurde, die Autonomie und Verfügungsgewalt der beteiligten Gebietskörperschaften. Nicht zuletzt galt dies auch gegenüber den kreisangehörigen Gemeinden. Wenn die Geschäftsstelle bei den Gemeinden Erhebungen durchführte, wenn sie ihnen Ratschläge erteilte oder auch Planungsversäumnisse zur Erörterung stellte, so war dies alles Amtshilfe, welche die Verfügungsrechte der Gemeinden nicht antastete.

Eine weitere wichtige Voraussetzung bildete der rein kommunale Charakter des Verbandes. Sein erster Geschäftsführer bezeichnete ihn als eine „der neuzeitlichen Entwicklung angepaßte, zwischengemeindliche Arbeitsgemeinschaft geschichtlicher Kommunalverbände"[1]. Möglich geworden war diese Konstruktion durch den Verzicht der staatlichen Mittelinstanzen auf Beteiligung oder gar Federführung im Landesplanungsverband Brandenburg-Mitte. Beide Instanzen, Oberpräsident und Regierungspräsident, hatten sich ja für die Einrichtung einer Landesplanungsorganisation für den Berliner Raum starkgemacht; in vielen anderen preußischen Landesteilen stellte der Regierungspräsident den Kristallisationspunkt entsprechender Landesplanungen dar. Ihr Verzicht war also nicht selbstverständlich. Aber zweifellos hätte ihr Beitritt wegen des prinzipiell bestehenden Spannungsverhältnisses zwischen kommunaler Selbstverwaltung und Staatsaufsicht die Arbeit des Verbandes schwieriger gestaltet.

Die verwaltungspolitische Funktion des Landesplanungsverbandes Brandenburg-Mitte war dennoch berlinbezogen. Sie bedeutete die Korrektur bzw. Ergänzung der bereits 1912 mit dem Zweckverband begonnenen organisatorischen Zusammenfassung des Groß-Berliner Wirtschaftsraumes. Die 1920 erfolgte Vereinigung des engeren Verflechtungsgebietes zur Stadtgemeinde Berlin hatte das Problem nicht vollständig gelöst. Das angrenzende, nach Berlin orientierte Umland stellte innerhalb der Restprovinz Brandenburg weiterhin ein Gebiet besonderer Art mit berlinspezifischen Problemen dar. Die Einrichtung eines entsprechenden Interessenverbandes bot sich als Ergänzung zu Groß-Berlin an.

Aus übergeordneter, staatspolitischer Sicht war der Landesplanungsverband zu begrüßen. An einer weiteren Ausdehnung der Viermillionenstadt, deren Einbindung in den Staatsverband so schon genug Kopfzerbrechen bereitete, konnte außerhalb der Berliner Stadtverwaltung niemandem gelegen sein. Und für eine Einbeziehung Berlins in einen größeren Verband, der auch das Umland mit einschloß, war ein befriedigendes Rezept seit den 1870er Jahren zwar immer wieder gesucht, letztlich aber nicht gefunden worden. Dem Problem der Majorisierung – der „natürlichen" des Restgebietes durch Berlin oder aber einer „künstlichen" der Millionenstadt durch das Umland – war nicht beizukommen, auch nicht in den zwanziger Jahren. So bot sich der eingeschlagene Weg eines Umlandverbandes, der ohne gesetzgeberischen Kraftakt geschaffen werden konnte, gewissermaßen als realistische Variante unter den Bedingungen der Weimarer Republik an.

Damit soll nicht gesagt sein, daß der Verband auch ohne die aktuelle Forderung nach Landesplanung im Berliner Raum zustande gekommen wäre. Und es soll auch nicht übersehen werden, daß der Verband sich wesentlichen landesplanerischen Aufgaben gestellt hat. Man wird vielmehr von einer unverkennbaren Koinzidenz der beiden

---

[1]   So *Otto Müller-Haccius* in einem Vortrag am 30. 11. 1932 über „Die Industriesiedlung in der Umgebung von Berlin" vor dem City-Ausschuß Berlin, Vortragsmanuskript, in: Staatsarchiv Potsdam, Rep. 6 c, Landesplanung, Bd. 3.

Zielsetzungen – der berlinpolitischen und der landesplanerischen – ausgehen müssen. Die besonderen Probleme der Berliner Randkreise waren überwiegend der Art, deren sich die Landesplanung anzunehmen pflegte. Daß sich Landesplanung darüber hinaus prinzipiell der Ordnung eines Gesamtraumes verpflichtet fühlte und diese Aufgabe im Landesplanungsverband Brandenburg-Mitte nicht bearbeiten konnte, beraubte sie nur eines Teils ihres Aufgabenspektrums. Insofern nannte sich der Zusammenschluß sicher zu Recht Landesplanungsverband. In seinem politischen Charakter aber glich er mehr einer interkommunalen Selbsthilfeeinrichtung nach Art eines Zweckverbandes. Dies unterscheidet ihn von den meisten zeitgenössischen Landesplanungsorganisationen.

ANHANG*

---

* Die Texte 1 und 2 stehen beispielhaft für gegensätzliche Positionen in der zeitgenössischen Diskussion um Notwendigkeit und Nutzen besonderer landesplanerischer Maßnahmen im Umland von Berlin (zum Stellenwert der beiden Texte vgl. S. 72 f. und S. 77 f.).

Das Problem Groß-Berlin,
gesehen vom Standpunkt der Provinz Brandenburg,
einige Bemerkungen
von Dr. jur. Müller-Haccius, Regierungsasssessor

Als riesige Kraftansammlung liegt Groß-Berlin mit $4^1/_4$ Millionen Einwohnern und 87 840 ha Fläche im Herzen der Provinz Brandenburg. Der Druck dieser Kraftansammlung hat sich vom ersten Tage der Schaffung Groß-Berlins an sofort wieder am neuen Rande der Weltstadt ausgewirkt und strebt darüber hinaus in vielgestaltiger Form in die Provinz, in das Reich und in die Welt. In unbekümmertem Ausdehnungsstreben rechnet die Verwaltung der Stadt Berlin nach ihrer ausdrücklichen Erklärung in absehbarer Zeit mit einer Verdoppelung der bisherigen Einwohnerzahl auf etwa $8^1/_2$ Millionen, d. h. etwa das $3^1/_4$fache der jetzigen Einwohnerzahl der Provinz Brandenburg. Die räumlichen Grenzen dieses Gebildes sind noch nicht zu ersehen. Schon jetzt freilich strebt Berlin mehr oder weniger ausgesprochen nach der Eingemeindung der wesentlichen Teile der Kreise Niederbarnim und Teltow und läßt gleiche Absichten in Richtung auf Krampnitz, Nedlitz, Potsdam und im Nordwesten in Richtung Hennigsdorf erraten. Ein Kreis, mit einem Radius von 30 km um das Berliner Schloß als Mittelpunkt geschlagen, dürfte vielleicht den Grenzen der erhofften nächsten großen Zonenerweiterung nahekommen. Entsprechend der propagierten städtebaulichen Entwicklung zum Westen nach der Havel würde wohl der Radius dieses Kreises in Richtung Werder sich auf 40 km erweitern und das Südende des Schwielow-Sees mit Ferch umspannen; in Richtung Fürstenwalde kann sogar mit einer Erweiterung auf 50 km gerechnet werden. Im Osten angefangen würden rund herum etwa die Orte Werneuchen, wenn nicht Straußberg, Hennickendorf, Fürstenwalde, Königswusterhausen, Saarmund, Michendorf, Ferch, Werder, Wustermark (wenn nicht Nauen), Oranienburg, Lanke und wieder Straußberg Grenzposten werden. Dabei sei der ungleich weiter greifende, gelegentlich anklingende Gedanke eines Stadtstaates Berlin mit den Grenzen

---

Quelle: Staatsarchiv Potsdam, Rep. 55, Handakten Landesplanung Nr. 382.

der Provinz Brandenburg – die Provinz als Garten der City – hier nur der Vollständigkeit halber erwähnt. Er kann zur Zeit noch nicht zum Ausgangspunkt gegenständlicher Betrachtungen gemacht werden.

Welche Spannungen sich aus solchen Expansionsbestreben Berlins für die Randkreise I. Zone Teltow, Niederbarnim, Osthavelland und Potsdam, namentlich für die beiden ersteren schon jetzt ergeben, bedarf für den Kommunalpolitiker keiner näheren Erläuterung. Auf fast der gesamten kommunalen Verwaltungstätigkeit dieser Kreise lastet als ständiger schwerer Druck die Unsicherheit der eigenen Existenz. Einzelstreitigkeiten mit Berlin auf dem Gebiet des Wegewesens oder der Rieselfelder oder auch der Grenzbereinigung sind nur Symptome des großen Gegensatzes. Die Randkreise II. Zone Zauch-Belzig, Beeskow-Storkow und Oberbarnim haben heute dank räumlicher Trennung noch nicht unter dem unmittelbaren Druck Groß-Berlins zu leiden. Jedoch erwachsen auch ihnen besondere und wichtige Aufgaben aus den Ausstrahlungen der Großstadt (Verkehr, Siedlungen, Wochenendbewegung usw.).

Der natürliche Gegensatz zwischen Berlin einerseits, den Randkreisen und der mit ihnen in gleicher Front stehenden Provinz wird durch die Tatsache verschärft, daß das Band irgendwelcher gemeinsamen Verwaltungsarbeit fehlt. Jede andere Großstadt Preußens wie Köln, Frankfurt a./M., Breslau hat wenigstens durch den Provinzialverband Fühlung mit ihrem Umland. Berlin steht praktisch schon jetzt fast wie ein außerpreußischer Freistaat den anderen Kommunalverbänden gegenüber. Die gemeinsame staatliche Aufsicht in der Person des Oberpräsidenten und des Ministers des Innern kann bei der Ungleichheit des Kräftespiels den Mangel organischen Zusammenhangs nicht vollständig ersetzen.

Aus der täglichen Kleinarbeit der Verwaltung und aus dem Bestreben, größere Zusammenhänge zu sehen, drängt sich die Frage auf: Soll das Problem Groß-Berlin, wie bisher nur von der Stadt Berlin aus aufgegriffen oder kann und muß der Versuch gemacht werden, auch die in der Provinz Brandenburg und in den Randkreisen lebendigen Kräfte einzusetzen und in welcher Richtung hat dies zu geschehen?

Eine vorurteilslose Untersuchung setzt zunächst voraus, daß kommunale Prestigeerwägungen ausscheiden. Der Landkreis als solcher hat nur als Zelle des Gesamtstaates seine Daseinsberechtigung, die er verliert, wenn eine andere Zelle, deren Wachstum für den Gesamtstaat wichtiger ist, seinen Lebensraum beansprucht. Andererseits darf eine Zelle die andere nicht überwuchern, wenn dadurch die Harmonie des Gesamtorganismus gestört wird. Mit anderen Worten, nur das öffentliche Wohl (§ 1 des Gesetzes vom 27. Dezembe 1927) oder die Staatsraison können Richtschnur sein. Dies muß aber in gleicher Weise für und gegen die Randkreise und die Provinz Brandenburg wie für und gegen Berlin gelten.

Die Einzeluntersuchung hat ihren Ausgang von dem Problem der Weltstadt zu nehmen. Es fehlt nicht an beachtlichen Meinungen, die den Untergang der modernen Großstadt prophezeien. So sagt Henry Ford von der Großstadt*): „Die Großstadt ist in Wahrheit ein hilfsloses Ungeheuer. Ihr ganzer Verbrauch muß ihr zugetragen werden. Mit Unterbindung des Verkehrs ist auch ihr Lebensnerv unterbunden . . . Arbeitsmarkt und Lebenslage in der Stadt sind derart unnatürlich, daß die Instinkte mitunter in Empörung geraten müssen. Schließlich sind die Generalunkosten im Privat- wie im Geschäftsleben in den Großstädten so gewachsen, daß man sie kaum noch aufbringen kann . . . Die moderne Großstadt ist verschwenderisch gewesen, heute ist sie bankrott und morgen wird sie zu existieren aufgehört haben."

Es ist hier nicht der Ort, die Ablehnung solchen Standpunktes für Groß-Berlin näher zu begründen. Der Kampf gegen die Weltstadt als solche muß in Zeiten des Weltverkehrs und der Weltwirtschaft aussichtslos erscheinen. Nicht Weltstadt oder Land, sondern Weltstadt und Land, Berlin und Provinz heißt das Problem. Mit unbefangener Totalität der Blickrichtung hat unlängst der Schweriner Ministerialdirektor Ehmig in diesem Sinne Erkenntnis gesucht.**) „Die ganze Struktur des gegenwärtigen öffentlichen Lebens", so sagt er, „fordert die Bejahung des Weltstadtproblems wie das der Großstadt. Nur resignierte Künstlerromantik kann es verneinen. Weltstadtwerdung ist kein grinsendes Gespenst, sondern ein Zeuge für den ungebrochenen Lebenswillen des deutschen Volkes, eine Zukunftshoffnung."

Die grundsätzliche Bejahung des Weltstadtproblems ist aber nur vertretbar, wenn das Auge offen ist für die Schäden, die gegenwärtig noch an der Weltstadt haften, wenn Kopf und Hand rastlos an der Überwindung dieser Schäden arbeiten.

Zweifellos rührt das, was zur Zeit noch das Bild der Weltstadt Berlin trüben mag, nicht daher, daß die Gebietsgrenze nicht weiträumig gezogen und die Einwohnerzahl zu niedrig sei. Das Gegenteil ist eher der Fall. So darf denn auch aus der optimistischen Bejahung des Weltstadtgedankens kein Gutheißen jener im Einklang skizzierten kommunalimperialistischen Pläne der Berliner Stadtpolitik hergeleitet werden; es

---

*) *„Mein Leben und Werk", Seite 225, (vergl. auch Rudolf Böhmer „Das Erbe der Enterbten" Seite 104–130 und Eugen Diesel „Der Weg durch das Wirrsal" Seite 142 ff.)*

**) *Kulturgrundlagen des Städtebaus, herausgegeben von der freien deutschen Akademie des Städtebaus.*

sprechen vielmehr gewichtige Gründe gegen das Werden einer Mammutstadt. Von diesen Gründen seien nur die wichtigsten angedeutet. Ein Selbstverwaltungskörper von der energiemäßigen Wucht und dem politischen Einfluß einer 8 Millionen-Weltstadt würde eine gefährliche Verlagerung des politischen Kräftverhältnisses innerhalb Preußens und namentlich innerhalb des Reiches bedeuten. So weiß man, wie schon jetzt dem unitarischen Gedanken das Übergewicht des Berliner Einflusses im Wege steht. Man berücksichtige, daß z. B. Paris in erster Linie deswegen bisher bürokratisch, zentralistisch und hierarchisch als staatlicher Verwaltungsbezirk durch Staatsbeamte verwaltet wird, weil Paris als Selbstverwaltungskörper ganz Frankreich Gefahren aussetzen würde. Der gegenteilige Hinweis auf die dezentralisierte Selbstverwaltung New Yorks mit 5,9 Millionen Einwohnern erscheint angesichts der in bedeutenden Punkten anders gearteten amerikanischen Verhältnisse nicht beweiskräftig.

Berlin krankt ferner schon jetzt an dem bisher unausgeglichenen Gegensatz zwischen der notwendig gewordenen bürokratischen und zentralistischen Form der Verwaltung und dem Streben nach wirklicher, demokratischer Selbstverwaltung durch die Bürger. Diese Schwierigkeiten würden wahrscheinlich in einem vergrößerten Gemeinwesen ungleich verschärft auftreten. Je größer die Einwohnerzahl eines Gemeinwesens wird, desto geringer wird der Anteil des Einzelnen an der Selbstverwaltung und je größer wird die Gefahr, daß insbesondere die Randgebiete zugunsten anderer Stadtteile mit kommunalen Einrichtungen aller Art weniger gut bedacht werden.

Je schwieriger gestaltet sich insbesondere auch die Verkehrswirtschaft. In einem Riesen-Berlin würden, noch ungleich stärker als bisher, die Wellen eines Millionenverkehrs in bestimmtem zeitlichem Rythmus, je nach Arbeits- und Wohnstätte vom Zentrum nach den Rändern und von den Rändern zum Zentrum fluten: ein unendlicher Leerlauf, dessen Bedeutung aus der Tatsache erhellt, daß schon heute für das Reichsgebiet der Weg zur Arbeitsstätte und zurück infolge der Zusammenballung der Bevölkerung auf etwa 8 Millionen Stunden täglich veranschlagt wird, also die Arbeitszeit von 1 Millionen Arbeiter verbraucht. Die Rationalisierung unserer Volkswirtschaft findet hier ein großes Arbeitsgebiet. Die Verkehrsschwierigkeiten in Berlin würden jedenfalls um ein Mehrfaches wachsen, wenn die Einwohnerzahl sich auch nur verdoppelte.

Die Berliner Wochenendbewegung endlich ist schon jetzt nichts anderes als der Notschrei der arbeitenden Bevölkerung, die um jeden Preis aus den Steinmauern hinausstrebt, um ihren Anteil an der Natur zu haben. Wie anders das Bild, wenn nicht noch weitere Millionenmassen um den Stadtkern zusammengeballt werden, sondern in aufgelok-

kerter Bauweise in kleinen, aber in sich ruhenden selbständigen Gemeinwesen, wie etwa in Oranienburg, Velten, Hennigsdorf, Königswusterhausen und weiter in die Provinz hinaus eine bodenständige Industrie und Arbeiterschaft ansässig würden und letztere Erholung und Natur unmittelbar bei der Arbeits- und Wohnstätte finden könnte!

Aufgabe und Ziel einer vorurteilslosen, von dem Gedanken des wahren öffentlichen Wohles beseelten Verwaltungsarbeit scheinen aus den gesamten bisherigen Erwägungen greifbar sich aufzudrängen.

Groß-Berlin ist unter Bejahung des Weltstadt-Gedankens zu innerer Vollkraft und zur wirtschaftlichen, sozialen, intellektuellen, künstlerischen, auch kulturellen Hauptstadt des Reiches mehr und mehr zu entwickeln. Diese Entwicklung geht aber in die Tiefe und nicht in die Breite. Nicht die rohe Vermehrung der Einwohnerzahl und der Gebietsflächen führen zu diesem Ziel, im Gegenteil. Auf dem jetzt gegebenen Raum, dem größten, den zur Zeit eine Stadt der Welt zur Verfügung hat, heißt es, nach Jahren vielfach unorganischen Wachsens zu innerer Konsolidierung kommen. Es muß andererseits alles geschehen, den aufgezeigten Gefahren weiterer drohender Massenagglomeration entgegenzuwirken. Dabei ist klar, daß dies nicht roh im Kampf gegen eine etwa vorhandene Gesetzmäßigkeit organischen Wachsens erfolgen kann. Das Wachstum der Großstadt ist ja nicht nur zufällig, sondern unübertreffliche Gegebenheiten der Natur erklären zu bedeutendem Teile das Geheimnis ihrer magnetischen Kräfte. Hier heißt es, den Gesetzen des Wachstums nachspüren.

Die innere Konsolidierung der Stadt Berlin ist zunächst ureigene Sache ihrer Verwaltung. Randkreise und Provinz aber dürfen, soweit erforderlich, ihre Mitarbeit nicht versagen. Ungleich bedeutender ist die Aufgabe der Provinz und der Randkreise für die Abwehr weiterer ungeordneter Massenagglomeration und äußeren Anwachsens der Weltstadt. In jedem Falle müssen Provinz und Kreise unter Ablehnung einseitiger Gegnerschaft in jene größere Rolle hineinwachsen, die ihnen vom Standpunkt der Staatsraison gegenüber der Reichshauptstadt zufällt. Mehr als vielleicht bisher müssen sie versuchen, den berechtigten Bedürfnissen Berlins, soweit sie sich an den Rändern der Stadt und darüber hinaus auswirken, Rechnung zu tragen. Andererseits freilich, und auch dies kann nicht mit genügender Schärfe betont werden, muß Berlin an Stelle eines robusten Kommunalimperialismus jede Zusammenarbeit mit den Verwaltungen der Nachbarschaft suchen. Nicht das aus einer eigenartigen Überschätzung der mechanischen Zahl geborene Verlangen, die Einwohnermassen von Millionen zu Millionen zu steigern, nicht der unfriedliche Wunsch, das weiträumig zugemessene Gebiet, von dem erst $^1/_7$ bebaut ist und etwa die Hälfte aus freiem Land besteht, in jedem Falle zu vergrößern, darf bestimmend für die Berliner Kommunalpolitik werden.

Dem skeptischen Verwaltungspraktiker mögen diese Gedankengänge, die nur flüchtig begründet werden konnten, als Ideologie erscheinen. Es mag auch sein, daß der Versuch einer Zusammenarbeit in der angedeuteten Richtung aus inneren und äußeren Hemmungen nicht leicht zum Ziele führt. Angesichts der ungeheuren Verantwortung, die bei der Gesamtsituation unseres Volkes den verantwortlichen Männern der Gegenwart auch auf diesem Gebiete zufällt, muß aber der Versuch gemacht werden. Unterlassen ist immer die schwerste Sünde gewesen.

Die abstrakten Erwägungen erheischen konkrete Vorschläge. Diese Vorschläge haben die materiellen Aufgaben und die Organisationsform für ihre Durchführung zu umfassen.

Was zunächst die Verwaltungsaufgaben angeht, so haben diese von dem gegenwärtigen territorialen Besitzstand auszugehen. Auf ihre Spur führt zunächst zwanglos die Erwägung, daß Gründe, die der Gesetzgeber schon einmal beim Schaffen von Groß-Berlin 1920 als stichhaltig anerkannt hat, auch für die Folge besondere Beachtung erheischen. So hat in der Begründung des Gesetzes Groß-Berlin*) die äußerliche Anlehnung einer Reihe von Nachbargemeinden an Berlin, wie sie in der Bauweise zum Ausdruck kam, eine Rolle gespielt. Dieses Übergreifen städtischer Bauweise auf die Randkreise wird, wie die Grenzen Berlins augenblicklich laufen, ohne der organischen Entwicklung Zwang anzutun, vielfach, wenn nicht meistens vermieden werden können. Die Auflockerung der Bauweise nach den Rändern ist schon jetzt ein in dem Bebauungsplan jeder Großstadt verfolgtes Prinzip. Es wird daher möglich sein, durch geeignete Bauordnungen dafür zu sorgen, daß die ländliche Bauweise in einem bestimmten Gürtel rund um Berlin grundsätzlich aufrechterhalten wird.

Ganz besondere Bedeutung hat die Frage der Versorgung der Bevölkerung der Randkreise mit Gas, Wasser, Elektrizität und Kanalisation. Jede Abhängigkeit auf diesem Gebiet von Berliner Versorgungsbetrieben schafft tatsächliche Gründe für Eingemeindungswünsche. Es bedarf hier zusammenfassender großzügiger Prüfung des bereits Geleisteten und der Zukunftsaufgaben, insbesondere auch einer klaren Abgrenzung der Einflußsphären. Die Frage der Wasserversorgung tritt vielleicht gerade jetzt in ein akutes Stadium.

Ein weiterer großer Fragenkomplex ist der Verkehr (Ausfallstraßen, Eisenbahnlinien usw.). Wahrscheinlich wird sich hier am leichtesten ein Weg der Zusammenarbeit mit Berlin finden.

---

*) Verfassunggebende Preußische Landesversammlung, Drucksache Nr. 1286 S. 1703 ff.

136

In unmittelbarem Zusammenhang mit diesen Fragen steht die Auf-stellung eines Generalsiedlungsplanes. Berlin hat in der an den Herrn Minister des Innern gerichteten Denkschrift vom 19. Mai 1928, mit der es die Einverleibung von 18 Gutsbezirken forderte, hervorgehoben, die Kommunalbehörde Berlin müsse schon jetzt in die Lage versetzt wer-den, die Bebauungspläne der Randbezirke zu leiten, die Siedlungstätig-keit in die richtige Bahn zu lenken, die Wirtschaftszentren von Wohnge-genden zu trennen und für die nötigen Freiflächen zu sorgen; andern-falls sei zu befürchten, daß das Gelände, ohne daß Berlin eine Möglich-keit zum Einschreiten habe, in engherziger Kleinpolitik aufgeteilt und ohne Berücksichtigung der Interessen der Berliner Bevölkerung der Bebauung zugeführt würde. Aus diesen Ausführungen müssen Provinz und die beteiligten Randkreise eine ernste Mahnung zum tätigen Auf-greifen der angedeuteten Aufgaben herauslesen. Es ist zweifellos richtig und leitet sich ohne weiteres aus früheren Erwägungen ab, daß nur große, der Allgemeinheit dienende Gesichtspunkte den Bebauungsplan der Berliner Randbezirke bestimmen dürfen. Hierunter fällt als beson-ders volkstümliche Aufgabe die Erhaltung der Waldflächen als Erholung für die Bevölkerung. Auch an die Sicherung künftiger Straßenführun-gen muß gedacht und die Verbauung mutmaßlicher Verkehrsbänder der Zukunft durch Streusiedlungen usw. verhindert werden. Die Gunst der weiten, ebenen Landschaft rund um Berlin bietet hier Möglichkeiten, ohne gesetzliche Zwangsmittel im Verwaltungswege Vorsorge zu treffen.

Noch eine andere große Aufgabe erwächst der Landesplanung. Es wird zu prüfen sein, ob und an welchen Orten rund um Berlin Vorberei-tungen für eine Aufnahme der Industrie zu treffen sind. An Oranien-burg, Velten, Hennigsdorf, Nowawes usw. ist hierbei zu denken. Dabei ist klar, daß nachdem die Zeiten des Merkantilismus vorüber sind, der Industrie und dem Gewerbe nicht vorgeschrieben werden kann, an bestimmten dezentralisierten Punkten um die Großstadt herum Arbeitsstätten als Kerne selbständiger Gemeinwesen zu schaffen. Indu-strie und Gewerbe folgen den günstigen Bedingungen wirtschaftsgeo-graphischer Natur. Wasserwege, gegebenenfalls Bodenschätze und erst dann Schienenwege kommen hier in Frage, aber auch die Lage des Arbeitsmarktes u. a. m. Landesplanung kann hier nur in Fühlungnahme mit den zuständigen Stellen der Industrie arbeiten. Gewiß liegen die Verhältnisse im Bezirk und in Berlin, wo eine geschlossene Industrie-gruppe, wie etwa der Bergbau in Mitteldeutschland, nicht vorhanden ist, sondern eine Vielfalt einzelner Unternehmungen, unabhängig von Bodenschätzen, sich entwickelt hat, eigenartig. Es darf aber nicht über-sehen werden, wie hellhörig die Industrie auf dem Gebiete der Landes-planung geworden ist und mit welcher fortschrittlichen Gesinnung sie

die hier auftauchenden Probleme ergriffen hat. Ein Versuch der Füh-
lungnahme mit der Industrie muß gemacht werden. Es mag sein, daß er
zur Zeit noch keine greifbaren Ergebnisse zeitigt, zum mindesten wer-
den Fäden für die Zukunft gesponnen. Unterlassen wäre hier die
schwerste Sünde.

Aufgaben und Organisation hängen innig zusammen. Für die Versor-
gung der Bevölkerung der Randkreise mit Gas, Elektrizität und Kanali-
sation wird es vielleicht vorläufig neuer zwischengemeindlicher Orga-
nisation nicht bedürfen. Bei der Wasserversorgung wäre die Frage der
zweckmäßigen Organisationsform noch zu prüfen. Eine klärende Aus-
sprache zwischen den Leitern des beteiligten Kreises ist erwünscht, da
alle hier in derselben bedeutungsvollen Front stehen.

Sicher wird eine besondere Organisation nötig für die Aufgaben, die
mit der Landesplanung zusammenhängen. Unerläßlich ist es, hier Zu-
sammenarbeit mit Berlin zu suchen. Die Berliner Städtebauer dehnen
ihre städtebaulichen Gedanken mit einer gewissen Selbstverständlich-
keit auf die Umgebung von Berlin aus.*) Wie weit augenblicklich ein
Generalsiedlungsplan für Berlin vorliegt, ist hier nicht bekannt. Jeden-
falls besteht, wenn Provinz und Berlin ohne Fühlung bleiben, die
Gefahr, daß ein namhafter Städtebauer eine Landesplanung für die
Landkreise Niederbarnim, Teltow und Osthavelland mit Industriesied-
lungen, Waldschutzstreifen, Einfallstraßen usw. vom Standpunkt dieser
Kreise ausarbeitet und gleichzeitig, völlig getrennt, ein anderer Städte-
bauer vom Standpunkt der Stadt Berlin und im Auftrage der Stadt
das gleiche Gebiet bearbeitet. Dabei wirkt naturgemäß vielfach der Ber-
liner Sachbearbeiter am längeren Hebelarm. Er kennt die Wünsche und
Absichten der Berliner Stadtverwaltung. Die Stadtverwaltung wieder-
um hat es in der Hand, durch tatsächliche Maßnahmen (Verkehrsanla-
gen, Hauszinssteuerverteilung usw.) die Entwicklung in den Randge-
bieten zu beeinflussen. Man denke auch an ihren Einfluß auf die deutsche
Reichsbahngesellschaft und damit an den Ausbau der Stadt-und Vorort-
bahnen. Gerade aber diesen Bahnen als den Hauptträgern des fluktuie-
renden Verkehrs von Wohnstätte zur Arbeitsstätte kommt Bedeutung
für die städtebauliche Entwicklung zu. So stehen wir gerade im gegen-
wärtigen Zeitpunkt, wo die Elektrisierung der Bahnen schrittweise

---

*   *Vgl. ehem. Magistratsoberbaurat Dr. Roman Heiligenthal „Probleme des*
Generalsiedlungsplanes" in der Monographie „Probleme der neuen Stadt
Berlin", Seite 254 ff.; derselbe: „Wirtschaftliche Grundlagen der Dezentrali-
sation", Vorträge auf der internationalen Städtebautagung 1925, Bericht,
Seite 131 ff.)

vorangeht, wieder vor neuen Möglichkeiten der Umgruppierung oder Abwanderung von Industrie und Arbeiterschaft.

Der organische Zusammenhang zwischen dem Berliner Stadtgebiet und den Randzonen zwingt zu gemeinsamer Arbeit. Es muß daher versucht werden, einen Landesplanungsausschuß zu schaffen, in dem die Stadt Berlin, die Provinz Brandenburg und die Randkreise I. Zone, ferner Oberbarnim, Beeskow-Storkow und Zauch-Belzig als Randkreise II. Zone vertreten sind. Nur bei gemeinsamer Arbeit kann das gemeinsame Ziel erreicht werden. Als Sachbearbeiter wäre ein Städtebauer ersten Ranges zu gewinnen, der die hier entwickelte Betrachtung des Gesamtproblems innerlich bejahen müßte. Die Organisation des Ausschusses im einzelnen und seiner Willensbildung bedarf späterer Sonderuntersuchung. Schon wegen der Rechtslage ist jedenfalls freiwilliges Zusammenfinden der Meinungen in erster Linie anzustreben. Stimmenführung, Vorsitz usw. wären zu prüfen. Denkbar ist bei Meinungsverschiedenheiten Anruf einer Schlichtungsinstanz (Oberpräsident oder Minister für Volkswohlfahrt), die einen unverbindlichen Schiedsspruch fällen könnte. Hinzuzuziehen zu den Arbeiten dieses Landesplanungsausschusses wären insbesondere Vertreter der Industrie- und Handelskammer, der Reichsbahngesellschaft, gegebenenfalls auch der Landwirtschaftskammer usw. Oberpräsident und Regierungspräsident Potsdam müßten ebenfalls Sitz in diesem Ausschuß haben. Dem Ausschuß fällt auch die natürliche Aufgabe zu, soweit auf städtebaulichem Gebiete in konkreten Einzelfällen Reibungen entstehen, durch die Möglichkeit zwangloser Aussprache zwischen den Mitgliedern ausgleichend zu wirken.

Wie in anderen Gebieten Preußens sollte für den Generalsiedlungsplan das unsichere Städtebaugesetz nicht abgewartet werden. Das Wunschbild als solches kann auch ohne dieses Gesetz entstehen. Im übrigen bietet das geltende Recht mannigfache Handhabe, Gedanken des Generalsiedlungsplanes zu sichern (Fluchtliniengesetz, Wohnungsgesetz, Ansiedlungsgenehmigung, baupolizeiliche Genehmigung, Gesetz von 1922 über Baumbestände und Uferwege). Möglichkeiten der praktischen Verwaltung treten hinzu (Bodenvorratspolitik pp.).

Neben dem Landesplanungsausschuß, der die jetzige Kluft zwischen Berlin und der Provinz überbrücken soll, bleibt die ausgleichende Tätigkeit der gesetzlich zuständigen Verwaltungsstellen unberührt. Der Boden für einen Ausgleich wird durch die zu propagierende Erkenntnis vorbereitet, daß zahlreiche konkrete Einzelfälle nur Erscheinungsformen des Problems Groß-Berlin sind, die also im Rahmen der grundsätzlichen Einstellung bearbeitet werden müssen. Als Beispiel sei die Berliner Rieselfelderwirtschaft erwähnt. Hier kann nicht Interessengegensatz, sondern nur Interessenausgleich zum Ziel führen. Erwünscht ist

auch innerhalb der Regierung eine Stelle, bei der aus den Sonderdezer-
naten informatorisch Angelegenheiten durchlaufen, die das Problem
Groß-Berlin betreffen (Flughäfen, Straßenbaufragen). Die Bedeutung
eines anscheinend untergeordneten Einzelfalls erhellt z. B. aus der Tat-
sache, daß Berlin, gewiß nicht immer bona fide, noch nach Jahren
Gründe zur Eingemeindung sieht, weil beim Legen eines Druckrohres
in einer Kreisstraße Schwierigkeiten gemacht worden seien.

Durch gemeinsame Arbeit der Provinz und der Randkreise im Lan-
desplanungsausschuß und gegebenenfalls in einem Ausschuß für Ver-
sorgung der Bevölkerung mit Wasser usw. soll und darf nicht die Initia-
tive und die Bewegungsfreiheit des einzelnen Kommunalverbandes
unnötig gelähmt werden. Aus dem gemeinsamen Arbeitsgebiet werden
sich zwanglos Unterschiede aussondern, deren Bearbeitung dem einzel-
nen Kommunalverband allein zufällt. Die Organisation muß sich auf das
nötige Maß beschränken. Andererseits ist Eigenbrödelei gefährlich. Die
Größe der Aufgabe, die Bedeutung des Mit- und Gegenspielers Berlin
erfordert ein Einschwenken in die Einheitsfront.

Der wachsende Einfluß Berlins kann nicht ernst genug genommen
werden. Gewiß mag es an Kritikern nicht fehlen, wenn Berlins Ober-
bürgermeister laut Zeitungsnachrichten in einer wissenschaftlichen
Vortragsreihe am 30. Oktober d. Js. nicht ohne Stolz erklärt hat, Berlin
sei unter gewissen Voraussetzungen schon jetzt in der Lage, die ganze
Provinz Brandenburg zu finanzieren, um auf dem Sandboden der Pro-
vinz Gemüse und Obstkulturen größten Stils zu schaffen. Man würdige
aber den zukunftsfreudigen, kraftvollen Machtwillen, der symptoma-
tisch aus solchen Worten spricht. Noch ist es Zeit, daß die Provinz Bran-
denburg die große einzigartige Aufgabe aufgreift, die ihr als Umland der
Weltstadt Berlin vom Schicksal zugedacht ist. Nicht mit verschränkten
Armen und in freiwilligem Verzicht soll Brandenburg der Riesenstadt
nach und nach erliegen, sondern in willensstarkem Eigenleben Schulter
an Schulter mit Berlin die großen Probleme, die hier skizziert werden
durften, nach den Gesetzen des wahren öffentlichen Wohles meistern;
nicht Weltstadt oder Provinz, sondern Weltstadt und Provinz, Berlin
und Brandenburg.

Landrat des Kreises Teltow.
A. I. 14.

Berlin, den 2. Januar 1929.
W. 10, Viktoriastr. 18.

Betrifft: Landesplanung.
Verfügung: vom 30. 11. 1928 – I D 7137 –.

In diesen Wochen bin ich nicht nur wegen der Aufstellung meines Kreishaushalts, sondern auch wegen der Tagung der beiden Landkreistage und zahlreicher Sitzungen der Betriebsgesellschaften so in Anspruch genommen, daß es mir leider nicht möglich ist, mich mit den Ausführungen des Herrn Müller-Haccius so eingehend zu beschäftigen, wie sie es wohl verdienten. Ich muß mich deshalb auf einige Bemerkungen beschränken, wie es ja auch im dortigen Erlaß lediglich angeordnet ist.

Herr Müller-Haccius geht von der Äußerung Henry Fords aus, daß die moderne Großstadt verschwenderisch gewesen sei, heute schon bankerott, und morgen aufgehört haben werde zu existieren, und stellt ihr die Ansicht des Mecklenburgisch-Schweriner Ministerialdirektors Ehmig entgegen, der die Bejahung des Weltstadtproblems, wie das der Großstadt, fordert und erklärt, nur resignierte Künstlerromantik könnte dies verneinen. Wie ich glauben möchte, schließt sich Herr Müller-Haccius lediglich aus taktischen Gründen der letzteren Auffassung an und überläßt es dem Leser, ob er den weltberühmten amerikanischen Großindustriellen und Organisator für einen resignierten Künstler-Romantiker halten will, dem im Gegensatz zu den Mecklenburgischen Beamten Urteilsfähigkeit über Großstadtprobleme abzusprechen ist. Ich halte diese Taktik für grundsätzlich falsch. Es gehört heute kein besonderer Mut mehr dazu, im Sinne der Vorgenannten die Weltstadt zu verneinen, denn man befindet sich dabei bereits seit langer Zeit in allerbester Gesellschaft. Schon vor nunmehr fast 3 Jahren habe ich, angeregt durch eine Enquete der Frankfurter Zeitung, Stimmen auf diesem Gebiet wirklich sachkundiger Persönlichkeiten in einem Heftchen zusammengestellt, von dem ich mir ein Exemplar beizulegen gestatte. Ich greife dabei Äußerungen heraus, wie des Chefarchitekten und Leiters des Instituts für Städteplanung in London, eines Mannes, der nach seiner Berufsstellung in der ältesten und größten Weltstadt Anspruch auf Anerkennung seines Sachverständnisses unbedingt haben muß.

„Wenn die Stadt das Heim einer wirklichen Gemeinschaft sein soll, so muß sie folgende charakteristische Eigenschaften haben: Definitive Form, Beziehungen zwischen ihren Teilen, *Begrenzung der Größe*, bis zu welcher sie als gesundes einzelnes Gemeinwesen wachsen sollte. Wenn die ihr gesetzte Größe erreicht ist, soll die städtische Gemeinde sich wie andere Organismen ausdehnen, nicht durch Aufblähung ihres eigenen Körpers, sondern indem sie Mutter neuer Organismen wird, ihr ähnlich nach Form und Vollständigkeit."

Quelle: Staatsarchiv Potsdam, Rep. 55, Handakten Landesplanung, Nr. 382.

Der führende deutsche Verkehrstechniker Dr.-ing. Prof. Otto Blum schreibt: „Wenn wir also vor technisch-wirtschaftlichen Unmöglichkeiten stehen, bleibt uns nichts anderes übrig, als *die Riesenstadt als solche zu bekämpfen.* Und dieser Kampf ist aussichtsreich, denn die Riesenstadt ist *ein großes Übel, aber kein notwendiges.*" ...

„Nicht die ‚natürliche Entwicklung' hat die ‚Wasserköpfe' geschaffen, sondern sie sind wider die Natur künstlich hochgezüchtet worden, indem unwissende Staatsmänner den Verkehr (Eisenbahnpolitik) dazu mißbraucht haben, um einen Punkt auf Kosten des ganzen Landes im Bau der Linien, dem Fahrplan der Schnellzüge und den Tarifen zu begünstigen."

Der Generaldirektor der Bezirksplanung New York und Umgebung erklärt, daß „nach all den Erfahrungen sich die große moderne Stadt unter den heute bestehenden Verhältnissen immer mehr dem Gipfelpunkt ihrer Möglichkeiten nähert, *wenn sie diesen nicht schon überschritten hat.* Es ist damit also bereits die Zeit gekommen, daß man alle Versuche, den Verkehr zu regeln, nur noch als Vorbeugungsmaßnahmen für eine beschränkte Zeit betrachten kann."

Dasselbe erklärt der bekannte deutsche Architekt Bruno Taut. Auch er zitiert Henry Ford und kommt zu der Forderung der „Auflockerung, ja *Auflösung der Städte.* Was vor kurzer Zeit noch vielen als Utopie erschien, wird heute Notwendigkeit und letztes Ventil an dem zum Platzen gefüllten Kessel." ...

Auch Eduard A. Filene (Boston) schließt sich der Ansicht von Ford an und glaubt, daß die Dezentralisation der großen Bevölkerungszentren bevorstehe.

Wenn es, wie in dem Heft angeführt ist (S. 17), feststeht, daß beispielsweise Berlin mehr als zehnmal so viel Paralytiker und hundertzehnmal soviel Säufer-Wahnsinnige, als das um eine Million bevölkerungsreichere Westfalen liefert, dann muß doch für die Staatsregierung die Erkenntnis heranreifen, daß es Zeit ist, zum mindesten der weiteren Großstadtbildung einen Riegel vorzuschieben. Das will ja auch der Verfasser der Denkschrift, deshalb sollte er aber die Weltstadt nicht grundsätzlich bejahen, sondern grundsätzlich verneinen.

Ich persönlich glaube nicht, daß, selbst wenn man die Dinge laufen läßt, wie sie gehen, Berlin in absehbarer Zeit (1940!) zu einer Achtmillionenstadt anwachsen würde. Diese Zahl hat heute die Grafschaft London noch nicht erreicht, obwohl sie, als Berlin kaum 1 Million Einwohner hatte, schon wesentlich bevölkerter war als Berlin heute ist.

Die deutschen Großstädte pflegen mit bestem Erfolg ihre „großzügige" Eingemeindungspolitik und ihre Stadtplanungen „auf weite Sicht" mit ihrem unaufhaltsamen und rapiden Wachstum zu begründen. Dabei finden sie vollen Beifall weitschauender Politiker nicht nur, sondern auch in der gesamten Presse und beim großen Publikum. Wer nicht mitmacht, ist rückständig! Ich bestreite, daß es ein derartiges Wachstum der Großstädte gibt und behaupte, daß, wo es ein solches gegeben hat, ein Stillstand eintreten muß.

Nach den siegreichen Kriegen, nach der Neugründung des Deutschen Reiches, trat ein ungeheurer wirtschaftlicher Aufschwung ein, das bisher agrarische Deutschland wurde industrialisiert. Dieser Umstand und das Aufblühen des Handelsstandes hatten einen sehr großen Zuzug in die Städte zur Folge, wozu das platte Land mit seinem großen Geburtenüberschuß die Menschen lieferte.

Durch den unglücklichen Weltkrieg sind Millionen von Auslandsdeutschen und von Deutschen in den abgetretenen Gebieten heimatlos geworden und haben sich in dem verkleinerten Deutschland niederlassen müssen, wobei sie vorzugsweise die Großstädte aufsuchten.

Einen weiteren Zuwachs von Millionen haben die Großstädte durch die maßlosen Eingemeindungen erfahren und so wird es den annektionslustigen Oberbürgermeistern leicht, zahlenmäßig auf das ungeheure Wachstum der deutschen Großstädte hinzuweisen und ihre Forderungen mit ausschweifend „weitsichtigen" Plänen zu begründen.

Auf diese Weise kommen dann auch die Rechnungen zustande, wonach Berlin bis zum Jahre 40 auf acht und eine halbe Million Einwohner gewachsen und gezwungen sein soll, für diese Bevölkerungsmenge Vorsorge zu treffen.

Da dürfte doch wohl die Frage naheliegen, wo denn die neuen vier Millionen Berliner eigentlich herkommen sollen. Die Einwohnerzahl von Berlin nimmt trotz Eingemeindung von zwei Millionen gesunder Vorortler und obwohl die Bevölkerung zum großen Teil aus zugezogenen Nichtgroßstädtern besteht, wenn man den jeweiligen Zuzug außer acht läßt, überhaupt nicht zu, sondern ab! Die Zahl der Todesfälle übertrifft die der Geburten. Das Wachstum der Stadt beruht also ausschließlich auf Zuzug. Woher dieser stammt, ist oben gesagt. Er ist auf drei einmalige, nicht wiederkehrende Umstände zurückzuführen: Wirtschaftlicher Aufschwung in der neuen Reichshauptstadt, ungeheure Eingemeindungen und Zustrom von Heimatlosen. Daneben besteht die Anziehungskraft der Hauptstadt insbesondere auf die nähere Umgebung. Die Provinz Brandenburg hat den höchsten Prozentsatz an Zuziehenden in den letzten Jahren geliefert. Da diese aber selbst nicht mehr als zwei Millionen Einwohner hat, und auch auf dem Lande die Geburtenzahl so stark abnimmt, daß mit einem natürlichen Zuwachs an Bevölkerung kaum noch lange zu rechnen ist – haben die Geburten in Deutschland im Durchschnitt doch schon den Tiefstand Frankreichs 17 auf Tausend erreicht – kann die Provinz doch wohl kaum einen wesentlichen Teil der in 12 Jahren zu liefernden vier Millionen neuer Berliner aufbringen.

Bei den vorstehenden allgemeinen Betrachtungen ist mir der Gedanke gekommen, doch einmal an Hand von einwandfreiem statistischem Material zu prüfen, mit was für einer Zunahme an Bevölkerung zu rechnen ist, wenn man meine Überlegungen außer acht läßt und ganz davon absieht, daß das bisherige Wachstum der Reichshauptstadt auf besonderen einmaligen Umständen beruht und daß im allgemeinen dafür gesorgt ist, daß Bäume und andere organische Wesen, zu denen auch die Städte gehören, nicht in den Himmel wachsen.

Da ergibt sich denn ein ebenso überraschendes wie belehrendes Bild.

Berlin hatte nach dem jetzigen Gebietsumfang nach der Volkszählung vom 1. 12. 1910 3 729 650 Einwohner, nach derselben vom 16. 6. 1925 4 024 165, d. h. Berlin hat in 15½ Jahren, darunter Jahren größten Aufschwungs 10/14, und riesigen Zusammenströmens 19/25, im ganzen 294 515 Einwohner (vgl. Statistisches Jahrbuch für Preußen) genau zugenommen, d. h. genau 19 000 Einwohner pro Jahr. Legt man diesen mehr als 15jährigen günstigen Durchschnitt zugrunde, und läßt alle meine oben angeführten Gründe, die gegen ein weiteres Anwachsen sprechen, außer acht, dann wird Berlin immerhin mehr als 200 Jahre brauchen, bis es die schon in nächster Zeit erwarteten 8 Millionen Einwohner besitzt und ich halte es deshalb für verfrüht, sich jetzt schon den Kopf darüber zu zerbrechen, wie man *weitere* unterbringen soll, denn daß acht Millionen sehr bequem in Berlin bei lockerster modernster Bauweise unterzubringen sind, darüber besteht ja z. Zt. noch Einigkeit.

Mit dem mir vorliegenden Zahlenmaterial kann man aber für Berlins Wachstum zu sehr viel weniger günstigen Voraussagungen gelangen. Wenn ich von der allein zuverlässigen Volkszählung 16. 6. 1925 ausgehe und feststellen will, wie stark Berlin in 10 Jahren, also einem rechnerisch üblichen Zeitraum, angewachsen ist, dann muß ich auf die Fortschreibungsziffer (mit dieser operiert Berlin neuerdings, sie ist aber unzuverlässig) zurückgreifen. Dann ergibt sich folgendes Bild

1. 8. 1914:   4 070 040
16. 6. 1925:   4 024 165   d. h. in etwas mehr als 10 Jahren
Abnahme: 45 875.

Nach dieser Rechnung würde Berlin in zweihundert Jahren also nicht auf acht Millionen Einwohner gewachsen, sondern auf etwa drei zurückgegangen sein. Ich halte dies für wahrscheinlicher, wenn ich auch zugebe, daß man mit Fortschreibungsziffern und Volkszählungsziffern nicht durcheinander arbeiten darf, wie dies von seiten der Städte insbesondere von Berlin mit Vorliebe getan wird. Nach der letzten Angabe der Stadt Berlin (Statistisches Amt der Stadt Berlin) war die Fortschreibungsziffer am 1. 11. 1928 4 280 974, diese Zahlen pflegen aber höher zu sein als die der Volkszählungen.

Es geht natürlich nicht an, alle Großstädte über einen Kamm zu scheren, denn jede Stadt ist ein Individuum, ist unter besonderen Bedingungen entstanden und herangewachsen. Was insbesondere Berlin anbelangt, so paßt hier das Wort von Professor Otto Blum aber unzweifelhaft, daß die Stadt wider die Natur künstlich hochgezüchtet ist und deshalb sollte hier die Regierung, nachdem die Erkenntnis, daß Berlin jedenfalls ein für das verarmte Deutschland untragbar verschwenderisches Gebilde geworden ist, zu Maßnahmen schreiten, die dieses Gebilde ebenso willkürlich wieder abbauen, wie es s. Zt. künstlich hochgezüchtet ist. Man braucht dabei nicht gleich so weit zu gehen, wie im grauen Altertum oder neuerdings in Australien, wo man einfach eine neue Hauptstadt in bisher einsamster Gegend ganz neu aufbaut. Mildere Mittel gibt es zur Genüge, es würde zu weit führen, sie hier zu erörtern. Wenn man aber heute liest, daß im letzten Jahre innerhalb Berlins wieder 200 Millionen Menschen mehr als im Vorjahre auf den öffentlichen Verkehrsmitteln – ausschließlich Taxis – befördert, also, da die Bevölkerungszahl nicht wesentlich gewachsen, die

Wirtschaft eher zurückgegangen ist, volkswirtschaftlich schädlich spazierengefahren worden sind, scheint nach dieser Richtung Eile geboten.

Aus allem Vorhergesagten bin ich aber auch der Meinung, daß regierungsseitig den Aspirationen der großen Städte allgemein mit allem Nachdruck entgegengetreten werden sollte und daß großzügige Landesplanungen in der Regel nur von theoretischer Bedeutung sein werden; wenn sie von seiten der Landkreise ausgehen, vielleicht den taktischen Wert besitzen, daß sie den Städten das Wasser für ihre Agitationsmühlen abgraben. Nur in dem letzten Sinne kann ich mich für solche aussprechen.

Herr Müller-Haccius geht meiner Ansicht nach von der falschen Voraussetzung aus, daß tatsächlich mit einem ungeheuren weiteren Wachstum der Stadt Berlin zu rechnen ist und baut darauf seine Gedankengänge auf. Ich glaube in Vorstehendem, soweit es in der Kürze möglich war, nachgewiesen zu haben, daß ein solches Anwachsen nicht zu befürchten ist und daß von Unterlassungssünden in der Vergangenheit nicht wohl gesprochen werden könne. Alles, was neuerdings geplant und besprochen wird, ist auch vor 25 Jahren und länger vorher Gegenstand nicht nur eifriger Erörterungen, sondern auch von Taten gewesen. Der Zweckverband Großberlin hat in der kurzen Zeit seines Bestehens Grünflächen in vollkommen ausreichendem Maße, wie sie keine andere Weltstadt der Welt besitzt, für Berlin sichergestellt, er hat auch alle Ausfallstraßen ausgesondert und straßen- oder baufluchtmäßig festgestellt, in sämtlichen Orten der Kreise Teltow und Niederbarnim die Bebauungspläne nach großen Gesichtspunkten überprüft.

Nach diesen allgemeinen und grundsätzlichen Ausführungen darf ich mir noch einige Einzelbemerkungen zu der Denkschrift und auch zu dem Protokoll vom 22. X. erlauben.

Vom unorganischen Zusammenwachsen der Stadt Berlin wird viel gesprochen. Auch das ist falsch. Berlin selbst und seine Vororte sind sehr viel planmäßiger aufgebaut als die meisten anderen Weltstädte, sicherlich als Paris und London. Bedurften doch alle Bebauungspläne von Großberlin und Umgebung von jeher der königlichen Genehmigung, wurden also im Ministerium geprüft, und von einem rücksichtslosen Festlegen von Straßen und Bebauungsplänen ist nie die Rede gewesen. Mir ist denn auch keine vergleichbare Stadt bekannt, bei der man aus den Außenbezirken mit einer derartigen Leichtigkeit und Geschwindigkeit bis ins tiefste Zentrum gelangen könnte unter Benutzung von klar und großzügig angelegten Ausfallstraßen. Ich kenne Leute, die von Potsdam und ähnlichen Entfernungen bis in die Mitte der Stadt in 30 Minuten gelangen. Damit vergleiche man die Zustände in anderen Weltstädten.

Bei dieser Gelegenheit möchte ich auch dem Vorwurf gegen den Kreis Teltow entgegentreten, als ob er auf diesem Gebiete rückständig wäre. Bereits mein Herr Amtsvorgänger hat vor mehr als drei Jahrzehnten auf Grund der Erfahrungen nach dem Kriege 70 darauf gehalten, daß in sämtlichen, auch den entlegensten Orten des Kreises Teltow ordnungsmäßige Bebauungspläne aufgestellt wurden. Dabei ist auch der Durchgangsverkehr – selbstverständlich nur soweit man ihn damals kannte, die heutige Entwicklung konnte niemand voraussehen – berücksichtigt worden. Ich glaube nicht, daß irgend ein Kreis früher daran gedacht hat dasselbe zu tun. Was mich persönlich anlangt, so habe ich ebenfalls vor ungefähr 25 Jahren dem mir bekannten Reg. Baumeister Heymann die Möglichkeit und Gelegenheit gegeben, in ihm besonders zur Verfügung gestellten Räumen des Kreishauses, wo ihm alle Sonderpläne zur Verfügung standen, den ersten Entwurf zu einem Grüngürtel um Berlin nach Wiener Muster auszuarbeiten. Vorträge des Herrn Heymann im Architektenverein haben des weiteren zu dem großen Preisausschreiben für einen Generalbebauungsplan von Großberlin geführt, dessen Unkosten, die in die Hunderttausende gingen, von der Stadt Berlin und den beiden Landkreisen zu gleichen Teilen getragen wurden. Aus dem Preisausschreiben, dessen Richterkollegium ich angehörte, ging als erster Preisträger der jetzige Professor Jansen hervor, dessen heutige Autorität auf seiner damaligen Arbeit im wesentlichen beruht. Aus diesen Anfängen heraus ist leider das Zweckverbandsgesetz Großberlin entstanden. Ich sage leider, weil es zu dem führte, was es gerade verhindern sollte. Es sollte die jetzt wieder ganz neu in die Debatte geworfene Arbeitsgemeinschaft zwischen Stadt und Land herstellen, Eingemeindungen überflüssig machen und hat doch schließlich gerade zu der großen Eingemeindung geführt. Vestigia terrent.

Die Döberitzer Heerstraße und die Avus konnten nur mit materieller Unterstützung des Kreises geschaffen werden, Berlin hat zu beiden keinen Pfennig beigesteuert.

Die von Stubenrauch entworfene Baupolizeiordnung, die er leider damals nicht durchsetzen konnte, weil weder die öffentliche Meinung noch die Fachleute dafür reif waren, hätte die ganze Entwicklung von Großberlin in andere Bahnen gelenkt. Sie hätte die Auflockerung der Großstadt in allergrößtem Stile bewirkt, als es dazu noch Zeit war.

Ich bitte daraus zu ersehen, daß wir uns im Kreise Teltow durchaus keine Unterlassungssünde vorwerfen lassen brauchen.

Zu der Bemerkung über New York möchte ich nur erwähnen, daß auch New York nicht, wie man das immer wieder liest, in dem Sinne etwa wie Großberlin eine – wenn auch dezentralisierte – Einheitsstadt ist. Es wird immer übersehen, daß doch sehr wesentliche Teile sogar in einem fremden Staate liegen (Hoboken in New Jersey) und bei der Schmalheit des ganzen Staates der Ausdehnung einer Einheitsstadt ohne weiteres Grenzen gesetzt sind.

„Mehr als bisher vielleicht" schreibt Herr M.-H. „müßten die Kreise versuchen, den berechtigten Bedürfnissen Berlins Rechnung zu tragen". Wer die Verhältnisse hier und die Entwicklung auch nur einigermaßen kennt, der weiß, in wie ungeheurem Maße die Kreise für die Berücksichtigung der Bedürfnisse Berlins in der Umgebung stets Sorge getragen haben, meist im Kampfe gegen Berlin. Beispiele aus alter Zeit wie auch aus den allerletzten Tagen könnte ich in beliebiger Zahl angeben. Es würde zu weit führen.

Nur noch eine Bemerkung zum Schluß über die Entwicklung der Industrie. Weil die Zeiten des Merkantilismus vorüber seien, könne man der Industrie nicht vorschreiben, daß sie sich an bestimmten Punkten anzusiedeln habe. Das ist auch nicht nötig, und das tut sogar meines Wissens Mussolini nicht. Wohl aber verbietet er die Anlage von Industrien, wo sie zu einer schädlichen Aufblähung der Städte führen könnte; dasselbe geschieht bei uns in geringerem Umfange, wenn wir die Industrie auf baupolizeilichem Wege von Wohngebieten fernhalten. In dieser Beziehung könnte man sehr viel radikaler vorgehen.

Ich will auf die Einzelheiten nicht weiter eingehen, weil sie ja vielfach auch schon in meinen allgemeinen Betrachtungen mit berührt worden sind, möchte aber meinerseits davor warnen, daß man sich gar zu sehr davor fürchtet, man könnte eine Unterlassungssünde begehen. Die Probleme, die hier angeschnitten sind, sind durchaus nicht neu und sie mögen in Amerika zur Zeit sehr akut sein. Bei uns glaube ich liegt keinerlei Veranlassung vor zu befürchten, daß eine Entwicklung zur Zehnmillionenstadt, wie sie Dr. Wagner im „Amt für Stadtplanung der Stadt Berlin" in Aussicht stellt, mehr ist als eine zügellose Phantasie, auch wenn die Berliner Presse mit Begeisterung die uferlosen Pläne aufgreift und durchspricht. Ich habe mich gefreut, wenigstens in einer Zeitung, im „Tag", die zweifelnde Bemerkung zu lesen: wo sollen die zehn Millionen Menschen herkommen, wenn der Geburtenüberschuß von Jahr zu Jahr sinkt, so daß der Nullpunkt bald erreicht sein wird und wovon sollen die zehn Millionen Menschen in Berlin leben?

gez. v. Achenbach

An den Herrn Regierungspräsidenten in Potsdam.

Satzung
des Landesplanungsverbandes Brandenburg-Mitte.

§ 1.

Die Landkreise Beeskow-Storkow, Niederbarnim, Oberbarnim, Osthavelland, Teltow, Zauch-Belzig, der Stadtkreis Potsdam und der Provinzialverband von Brandenburg haben für das von ihnen umschlossene Gebiet die Landesplanung zu bearbeiten.

§ 2.

Zu diesem Zwecke schließen sich die im § 1 genannten brandenburgischen Kommunen und Kommunalverbände zu einer freiwilligen Vereinigung zusammen, die den Namen
"Landesplanungsverband Brandenburg-Mitte"
führt.
Es bleibt vorbehalten, der Vereinigung künftig eine straffere Rechtsform zu geben.

§ 3.

Die Tätigkeit der Kommunen und Kommunalverbände und ihrer Vertreter im Landesplanungsverband ist ehrenamtlich. Die ihn bildenden Körperschaften und Behörden haben für die Aufwendungen ihrer Vertreter selbst aufzukommen.

§ 4.

Der Landesplanungsverband wird zunächst auf 12 Jahre, das ist bis 1941 einschließlich, gebildet. Sollte er über 1941 fortbestehen oder aus irgendeinem Grunde vorher aufgelöst werden, so wird ausdrücklich festgestellt, daß auch in diesem Falle die den Landesplanungsverband bindenden Verpflichtungen, in Sonderheit aus dem Vertrage mit Regierungsrat Dr. Müller-Haccius von den Beteiligten anerkannt und erfüllt werden.

§ 5.

Für die Bearbeitung der Landesplanungsangelegenheiten wird eine Geschäftsstelle mit einem Leiter an ihrer Spitze in Berlin gestellt.

§ 6.

Von den für die Geschäftsführung entstehenden Kosten übernimmt jährlich am 1. Oktober jeden Jahres zahlbar:

der Provinzialverband	50 %,
die Kreise Teltow, Niederbarnim und Osthavelland	je 10 %,

die Kreise Oberbarnim, Zauch-Belzig,
Beeskow-Storkow und der Stadtkreis Potsdam   *je*   *5 %.*

§ 7.

Für die zwischen den im Landesplanungsverband vereinigten Kommunen und Kommunalverbänden untereinander und mit Dritten zu treffenden Abmachungen und zu leistenden Zahlungen ist der Landesdirektor der Provinz Brandenburg vorbehaltlich der späteren anteiligen Verrechnung bevollmächtigt.

§ 8.

Der Landesplanungsverband beschließt über seine Geschäfte in der Mitgliederversammlung.

§ 9.

Die Mitgliederversammlung besteht aus den Bevollmächtigten der im Landesplanungsverband zusammengeschlossenen Kommunen und Kommunalverbände. Jeder Stadt- und Landkreis hat eine Stimme, die Provinz Brandenburg 2. Die Provinz Brandenburg ist durch den Landesdirektor, der den Vorsitz führt, und 2 Mitglieder, die der Provinzialausschuß entsendet, vertreten. Der Landesdirektor wird im Behinderungsfalle durch seinen Vertreter im Hauptamt vertreten. Bei Stimmengleichheit gibt die Stimme des Vorsitzenden oder seines Vertreters den Ausschlag.

§ 10.

Die laufenden Geschäfte des Landesplanungsverbandes werden durch einen Ausschuß von 4 Vertretern der beteiligten Kommunalverbände geführt, der auch die Vorlagen für die Mitgliederversammlung vorbereitet. Den Vorsitz im Ausschuß führt der Leiter der Geschäftsstelle mit vollem Stimmrecht; seine Stimme gibt bei Stimmengleichheit den Ausschlag. Zu den 4 Mitgliedern des Ausschusses gehört der Landesdirektor oder sein gesetzlicher Vertreter.
Eine Mitgliederversammlung findet regelmäßig alle 6 Monate statt, außerordentliche Mitgliederversammlungen auf Antrag von mindestens 4 Stimmen.

§ 11.

Zu den Mitgliederversammlungen sind der Herr Oberpräsident und der Herr Regierungspräsident einzuladen.

ARCHIVALIEN und LITERATUR

A. Archivalien

Staatsarchiv Potsdam
- Rep.   1: Oberpräsident der Provinz Brandenburg und von Berlin
- Rep.   6 c: Kreisverwaltung Beeskow-Storkow
- Rep. 55: Brandenburgischer Provinzialverband

Landesarchiv Berlin
- Rep. 57: Stadtpräsident der Reichshauptstadt Berlin
- Rep. 142: Kommunale Spitzenverbände, Verband preußischer Provinzen

B. Literatur

a) Amtliche Publikationen, Verwaltungsberichte, Nachschlagewerke, Periodika

- Amtliche Publikationen
Sammlung der Drucksachen des Preußischen Landtags, 1. Wahlperiode 1921/24, Bd. 15.
Stenographische Berichte über die öffentlichen Sitzungen der Stadtverordnetenversammlung der Stadt Berlin, 1929–1931.
Verhandlungen des Brandenburgischen Provinziallandtages 1919–1932.
Reichsgesetzblatt (RGBl.), 1919–1936.
Preußische Gesetzsammlung (PrGS), 1911–1933.
Statistisches Jahrbuch für das Deutsche Reich, 1930–1932.
Statistisches Jahrbuch für den Freistaat Preußen, 1927 ff.
Statistisches Jahrbuch der Stadt Berlin, Jg. 1 ff. (1925 ff.).

- Verwaltungsberichte
Drei Jahre Arbeit an den Straßen Adolf Hitlers, hrsg. vom Generalinspektor für das deutsche Straßenwesen, Berlin 1936.
Fünf Jahre Aufbauarbeit im Kreis Niederbarnim. 1. April 1933 bis 31. März 1938, Verwaltungsbericht, hrsg. vom Landrat, Oranienburg 1938.
Sieben Jahre Landesplanungsverband Brandenburg-Mitte. Haupttätigkeitsbericht 1929–1937 von der Gründung bis zur Überleitung in die Landesplanungsgemeinschaft Brandenburg, Heidelberg und Berlin 1937.
Die Planungsarbeiten für die Reichsautobahnen. Zweieinhalb Jahre GEZUVOR (Gesellschaft zur Vorbereitung der Reichsautobahnen), Berlin 1937.
Verband Groß-Berlin. Verwaltungsbericht für die Zeit des Bestehens des Verbandes vom 1. April 1912 bis 30. September 1920, Berlin 1920.
Verwaltungsberichte des Kreisausschusses des Kreises Oberbarnim, 1926–1930.
Verwaltungsberichte des Kreises Teltow 1934, Berlin 1935.
Verwaltungsbericht der Stadt Berlin 1924–1927, hrsg. vom Statistischen Amt der Stadt Berlin, Berlin 1929.

– Nachschlagewerke

Grundriß zur deutschen Verwaltungsgeschichte 1815–1945. Reihe A: Preußen. Bd. 5: Brandenburg, bearb. von Werner Vogel, Marburg 1975.

Handbuch des gesamten öffentlichen Grundstücksrechts (Reich und Preußen), hrsg. von Franz Scholz, Köln 1932.

Handbuch über den Preußischen Staat für das Jahr 1927, Berlin 1931.

Handbuch der Verfassung und Verwaltung in Preußen und dem Deutschen Reiche, 23. Aufl. Berlin 1926.

Handwörterbuch der Kommunalwissenschaften, 4 Bde., 2 Erg.-Bde., Jena 1918–1927.

Handwörterbuch der Raumforschung und Raumordnung, 3 Bde., 2. Aufl. Hannover 1970.

Handwörterbuch des Städtebaues, Wohnungs- und Siedlungswesen, hrsg. von Hermann Wandersleb, 3 Bde., Stuttgart 1959.

Handwörterbuch des Wohnungswesens, Jena 1930.

Atlas von Berlin (Deutscher Planungsatlas, Bremen 1975, Bd. IX).

Historischer Handatlas von Brandenburg und von Berlin.

– Periodika

Mitteilungen des Deutschen Städtetages, 1926 (ab 1927 *Der Städtetag;* ab 1933 *Der Gemeindetag).*
Stadtbaukunst, 1922–1932.
Städtebau, 1919–1933.

b) Darstellungen

1. Landesplanung allgemein

Arntz, Wilhelm, Betrachtungen zum Entwurf eines Preußischen Städtebaugesetzes, in: Städtebau, 1927/28, S. 89 f., 173–177.

Brandt, Jürgen, Landesplanung, Berlin 1929 (Schriften des Deutschen Vereins für Wohnungsreform, H. 5).

Constantin, Otto, und *Erwin Stein,* Die deutschen Landkreise, 2 Bde., Berlin 1926.

Delius, Helmuth, Stadtplanung – Landesplanung – Reichsplanung, in: Stadtbaukunst, 1929, S. 150–155, 182–184.

Gramke, Jürgen Ulrich, „Raumordnung" in Deutschland in den Jahren 1871–1933, jur. Diss. Kiel 1972.

Jeserich, Kurt, Die preußischen Provinzen. Ein Beitrag zur Verwaltungs- und Verfassungsreform, Berlin 1931 (Schriftenreihe des Kommunalwissenschaftlichen Instituts der Universität Berlin, Bd. 6).

Klamroth, Hans-Burkhard, Organisation und rechtliche Grundlagen der Landesplanung in der Bundesrepublik Deutschland und in Berlin, Bad Godesberg 1954 (Mitteilungen aus dem Institut für Raumforschung, H. 16).

Landesplanung. Begriffe und Richtlinien. Vorschläge der Arbeitsgemeinschaft der Landesplaner der Brundesrepublik Deutschland, Düsseldorf 1953.

Langen, Gustav, Deutscher Lebensraum. Ein Beitrag zur deutschen Raumwirtschaft und zur Gesamtrationalisierung in Wirtschaft, Siedlung und Volksleben, Berlin 1929.

Ley, Norbert, Landesplanung, in: Handwörterbuch der Raumforschung und Raumordnung, 2. Aufl. Hannover 1970, Sp. 1713 ff.

Niemeier, Hans-Gerhart, Zur historischen und gedanklichen Entwicklung der Landesplanung, in: Die Verwaltung, Bd. 1 (1968), S. 129–144.

Niemeyer, Rudolf, Die Entwicklung der Landesplanung in Deutschland, in: Jahrbuch für Kommunalwissenschaft, Jg. 2 (1935), S. 87–112.

Paulsen, Friedrich, Sinn und Aufgaben der Landesplanung, in: Städtebau, Jg. 28 (1933), S. 473–475.

Pfannschmidt, Martin, Landeskunde und Landesplanung, in: Städtebau, Jg. 24 (1929), S. 51–55.

Prager, Stephan, Landesplanung, in: Handwörterbuch des Wohnungswesens, Jena 1930, S. 486–492.

Rappaport, Philipp A., Industriegestaltung als Großstadtproblem, in: Städtebau, Jg. 24 (1929), S. 163–172.

Rauchbach, Wolfgang, Martin Mächler und der Begriff „Landesplanung", in: Bauwelt, Jg. 59 (1968), S. 1630 f.

Schmerler, Wolfgang, Die Landesplanung in Deutschland, in: Zeitschrift für Kommunalwirtschaft, Jg. 22 (1932), Sp. 885–984.

Schmidt, Friedrich, Vorstädtische Kleinstadtsiedlung und Eigenheimbau, 2. Aufl. Eberswalde-Berlin 1933.

Schmidt, Robert, Die Freie Deutsche Akademie für Städtebau, in: Stadtbaukunst, Jg. 3 (1922), S. 113 f., 141 f.

Schmidt, Robert, Die Krise im Städtebau, in: Deutsche Bauzeitung, Jg. 66 (1932), S. 741–743.

Schmidt, Robert, Landesplanung, in: Städtebau, 1926, S. 127–131.

Schumacher, Fritz, Vom Städtebau zur Landesplanung und Fragen städtebaulicher Gestaltung, Tübingen 1951 (Archiv für Städtebau und Landesplanung, Bd. 2).

Umlauf, Josef, Wesen und Organisation der Landesplanung, Essen 1958.

Wagner, Martin, Material zu einem Reichsstädtebaugesetz, in: Deutsche Bauzeitung, Jg. 64 (1930), S. 117–123.

Wölz, Otto, Reichsgrundsätze für den Kleinwohnungsbau, in: Reichsarbeitsblatt, 1931, Tl. II, S. 24–30.

2. Einzelne Landesplanungsorganisationen (außer Berlin/Brandenburg)

Darstellungen des soziologischen Zustandes im brandenburgisch-preußischen Landesplanungsgebiet, Hamburg 1931 (Veröffentlichungen des Hamburgisch-Preußischen Landesplanungsausschusses, H. 3).

Hannig, Gerhard, Landesplanung mit besonderer Berücksichtigung des mitteldeutschen Industriebezirks, Tübingen 1930.

Die Landesplanung für den Regierungsbezirk Magdeburg, bearb. von E. Vetterlein, Hannover 1931 (vervielfältigt).

Langer, Heinz, und *Hans-Gerhart Niemeier,* Landesplanung in Westfalen 1925–1975, Münster 1985 (Veröffentlichungen des Provinzialinstituts für westfälische Landes- und Volksforschung, Bd. 24).

Ley, Norbert, Landesplanung in den Rheinlanden zwischen den beiden Weltkriegen, in: Raumordnung und Landesplanung im 20. Jahrhundert, Hannover 1971, S. 71–86 (Veröffentlichungen der Akademie für Raumforschung und Landesplanung. Historische Raumforschung, Bd. 10).

Luthardt, Landesplanung Ostthüringen 1927–1932, Bd. 1, Leipzig 1933.

Pfannschmidt, Martin, Landesplanung im engeren mitteldeutschen Industriebezirk, in: Raumordnung und Landesplanung im 20. Jahrhundert, Hannover 1971, S. 17–28 (Veröffentlichungen der Akademie für Raumforschung und Landesplanung. Historische Forschung, Bd. 10).

Rebentisch, Dieter, Politik und Raumplanung im Rhein-Main-Gebiet. Kontinuität und Wandel seit 100 Jahren, in: Archiv für Frankfurts Geschichte und Kunst, H. 56 (1978), S. 191–210.

Schumacher, Fritz, Wesen und Organisation der Landesplanung im Hamburgisch-Preußischen Planungsgebiet, Hamburg 1932 (Veröffentlichungen des Hamburgisch-Preußischen Landesplanungsausschusses, H. 4).

Schumacher, Fritz, Zukunftsfragen an der Unterelbe. Gedanken zum „Groß-Hamburg"-Thema, Jena 1927.

Siedlungsverband Ruhrkohlenbezirk 1920–1970, Essen 1970 (Schriftenreihe des Siedlungsverbands Ruhrkohlenbezirk, Bd. 29).

Allgemeine Statistik des Hamburgisch-Preußischen Landesplanungsgebiets, Tl. 1, Hamburg 1930; Tl. 2 Hamburg 1931 (Veröffentlichungen des Hamburgisch-Preußischen Landesplanungsausschusses, H. 12).

Steinberg, Heinz G., Die Geschichte des Siedlungsverbandes Ruhrkohlenbezirk und seine Bedeutung für die Entwicklung der Landesplanung in Deutschland, in: Raumordnung und Landesplanung im 20. Jahrhundert, Hannover 1971, S. 31–61 (Veröffentlichungen der Akademie für Raumforschung und Landesplanung. Historische Raumforschung, Bd. 10).

Thalenhorst, Karl, Stadt- und Landesplanung Bremen, in: Städtebau, Jg. 26 (1931), S. 233–236.

Ein Vorbild für die Methodik stadtplanerischer Arbeit. Stadt- und Landesplanung Bremen 1926–1930, Bremen 1979.

3. Landesplanung in Berlin/Brandenburg

Arnhold, Helmut, Berlin und Brandenburg. Das Wachstum einer Weltstadt und seine Auswirkungen, in: Berichte zur deutschen Landeskunde, Bd. 11 (1952), S. 126–138.

Arnim, Dietloff von, Landesplanung um Berlin, in: Reichsplanung, 1935, S. 108–114.

Balg, Ilse, Es geht um Berlin – Das Wesen der Metropole. Das Lebensbild von Martin Mächler 22. 1. 1881–13. 12. 1958, in: Die Zukunft der Metropolen: Paris, London, New York, Berlin, Bd. 1: Aufsätze, Berlin 1984, S. 377–383.

Balg, Ilse, Martin Mächler: „Es geht um Berlin". Warnung und Vermächtnis, in: Bauwelt, 1959, S. 240–242.

Barth, Ernst, Aus meiner Arbeit für die Provinz Brandenburg und für Berlin 1902–1968, Berlin 1969.

Berlin im Überlandverkehr, in: Städtebau, Jg. 27 (1932), S. 505 f.

Berlins wirtschaftliche Verflechtung, Berlin 1928 (Mitteilungen des Statistischen Amts der Stadt Berlin, H. 8).

Böß, Gustav, Berlin von heute. Stadtverwaltung und Wirtschaft, Berlin 1929 (Nachdruck in: *derselbe,* Beiträge zur Berliner Kommunalpolitik, hrsg. von Christian Engeli, Berlin 1981, S. 145–303 [Schriften des Vereins für die Geschichte Berlins, H. 62]).

Böß, Gustav, Lebensnotwendigkeiten Berlins, ihre staatspolitische und wirtschaftliche Bedeutung, in: Berliner Wirtschaftsberichte, Jg. 4 (1927), S. 365–372 (Nachdruck in: *derselbe,* Beiträge zur Berliner Kommunalpolitik, hrsg. von Christian Engeli, Berlin 1981, S. 111–126 [Schriften des Vereins für die Geschichte Berlins, H. 62]).

Böß, Gustav, Die Not in Berlin, Berlin 1923 (Nachdruck in: *derselbe,* Beiträge zur Berliner Kommunalpolitik, hrsg. von Christian Engeli, Berlin 1981, S. 1–32 [Schriften des Vereins für die Geschichte Berlins, H. 62]).

Böß, Gustav, Wie helfen wir uns, Berlin 1926 (Nachdruck in: derselbe, Beiträge zur Berliner Kommunalpolitik, hrsg. von Christian Engeli, Berlin 1981, S. 33–110 [Schriften des Vereins für die Geschichte Berlins, H. 62]).

Böß, Gustav, Verfassungsreform Groß-Berlin, in: derselbe, Beiträge zur Berliner Kommunalpolitik, hrsg. von Christian Engeli, Berlin 1981, S. 127–143 (Schriften des Vereins für die Geschichte Berlins, H. 62).

Bollerey, Franziska, Martin Wagners „Politopolis" oder Berlin, die Metropole für alle, in: Die Zukunft der Metropolen: Paris, London, New York, Berlin, Bd. 1: Aufsätze, Berlin 1984, S. 365–376.

Closs, Hans-Joachim, Inhalt und Zweck des § 52 der preußischen Gewerbesteuerverordnung und seine Bedeutung für Berlin (Berlin als Betriebs- und Wohngemeinde), Gießen 1932.

Dietrich, Richard, Verfassung und Verwaltung, in: Berlin und die Provinz Brandenburg im 19. und 20. Jahrhundert, hrsg. von Hans Herzfeld, Berlin 1968, S. 181–308.

Engeli, Christian, Gustav Böß – Oberbürgermeister von Berlin 1921–1930, Stuttgart u. a. 1971 (Schriftenreihe des Vereins für Kommunalwissenschaften, Bd. 31).

Escher, Felix, Berlin und sein Umland. Zur Entwicklung der Berliner Stadtlandschaft bis zum Beginn des 20. Jahrhunderts, Berlin 1984 (Einzelveröffentlichungen der Historischen Kommissionen zu Berlin, Bd. 47).

Fricke, Hermann, Die Landesdirektoren der Provinz Brandenburg 1876-1945, in: Jahrbuch für die Geschichte Mittel- und Ostdeutschlands. Bd. 5 (1956), S. 295–326.

Goetz, Harry, u. a., Die Verwaltungsorganisation der Weltstädte Paris, London, New York, Wien. Ein Beitrag zur Berliner Verfassungsreform, Berlin 1931 (Schriften des Kommunalwissenschaftlichen Instituts an der Universität Berlin, Sonderheft 1).

Hannemann, Adolf, Der Kreis Teltow, seine Geschichte, seine Verwaltung, seine Entwicklung und seine Einrichtungen, Berlin 1931.

Hegemann, Werner, Das steinerne Berlin. Geschichte der größten Mietskasernenstadt der Welt, Berlin 1930.

Heiligenthal, Roman, Probleme des Generalsiedlungsplans, in: Probleme der neuen Stadt Berlin, hrsg. von Hans Brennert und Erwin Stein, Berlin 1926, S. 254–261.

Heiligenthal, Roman, Berliner Städtebaustudien, Berlin 1926.

Heinicke, Der Wirtschaftsbezirk Berlin, in: Berliner Wirtschaftsberichte, Jg. 4 (1927), S. 333–336.

Hofmeister, Burkhard, Berlin. Eine geographische Strukturanalyse der zwölf westlichen Bezirke, Darmstadt 1975 (Wissenschaftliche Länderkunden, Bd. 8/I).

Kempmann, Jochen, Das Ideengut Martin Wagners als Beispiel für die Entwicklung der städtebaulichen Gedankengänge seit 1900, ing. Diss. Berlin 1968.

Koeppen, Walter, Das Berliner Amt für Stadtplanung, in: Berliner Wirtschaftsberichte, Jg. 6 (1929), S. 13–15.

Koeppen, Walter, Die Grenzen Berlins vom siedlungstechnischen und städtebaulichen Standpunkt, in: Berliner Wirtschaftsberichte, Jg. 5 (1928), S. 223–226.

Kuhberg, L., Ein Beitrag zur Lösung der Landesplanung um Berlin. Gedanken über Berliner Vorort- und Gartenstadtprobleme auf einer Reise durch Holland – England, in: Deutsche Bauzeitung, 1929, S. 761-767, 777–783.

Laging, Walther, Der Provinzialverband der Provinz Mark Brandenburg, Potsdam und Berlin 1940.

Langen, Gustav, Die Besiedlung des Vorlandes von Berlin, in: Zentralblatt der Bauverwaltung, 1931, S. 779-781.

Langen, Gustav, Die Zufahrt nach Berlin, für den motorisierten Fernstraßenverkehr erörtert am Beispiel der Reichsstraße 96, Berlin 1935 (Manuskript).

Leyden, Friedrich, Groß-Berlin. Geographie der Weltstadt, Breslau 1933.

Louis, Herbert, Die geographische Gliederung von Groß-Berlin, Stuttgart 1936.

Mächler, Martin, Denkschrift betr. Ergänzung des Gesetzentwurfs zur Bildung eines Stadtkreises Groß-Berlin, in: Städtebau, 1920, H. 1/2, S. 3–12.

155

Matzerath, Horst, und *Ingrid Thienel,* Stadtentwicklung, Stadtplanung, Stadtentwicklungsplanung. Probleme im 19. und 20 Jahrhundert am Beispiel der Stadt Berlin, in: Die Verwaltung, Bd. 10 (1977), S. 173–196.

Noack, Kurt, Vorortsiedlung und Pendelwanderung im Kreise Niederbarnim, Würzburg 1940.

Die Not der preußischen Ostprovinzen. Denkschrift, hrsg. von den Landeshauptleuten der Provinzen Ostpreußen, Grenzmark Posen-Westpreußen, Pommern, Brandenburg, Niederschlesien und Oberschlesien, Berlin 1930.

Osborn, Max, Berlins Aufstieg zur Weltstadt. Ein Gedenkbuch, Berlin 1929.

Pfannschmidt, Martin, Die Industriesiedlung in Berlin und in der Mark Brandenburg, Stuttgart und Berlin 1937.

Pfannschmidt, Martin, Die Industriesiedlung in der Umgebung von Berlin, in: Zentralblatt der Bauverwaltung, Jg. 53 (1933), S. 97–108.

Pfannschmidt, Martin unter Mitarbeit von *Otto Müller-Haccius u. a.,* Landesplanung Berlin – Brandenburg-Mitte, in: Raumordnung und Landesplanung im 20. Jahrhundert, Hannover 1971, S. 29–54 (Veröffentlichungen der Akademie für Raumforschung und Landesplanung. Historische Forschung, Bd. 10).

Pries, Karl, Entwicklung und Organisation der Landesplanung im Raume Berlin, in: Die unzerstörbare Stadt. Die raumpolitische Lage und Bedeutung Berlins, Köln und Berlin 1953, S. 150–166.

Pries, Karl, Die Landesplanung, in: Berlin und seine Bauten, Tl. II: Rechtsgrundlagen der Stadtentwicklung, Berlin und München 1964, S. 29–38.

Quellen zum modernen Gemeindeverfassungsrecht, bearb. von Christian Engeli und Wolfgang Haus, Stuttgart u. a. 1975 (Schriften des Deutschen Instituts für Urbanistik, Bd. 45).

Reuscher, Das Vorortproblem, mit besonderer Berücksichtigung der kommunalrechtlichen Stellung der großstädtischen Vorortgemeinden. Ein Beitrag zur Frage der Auflockerung der Großstädte, in: Verwaltungsarchiv, 1930, S. 137–194.

Runge, Ernst, Grundsätzliches zum Problem der Erweiterung Groß-Berlins, in: Stadtbaukunst, Jg. 9 (1929), S. 213–217, 231–235.

Saaßen, Die Stadtrandsiedlung, in: Die deutsche Siedlung 1932, hrsg. von W. F. Bruck, Münster i. W. 1932, S. 95–120.

Scarpa, Ludovica, Martin Wagner e Berlino. Casa e città nella Repubblica di Weimar 1918–1933, Rom 1983 (deutsch: Martin Wagner und Berlin, Braunschweig und Wiesbaden 1986).

Schinz, Alfred, Berlin. Stadtschicksal und Städtebau, Braunschweig u. a. 1964.

Schwermer, Alfons, Der Einfluß Berlins auf die Bevölkerungsverhältnisse der benachbarten Landkreise, Bielefeld 1937.

Sprenger, Heinrich, Heinrich Sahm. Kommunalpolitiker und Staatsmann, Köln und Berlin 1969.

Die private Stadtrandsiedlung, untersucht am Berliner Beispiel, bearb. im Deutschen Archiv für Siedlungswesen, Berlin 1933.

Takats, Elek, Der Verband Groß-Berlin vom 19. Juli 1911 bis 1. Oktober 1920, Köln 1933.

Wagner, Martin, Der Städtebaugesetzentwurf und der Berliner Städtebau. Denkschrift, Berlin 1930.

Wagner, Martin, 24 Thesen zu einem Neubau des Wirtschaftsraumes von Berlin, in: Städtebau, Jg. 27 (1932), S. 453 f.

Werner, Frank, Stadtplanung Berlin. Theorie und Realität. Tl. 1, Berlin 1976.

Wiebel, Elfriede, Die Städte am Rande Berlins, Remagen 1954 (Forschungen zur deutschen Landeskunde, Bd. 65).

Winterfeldt-Menkin, Joachim von, Jahreszeiten des Lebens. Das Buch meiner Erinnerungen, Berlin 1942.

PERSONENREGISTER

Veröffentlichungen des Deutschen Instituts für Urbanistik

● **Schriften des Deutschen Instituts für Urbanistik**

Kommunalpolitik und Industrialisierung
Die Entfaltung der städtischen Leistungsverwaltung im 19. und frühen 20. Jahrhundert.
Fallstudien zu Dortmund und Münster
Von Wolfgang R. Krabbe
Bd. 74. 1985. 396 S., Tab. DM 48,–
ISBN 3-17-008898-X

Instrumente kommunaler Gewerbepolitik
Ergebnisse empirischer Erhebungen
Von Hans Heuer
Bd. 73. 205 S., Tab., Übersichten, Schaub. DM 39,–
ISBN 3-17-008631-6

Urbanisierung in Preußen 1815–1914
Von Horst Matzerath
Bd. 72. 1985. 456 S. Tab., Übersichten, 5 Faltkarten. 2. Tle. Im Schuber DM 58,–
ISBN 3-17-008472-0

Informationstechnologie und Stadtentwicklung
Von Dietrich Henckel, Erwin Nopper, Nizan Rauch
Bd. 71. 1984. 171 S., Tab., Übersichten, Schaub., Kt. DM 39,–
ISBN 3-17-008380-5

Sanierungsfolgen
Eine Wirkungsanalyse von Sanierungsmaßnahmen in Berlin
Hrsg. von Heidede Becker, Jochen Schulz zur Wiesch
Bd. 70. 1982. 431 S. Abb., Tab., Übersichten, Kt., Fotos. DM 48,–
ISBN 3-17-007345-1

Kommunale Wirtschaftsförderung
Ein Vergleich: Bundesrepublik Deutschland – Großbritannien
Hrsg. von Renate Mayntz
Bd. 69. 1981. 186 S., Tab. DM 38,–
ISBN 3-17-007051-7

Organisation kommunaler Sozialarbeit
Eine Fallstudie
Von Klaus Wagner
Bd. 68. 1981. 219 S., Abb. DM 40,–
ISBN 3-17-005894-0

Bürger und Eliten in der Kommunalpolitik
Von Klaus Arzberger
Bd. 67. 1980. 181 S., Abb. DM 32,–
ISBN 3-17-005893-2

Selbstverwaltung in Hamburg
Geschichte, Struktur und Funktionen der Hamburger Bezirksversammlungen
Von Rolf Lange
Bd. 66. 1980. 214 S., Tab. DM 39,–
ISBN 3-17-005892-4

Bundesgesetze und Gemeinden
Die Inanspruchnahme der Kommunen durch die Ausführung von Bundesgesetzen
Von Gerd Schmidt-Eichstaedt
Bd. 65. 1981. 258 S., Abb., Tab. DM 45,–
ISBN 3-17-005688-3

Leistungsprinzip und Leistungsverhalten im öffentlichen Dienst
Hrsg. von Hans-Wolfgang Hoefert, Christoph Reichard
Bd. 64. 1979. 248 S., Abb. DM 39,–
ISBN 3-17-005487-2

Milieu in der Stadt
Ein Konzept zur Analyse älterer Wohnquartiere
Von K. Dieter Keim
Bd. 63. 1979. 179 S., Tab., Fotos DM 36,–
ISBN 3-17-005237-3

Stadtflucht
Instrumente zur Erhaltung der städtischen Wohnfunktion und zur Steuerung von Stadt-Umland-Wanderungen
Von Hans Heuer, Rudolf Schäfer
Bd. 62. 1978. 235 S.,Tab., Fotos DM 32,–
ISBN 3-17-05025-7

Die Gemeindeordnungen und die Kreisordnungen in der Bundesrepublik Deutschland
Mit Einführung, Bebliographie, Register, Synopsen und ergänzenden Rechtsvorschriften
Bearb. von Gerd Schmidt-Eichstaedt, Isabell Stade, Michael Borchmann
Bd. 47. 1.–11. Lfg. 1975–1985.
Ca. 1120 S.
Loseblattausg. Inkl. Ordner DM 108,–
ISBN 3-17-005881-1
12. Lfg. in Vorbereitung

**Verlag W. Kohlhammer
Deutscher Gemeindeverlag**

**Stuttgart – Berlin – Köln – Mainz
Köln**